汽车服务企业管理

主　编　宋丹妮
副主编　胡世华
参　编　夏华丹　曾　荣　王建美　信倩倩

中南大学出版社
www.csupress.com.cn

内容简介

    本书针对汽车服务企业的特点，以汽车4S店为主要对象，运用现代管理的理论和方法，对汽车企业各项管理活动进行了系统的论述。全书共分11章，在简要介绍汽车服务企业管理的内容、现状和现代企业管理总论的基础之上，对汽车服务企业的经营管理、汽车销售管理、汽车售后服务管理、人力资源管理、设备管理、财务管理、客户管理、信息化管理和企业文化与企业形象等内容进行了充分的论述和分析。

应用型本科院校汽车服务工程专业"十三五"规划教材

学术委员会

主 任

张国方

专 家

（按姓氏笔画排序）

前　言

　　本书是根据汽车服务工程专业的培养目标和汽车服务工程专业应用型本科教材的相关要求而编写的。它可作为高等学校汽车服务工程专业和相近专业课程的本、专科教材，也可供有关专业的教学人员和工程技术人员参考。

　　全书共分11章，在简要介绍汽车服务企业管理的内容、现状和现代企业管理总论的基础之上，对汽车服务企业的经营管理、汽车销售管理、汽车售后服务管理、人力资源管理、设备管理、财务管理、客户管理、信息化管理和企业文化与企业形象等内容进行了充分的论述和分析。

　　本书内容深入浅出、图文并茂，各章节之间既相互联系又相互独立，论述条理清晰，内容全面，详略得当，教材内容的取舍以充分满足汽车服务工程专业学生的汽车服务企业管理必要知识体系为出发点，以汽车4S服务企业为主要研究对象，注重理论与企业的管理实践相结合，切实培养和提高学生的汽车服务企业管理能力。

　　本书由武汉理工大学华夏学院宋丹妮任主编，九江学院胡世华任副主编，参加编写工作的有武汉商学院夏华丹，武汉理工大学华夏学院的曾荣、信倩倩、王建美等人。具体的编写工作如下：宋丹妮编写第1章、第3章、第4章和第7章，胡世华编写第2章、第6章和第9章，夏华丹编写第5章，曾荣编写第8章，王建美编写第10章，信倩倩编写第11章。

　　在本书的编写过程中，曾得到许多专家与同行的热情支持，并参考和借鉴了许多国内外的著作、文献以及一些汽车服务企业提供的相关资料。同时，中南大学出版社对本书的编写提供了大量的支持和帮助，在此一并致谢！

　　由于编者水平有限，书中难免存在疏漏或不妥之处，恳请使用本书的广大读者批评指正，以便再版时修订。

编　者

目　录

第 1 章 汽车服务企业管理概述

教学提示：汽车服务是汽车产业活力的主要来源，同时企业需要通过有效的管理方法来提高竞争力。本章主要介绍现代企业管理的基础知识，汽车服务企业的内涵、类型及特点，为有效地进行管理提供理论基础。

教学要求：本章主要讲述现代企业管理的基础知识和汽车服务企业的含义、类型和特点及其管理的内容。要求学生了解现代企业管理的含义、体系和机制，熟悉汽车服务企业的类型和特点，熟悉汽车服务企业管理的内容。

1.1 现代企业管理

现代企业管理，从广义上讲，就是针对市场环境的变化，按管理者的意志对企业系统的响应进行控制。因此，它不是孤立、静止的企业内部的自我完善，而是从大系统的角度出发，对企业生产经营行为进行适应性控制，即以市场为主导，服从于经济发展规律，同时具有科学性、系统性和预见性的一种企业行为管理。

另外，狭义的现代企业管理可以理解为：管理就是服务，是企业生产经营过程中各种服务手段的统称。

1.1.1 现代企业管理的特性

从现代管理学的理论出发，可以分析出企业管理应具备以下主要特性。

1. 二重性

二重性是指企业管理的自然属性和社会属性。自然属性是指在管理的形式、方式、手段等具体内容方面，不同的社会制度和所有制关系下的企业存在着共性，即管理必须合理、科学地组织生产力，必须尊重客观规律。所以，现代管理的自然属性又称客观属性。企业管理在体现自然属性的同时，又必须维护现存的生产关系，为企业生产资料所有者的意志服务，这就是企业管理的社会属性。可见，企业管理是融合自然科学与社会科学于一体的一门新兴的边缘学科。在企业管理的过程中，主观与客观、人与物、生产力与生产关系均作为一个统一体而存在，不可分割。因此，企业管理的二重性也是一个不可分割的统一体，不能孤立地、片面地强调某一点而偏废另一点，即不能厚此薄彼。

2. 动态性

管理活动的动态性特征主要表现在这类活动需要在变动的环境与组织中进行，需要消除资源配置过程中各种不确定性。事实上，由于各个组织所处的客观环境与具体的工作环境不同，各个组织的目标与从事的行业不同，从而导致了每个组织中资源配置的不同性，这种不同性就是动态特性的一种派生，因此，不存在一个标准、处处成功的管理模式。

3. 科学性

科学性亦指自然属性概念的延伸。现代企业管理必须实施科学管理，它区别于传统管理，传统管理的主要特点是师傅带徒弟并传授个人经验，进行封闭式和主观判断式的管理，体现了小生产的传统特色。科学管理的特点则是反传统和反经验的，它虽然不排除经验的作用，但主要不是依靠经验，而是融合了心理学、社会学、统计学、人类学、人机工程、系统工程、计算机技术和行为科学等现代科学技术成果，其发展过程充分体现了社会生产力和科学技术发展的过程。科学管理应体现出管理方法科学化、管理程序标准化、管理行为规范化、管理评价数据化和管理活动经常化等鲜明的特点。因此，现代管理必须改变那种视管理为普通事务性工作的观念，充分注意其科学性。

4. 职能性

所谓职能性，可以理解为专职能力或司职的功能。企业管理的基本职能具体体现在其二重性的内涵中，即科学地组织生产力，维护现存的生产关系，而其具体职能则体现于企业管理所具备的专职能力，即职能性。

企业管理的职能性主要由以下五个方面组成。

（1）计划职能

计划职能就是以管理者的意志为出发点，以科学决策的结果为依据，对企业的经营管理行为规划出方向。计划职能按照预测、决策、执行、检查、信息反馈和改进的程序，将预见性、统一性、可行性、连续性和灵活性的行为准则有机地结合起来形成一个整体体系，将企业经营管理的全过程和所有环节纳入有目标、有预见的连续性和均衡性活动轨道。在现代市场经济体制下，计划职能的关键环节是决策。

（2）组织职能

组织职能是按照计划职能形成的规划目标，将企业的人、财、物进行分配组合，合理分工，将各种影响因素和制约条件作为准则，在时间和空间上建立相互有机衔接的企业生产经营的物质结构和人员结构，形成企业的微观系统，以便适时对外部市场信息作出有组织的、协调一致的响应。现代管理学认为，企业管理必须注重人的因素，因此，在对组织职能进行评价和设计时，能否发挥人和人群的潜力，已成为最重要的标准。

（3）指挥职能

目标已定，结构已成，整个企业管理系统对市场信息作出的响应必须在统一的指令下实施，这就是指挥职能。指挥职能还有另一层含义，即在企业生产经营总目标下采用集中与分散相结合的有机管理手段，正确处理和协调各种矛盾，充分发挥企业的人力、财力和物力，使有利因素得以形成最佳组合，不利因素得以最大限度地消除，以达到高效、迅捷和灵活的生产经营效果。显然，这一切必须按管理者的意志进行指挥控制，以避免随意性、粗放式的经营方法。在实现组织指挥职能时，必须注意正确处理权威性、灵活性、连续性与规范性等方面的关系。

（4）协调职能

协调职能可以解释为联结、联合和调和企业的各种活动与人群的矛盾，正确处理生产经营时企业内外部的各种关系，达到各企业单元和行为不产生相互矛盾、相互重合、相互制约的现象的目的。协调职能可以加快企业对市场变化的反应速度，减少内耗和保证所有生产经营活动正常进行。

（5）控制职能

控制职能也有两层含义：其一为将企业生产经营全过程纳入预定轨道，使企业的所有活动都遵循预定的指令，并在特定的范围框架内进行；其二为将所有有益与无益于生产经营的因素的变化置于可控制的范围内，使有利因素得以充分发挥，不利因素受到抑制。要实现控制职能，首先要健全控制体系和确定控制目标，对企业系统的各种响应和行为进行监督，适时消除实际行为与目标之间的差异。控制职能实现的程序为监控、发现问题、处理和反馈信息。

企业管理各职能之间的分工并没有明显的界限，具体职能相互间的边缘性和渗透性较强。随着现代系统论、控制论和信息论的不断发展与完善，企业管理的职能也在不断发展与完善，职能间的分工也越来越不明确。企业管理职能示意图如图1-1所示。

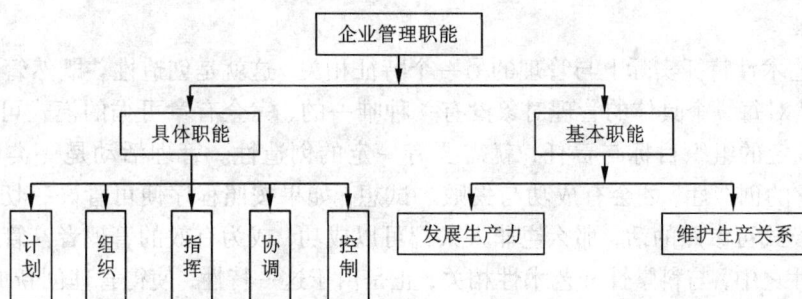

图1-1　企业管理职能示意图

另外，在企业管理的各项职能中，起主导作用的是计划-决策职能。该职能的直接结果是产生了一个符合企业实情和市场需求的行为目标，作为其他职能必须遵循的行为准则。决策的失误和计划不切合企业实情与市场需求的变化将误导其他职能的实施，其结果将是灾难性的和难以补救的。这是企业管理人员特别是高层决策人员应该随时注意的。

5.民主性

科学性必然体现出民主性的特色。民主性的正确定义应该是正确处理企业所有者、经营者和劳动者之间的关系。企业生产资料所有者有权参与决策，劳动者则是具体的执行者，而经营者介于所有者和劳动者之间，是所有者意志的人格化体现。企业生产经营决策一般应由经营者作出，但经营者必须体现所有者的利益，并同时兼顾劳动者的利益。由人或人群来体现所有者的利益，即所谓人格化。民主性就是三者之间关系正确和融洽的体现。民主性并不意味着事无巨细地一律按民主程序办理，在经常性和事务性问题的处理上，应该充分体现经营者的指令，但亦可以通过正当的程序和手段使劳动者的合法权益得以保障。在劳动者同时又是企业所有者的国有企业中，正确处理这些矛盾的关键就是必须使所有者的意志人格化，即经营者是所有者权益的代表，而此种情况下的劳动者本身具有双重身份，但这双重身份在具体事物中不是同时存在的。在决策时，所有者的身份使得劳动者有权参与，而在执行指令时，劳动者的所有者身份就自动消失了。

特别应该强调的是民主性并不排除权威性，正是民主性赋予了经营者权威，而权威性在具体体现时又必须对所有者和劳动者负责，即体现民主性。综上所述，民主性的定义应该是：在基本职能上实行高度的民主性决策，在具体职能的执行时，应赋予经营者高度的权威。

6. 艺术性

由于管理对象分别处于不同环境、不同行业、不同的产出要求、不同的资源供给条件等状况，这就导致了对每一个具体管理对象的管理没有一个唯一的、完全有章可循的模式，特别是对那些非程序性的、全新的管理对象更是如此。具体管理活动的成效与管理主体管理技巧发挥的程度相关性很大。事实上，管理主体对这种管理技巧的运用与发挥，体现了管理主体设计和操作管理活动的艺术性。另一方面，由于在达成资源有效配置的目标与可供选择的管理方式、手段多种多样，因此，在众多可选择的管理方式中选择一种合适的方式用于现实的管理中，是管理主体进行管理的一种艺术性技能。艺术性更多地取决于人的天赋与直觉，是一种非理性的东西，管理有时就是一种非理性的活动，否则就不会有许多人认为"管理没有理论"。

7. 创造性

管理的艺术性特征实际上与管理的另一个特征相关，这就是创造性。既然管理是一种动态活动，既然对每一个具体的管理对象没有一种唯一的、完全有章可循的模式可以参照，那么，欲达到既定的组织目标与责任，就需要有一定的创造性。管理活动是一类创造性的活动，正因为它的创造性，才会有成功与失败。试想，如果按照程序便可管好一切的话，如果有某种统一模式可参照的话，那么岂非人人都可以成功，成为有效的管理者？管理的创造性根植于动态性之中，与科学性和艺术性相关，正是由于这一特性，使得管理创新成为必然。

8. 经济性

资源配置是需要成本的，因此管理就具有了经济特性：①管理的经济性反映在资源配置的机会成本上。管理者选择一种资源配置方式是以放弃另一种资源配置方式为代价而取得的，这里存在机会成本的问题。②管理的经济性反映在管理方式、方法选择的成本比较上，因为在众多可进行资源配置的方式、方法中，因所花成本不同，故如何选择就存在经济性的问题。③管理是对资源有效整合的过程，选择不同的资源供给和配比，就存在成本大小的问题，这是经济性的另一种表现。

管理的上述八个特性是相互关联的，是管理性质的八个不同方面的反映，因此，应从整体上去把握和理解。

1.1.2　现代企业管理的类型

现代管理理论是指 20 世纪 70 年代开始至今的管理理论，它是科学管理、行为科学和管理科学三阶段演进之后的必然产物，同时又具有不同于前三者的特征。这种特征首先在于时代的特征与现代企业的发展状况。

管理科学中所采用的模型可以分成两大类：描述性模型和规范性模型，其中各自又可分成确定性模型和随机性模型两种，如图 1-2 所示。

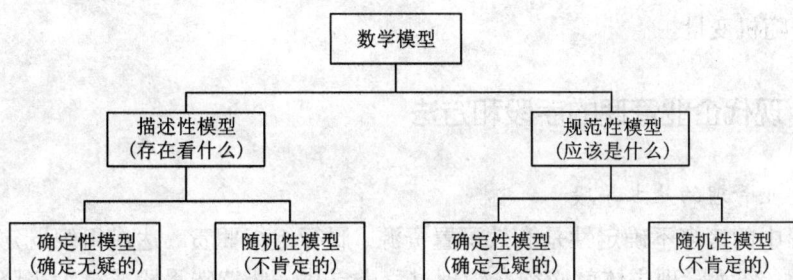

图 1 – 2　管理科学的数学模型分类图

现在流行的管理科学模型主要有以下几种:

(1)决策理论模型

这一模型的目标是要使制定决策的过程减少艺术成分而增加科学成分。决策理论的集中点针对所有决策通用的某些组成部分,并提供一个系统结构,以便决策者能够更好地分析哪种含有多种方案和可能后果的复杂情况。这类模型是规范性的,并含有各种随机变量。

(2)盈亏平衡点模型

这一模型主要是帮助确定一个公司的任何特定产品的生产量与成本、售价之间的关系,以得到一个确定的盈亏平衡点,在这个水平上总收入恰好等于成本,没有盈亏。这一模型是描述性的确定性模型。

(3)库存模型

这一模型回答库存有多少,什么时候该进货与发货这些问题。因此,这一模型必须既考虑库存适合生产与销售的需求,同时又要考虑减少仓储费用。这一模型的可行解是经济订购批量(EOQ)。

(4)资源配置模型

这里的资源主要指自然资源和实物资源。常用的资源配置模型是线性规划模型,在给定边界约束条件的情况下,考虑产出、利润最大,或者成本最低。这一模型是规范性的模型,变量是确定的。

(5)网络模型

两种主要的和最流行的网络模型是计划评审技术(PERT)和关键路线法(CPM)。PERT是计划和控制非重复性工程项目的一种方法;CPM 则适用于那些有过去的成本数据可查的项目。网络模型是规范的随机性模型。

(6)排队模型

在生产过程中,员工们排队等待领取所需的工具或原料所花费的时间是要计入成本的。在给顾客服务的过程中,如果顾客需要排队等候很长时间,就会失去耐心而一走了之,但如果开设很多服务台或售货柜却很少有人光顾,又会导致成本提高。排队模型就试图解决这个问题,以找到一个最优解。

(7)模拟模型

模拟是指具有与某种事物相同的外表和形式,但并不是真实事物。由于真实事物所具有的复杂性,以及对其管理作用的不可重复性,为了得到预计效果,就有必要建立模拟的模型,在此模型上探讨最佳行动方案或政策，以便最后能用于实际的操作之中。模拟模型是描述性的，含有各种随机变量。

1.1.3　现代企业管理的手段和方法

1.现代企业管理的基本手段

管理过程中的诸多不确定性是有效配置资源、履行组织职责、达成组织既定目标与责任的障碍。为此，作为管理主体就必须在管理过程中寻找一些特殊手段或行为来降低这些不确定性，使实际的结果与预期的目标相一致。计划、组织、指挥、协调、控制等就是这类行为活动。

（1）计划

计划是指对未来的行动或活动以及未来资源供给与使用的筹划。计划指导着一个组织系统循序渐进地去实现组织的目标，其目的就是要使组织适应变化中的环境，并使组织占据更有利的环境地位，甚至进入一个完全不同的环境。计划在组织中可以成为一种体系，并有其内在的层级，如战略计划是最高层次的、总的长远计划；职能计划与部门工作计划是中层的操作性较强的计划；而下级的工作计划则是近期的具体计划。

从计划的定义、目标和功能来看，计划无非是降低组织在资源配置过程中不确定性的一种手段。事实上，无论是战略计划，还是职能部门计划，作为对未来行为的一种筹划就是希望通过事先的安排，有准备地迎接未来，或按照设定的目标循序渐进地工作。管理过程中缺乏计划就会走许多弯路，从而使实现目标的过程失去效率，因此，计划是实施有效管理的重要手段。

（2）组织

组织有两个含义：一是指将组织内的各种资源按照配比及程序要求有序地进行安置，二是指一群人为了实现一定的目标，按照一定的规则组成一个团体或实体。作为一种行为活动的组织自然是指前一种含义，这种含义的组织事实上也是一种降低不确定性的手段。如果没能将无序的资源按照配比及程序的要求使资源在整合之初及整合过程中达到有序化，有效配置资源就成为一句空话，而这样的一种有序化行为不是在降低获取成果或业绩可能产生的不确定性。

（3）指挥

指挥是指领导、指示组织内的所有人同心协力去执行组织的计划，实现组织的目标。指挥涉及四个方面的功能：

1）及时根据外界环境的变化，指示组织内的所有人与资源配合去适应环境，并采取适当的行动。

2）调动组织内成员的积极性，激励他们奋发努力，给他们创造发展的机会。

3）有效地协调组织内的人际关系，使组织内有一个良好的工作氛围，从而降低内耗。

4）督促组织内成员尽自己的努力，按照既定的目标与计划做好自己本职范围的工作。

从指挥的四个功能来看，既要降低成员在劳动过程中努力程度难以发挥和难以判断的不确定性，又要降低组织内与组织外经常性不一致的不确定性，还要督导所有成员按照责任要求进行工作，以防止某个成员的工作差错导致全体的差错。因此，指挥这一行为活动也是一种降低组织运行过程中不确定性的手段。

（4）协调

协调是指将资源按照规则和配比安排的一种活动，也是将专业化分工条件下各自的工作行为成果有序统一的活动。专业化分工后，由于一个人拥有从事这类活动的专门技能，从而便于加强知识的积累，使工作效率得到提高。然而，专业化分工本身也会带来风险和不确定性。因为这种分工之后的合作不在一个工作主体之间进行，而是在多个工作主体中进行，这直接导致了不同工作主体之间的配合问题，如果配合不好，那么可能使总效率下降，甚至产生负效用。为了防范这种状况的出现，就需要协调行为，没有协调就不会有合力，由分工产生的不确定性就无法消除。

（5）控制

控制是指根据既定目标，不断跟踪和修正所采取的行为，使之朝着既定的目标运行，并实现预想的成果或业绩。由于现实行为是在各种不确定性因素作用下发生的，故每一行为都有可能偏离预定要求，从而可能使既定目标或业绩难以实现，显然这是组织所不愿见到的。为了防范这种状况的发生，控制这类行为就显得非常必要。通过控制，可以降低工作行为的结果与既定要求和目标的不一致性。

传统的管理理论将计划、组织、指挥、协调和控制看作是管理的职能，这实在是局限了管理的内涵和管理职能的内涵。假定管理职能仅被定义为管理分类活动的总称，那么现在与未来的管理职能绝对不仅仅就只有计划、组织、指挥、协调和控制。例如，信息社会中信息的收集与处理这类活动就应该属于管理活动，也可称之为管理的职能。这就好像有的管理著作将领导、监督也称为管理的职能一样。所以，准确地说，计划、组织、指挥、协调和控制只是组织进行资源有效整合、降低不确定性和风险，达成既定目标的基本手段。

1.2 现代企业管理的体系与机制

1.2.1 现代企业管理体系

1. 企业生产系统的概念及组成

国际生产工程学会（CIRP）对生产系统作了如下定义："生产系统作为生产产品制造企业的一种组织体，它具有销售、设计、加工、交货等综合功能，并有对其提供服务的研究开发功能。"图 1-3 表明了生产系统的组成。

从图 1-3 可看出，生产系统是一个实现预定目标的有关生产单位的集合体。

首先，生产系统强调目的性要明确，这是设立生产系统的前提，是规范系统内各生产单位行为的准则。在社会主义市场经济条件下，企业生产系统是为了满足和符合国家政治、经济发展需求、社会需求、市场需求而设立的，离开了这一点，生产系统的设立就全然没有了意义。

社会需要、市场需求的多样性，规定了企业内部系统、内部结构的多样性。

不同的企业提供不同的产品或服务，输入各种不同样式的生产要素，这些生产要素来自于企业外部资源和内部资源。从大的方面看，包括：生产资料、生产对象、生产知识、生产信

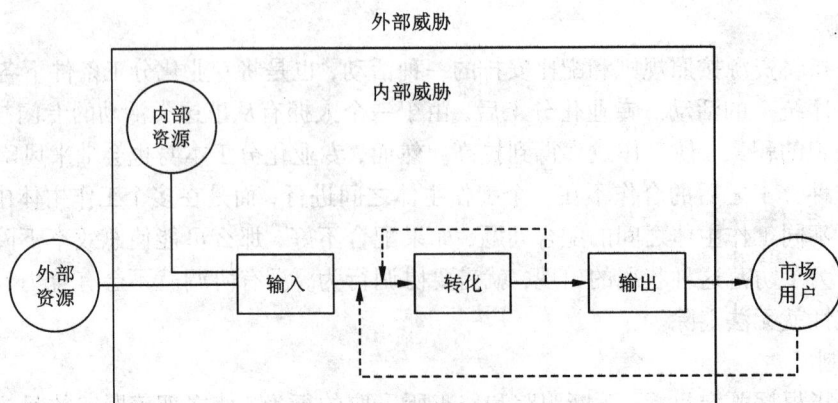

图 1-3　生产系统

息、生产资金等。

　　各种生产资料输入后,要经过各种形式的转换过程,变换使用价值。

　　完成了转化过程,形成了产品、服务的输出,就可以提供给市场、用户,实现使用价值,取得收益,形成价值的增值。

　　在生产系统中,要不断适应外部环境,加强内部控制。为了改善生产运作工作,应随时注意信息的反馈,以保证生产系统的顺畅运作,及时改进产品、服务,满足需要。

　　随着市场经济的不断深入,现代企业生产系统进一步延伸到供应商、批发商、分销商等销售服务单位,使生产系统的工作进一步扩展。

　　生产系统不可能是一个独立的自成一体的系统,它与外部存在着有形和无形的联系,受到来自各方面的影响、制约。在一个企业内部,要处理好与其他系统的关系,面对企业外部市场,要具有适应性,有极强的应变能力。

　　2. 企业生产系统的结构

　　生产系统结构是系统构成要素及其相互间组合关系的体现。它是实现生产系统各项功能的基础。

　　生产系统的构成要素很多,按性质和作用可简单划分为结构化要素和非结构化要素。

　　(1)生产系统的结构化要素

　　生产系统的结构化要素是指构成生产系统物质形式的那些硬件及它们之间的相互关联,生产系统的结构化要素主要包括以下几方面内容:

　　1)生产技术:它主要是指生产工艺技术的特点、工艺技术水平、生产设备的技术性能等,它通过生产设备的构成和技术性能反映生产系统的工艺特征、技术水平。

　　2)生产设施:它主要是指生产装置的构成及规模、设施的布局和布置,并体现出相互联系方式。

　　3)生产能力:它主要是指生产系统内生产设备的技术性能、数量、种类及组合关系,决定和反映生产系统的能力。

　　4)生产系统的集成:它主要是指生产系统的集成范围、集成方向(即生产过程的纵向集成、横向集成)、生产系统与外部的联系等。它表达出企业生产系统的结构形式。

结构化要素对企业生产系统建立起着重要作用。它作为硬件部分，如果设置不好，将极大地影响生产系统功能的发挥。而一旦生产系统结构性要素做了一定形式的搭配后，再进行调整，难度就大了，损失就多了。当然，这绝不是说结构性要素搭配一劳永逸，客观上，随着外部需求环境的变化，这些结构性要素的组合搭配也要及时作出调整。这不仅是必要的，而且是必须的。

(2)生产系统的非结构化要素

生产系统的非结构化要素是指在一定的结构化要素组合形成框架构成的基础上，起支撑和控制生产系统运行作用的要素。非结构化要素大部分是以软件的形式出现和存在的。

非结构化要素主要包括以下几个部分：

1)人员组织要素：它主要包括人员素质特点和要求、工作设计、人事管理制度、组织机构、激励政策等。它是从人员的角度对生产系统进行组织，使其很好运作的决定因素。

2)生产计划要素：它主要包括生产计划的类型、编制及其实施和控制，各种方法和手段。它决定着生产系统运行的规划，是开展工作的依据。

3)库存控制要素：它主要包括库存系统类型、库存控制方式等。它提供生产系统进行正常运转在物资上的保证基础工作，反映生产系统的经济效益问题，因此，对其重要性的认识不可忽视。

4)质量管理要素：它主要包括质量标准的制定、质量控制、建立质量保证体系等。它是生产系统正常动作的基本保证。

从表面看，似乎建立非结构化要素要比建立结构化要素花费少一些，因为硬件看得见，摸得着。但实际上非结构化要素的作用会显得更突出。在许多场合下，非结构化要素支配着结构化要素，使结构化要素的功能得到充分的发挥。

3.现代企业管理体系

所谓管理体系，就是企业系统的具体划分模式以及子系统与母系统、子系统与子系统之间的关系。就现代管理而言，企业总系统可分为经营决策、计划管理、生产经营、过程监控、经济核算、信息管理和后勤保障等子系统，形成一个围绕企业总目标和宗旨运转的有机体系，其结构参见图1-4。

对企业管理体系的要求是对市场信息的反应要迅捷并呈整体状态，体系本身运转效率要高并具备较强的灵活性和应变能力。从系统论观点出发分析，完整的系统对外界变化的反应应该是呈整体状态，也就是说，各子系统对同一信息的反映应该是一致、协调和均衡的。如果内部子系统相互间掣肘、混乱和不协调，将导致传递信息或指令的通道不畅甚至中断。以汽车运输企业为例，组成各子系统的各部门与机构，如计划决策、运输生产、机务管理、经济核算、资金管理和后勤保障等，相互之间应该职责分明、相互配合、相互补充、相互监督。这样，就不会因为内部因素不完善使市场信息输入迟滞，混乱甚至错误从而产生负面影响。企业管理体系就是研究如何完善和健全企业系统，使企业在市场竞争中能把握信息，反应迅捷，极大地提高企业的竞争实力，保证企业目标得以顺利实现。

1.2.2　现代企业管理的经营机制

企业生产经营机制，可以理解为各子系统之间贯通存在的、必然的、顺理成章的有机联系，这种联系是按人的意志建立起来的，但却可以不在人的干预下运行，人的作用在建立健

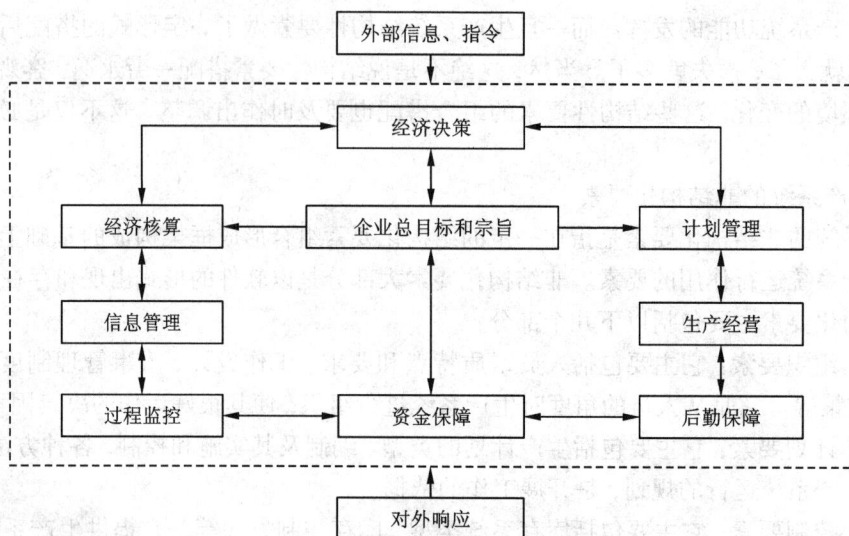

图 1－4　企业管理体系

全系统的有机体制后，仅限于监控其运行，而不需随意干预其运行。

在有机体制健全的大系统中，各子系统之间的联系具有科学性、逻辑性和条理性，是企业管理科学性定义的延伸与扩展。而传统管理系统之所以不能建立有机体制，就因为其管理过程是人为的、随意的，并且充满了行政命令手段的干预。

科学的企业经营管理机制，可以使管理者从繁忙的事务性工作中解脱出来，把精力集中到科学管理中去，从而不断地创新、改革与完善现有的管理机制，形成企业管理的良性循环。

健全完善的企业生产经营机制包括以下几方面内容。

1. 经营目标

所谓企业经营目标，就是企业一切行为的总的奋斗方向。企业经营目标可分为远期和近期目标。远期目标一般不很具体，是未来若干年内企业应实现的大致规划，但它的方向性一般较明确，用以指导近期目标并作为近期目标的制定依据之一。而近期目标则是短期的具体执行目标，由一系列指标体系组成，较为精确，执行时把握较为严格。

在确定企业经营目标时，需把握两个原则。

（1）销量原则

企业是商品生产者，商品的生产目的不是使用价值而是交换价值，最终通过商品交换而获取最大利润。这是确立企业经营目标的基本前提。

（2）利润原则

问题的另一方面是现代化大生产的社会化性质。企业要获取最大利润，生产的商品必须能使消费者接受，最大限度地满足消费者的需求。这中间贯穿了一个社会效益与经济效益的问题，二者之间的辩证关系是：不追求经济效益，则无法满足社会需求，从而无法产生社会效益；过分强调经济效益而无视社会效益，将会导致企业社会环境的恶化，最终导致经济效益的丧失。

2. 经营方针

为了实现企业的经营目标，还必须确定指导企业生产经营活动的行为纲领，这个行为纲领就是经营方针，也即达到目标的途径与手段的行为指导纲领。为了实现企业预期的经济效益，可采取以产品价格取胜、以品种取胜、以服务取胜、以性能取胜的多种经营方针，即平常所说的薄利多销或优质优价的营销方法。企业采用何种方针，在很大程度上取决于企业本身的实力、在市场竞争中的地位、企业本身的特点以及企业的经营目标与方式。

确立企业的经营方针，并不是一项主观的行为。企业产品要满足社会需求，必须以市场需求为唯一准则，在该准则前提下确立满足市场需求的、具有企业本身特色的、独立的行为纲领，即所谓"需方为主"的准则前提。由于市场需求是随时多变的，企业的经营方针应随着市场的变化而变化，即所谓的"因事而异，因时而异，因地而异"。

经营方针从实质上来看，也可以理解为在特定环境条件下企业所采取的具体生产经营策略。显然，在市场经济体制下，该经营策略不存在唯一的固定模式，不能用僵化的、一成不变的观念去理解经营方针。在同一企业中允许存在着不同的经营方针，同时应保持相当的灵活性，不断地根据市场需求作出调整、修正，并探索不同形势下的新方针。

就汽车运输企业而言，在当前服务市场的特有情况下，应以注重服务质量、提高企业信誉，提高企业素质、开展围绕服务业的多种经营为主的经营方针，以确保企业的市场占有率。

3. 企业管理机构与管理模式

大系统论的观点分析，企业大系统划分为子系统的具体模式与方法，就是企业的组织体制与结构的具体设置。从这样一个观点出发，可以把所谓子系统的划分看作是提高系统效率、增强系统功能的一种组织手段。管理机构及其设置就是该组织手段的具体体现。

根据现代企业管理的成功经验与发展趋势分析，子系统的划分应呈动态形式，以便及时对外部千变万化的信息输入作出反应，同时使该反应呈整体形态，并具备较强的适应性与灵活性。

虽然动态形式的子系统的划分颇具优点，但实施该项划分的前提是企业必须在相应的原则基础上建立一系列完整、科学的内部职能体系以及为强化该职能而采取的诸如计划、组织、指挥、控制、评价、处理和信息反馈等具体手段。子系统组织体制的设计与设置，以及上述手段的综合形态，即可定义为管理模式。

（1）管理机构

管理机构实质上是企业子系统的结构体，是企业管理组织职能的具体实施手段与措施。在企业生产经营过程中，机构设置实际上关系到企业管理权限的集中与分散。现代化的企业生产经营过程相当复杂，仅靠权力的集中来统管全部生产经营领域是不正确与不可能的。要做到权限分散、行为统一和效果一致，必须在机构设置（即权力划分）或子系统设置时把握如下原则：

1）目标一致原则：子系统或机构均应遵从企业的总目标，这是机构设置的最高原则。

2）权力委派与运用原则：每个机构必须拥有足够的权力，但同时必须在该权力权限范围内独立作出决策。不能在任何时候都等待上级的指示而机械地执行，即权力的委派与运用应该相辅相成。

3）分权原则：权力分配时，必须有一个限度，限定每个管理单元和个人的权力范围，是为了避免集权，从而避免权力过于集中而带来的诸如重复决策和多方干预等弊病，且必要的分权有利于大范围调动人的主观能动性，为企业培养人才创造良好环境。

4）责权相符原则：不同的子系统必须规定出相应的责任，且与所拥有的权力成正比。下级的责任是使上级的指令得以正确贯彻，工作获得预期效果；上级对下级则负有指导、带领下级活动的责任，两者均不能含混与推诿，必须在获得权力的同时担负起相应的责任。

5）清楚界定职能原则：划分子系统时，应具体指定其权限、任务、相互关系及预期的工作效果。这种界定包括纵向（上、下级）和横向（同级部门）界定。明确的职能界定可使各子系统高效、各负其责地运行，并保持明确的工作目标。

6）有效分工原则：现代企业管理系统日益科学和复杂，所划分的子系统相互之间的边缘性和渗透性较强，因此，企业组织机构的设计和权力委派应以达到预期目的所需的最有效分工为原则，而不是强调专业分工。

7）指令渠道单一原则：上、下级之间的指令渠道应呈单一通道形式，以加强责任感和避免因政出多门而导致的含混状态。

8）灵活性原则：灵活性的含义应当是机构的设置或划分应充分发挥人与人群的潜力，相应的权力委派也应充分考虑这一点，而不是以指令或条例束缚基层人员的手脚。

以上主要原则在现代管理中有着较为成功的运用。我国汽车运输企业应在充分考虑国情和企业实情的前提下，结合行业特点，加以借鉴、完善，并且不断地创新。

下面结合常见的管理机构实例，对以上原则的运用加以剖析。

例1-1 直线式 直线式的结构如图1-5所示。

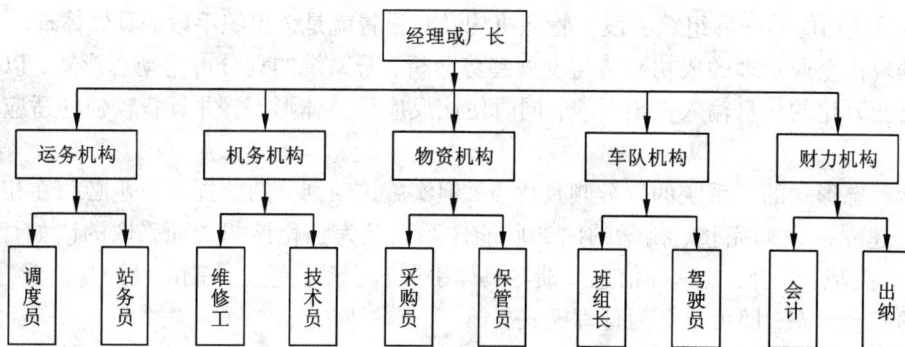

图1-5 直线式管理机构形式

分析：该形式的优点是结构简单，职责分明，运转效率较高；缺点是违背了必要的分权原则，且仍按专业分工（违背有效分工原则），因而需要管理者特别是主要管理者具有相当深度和广度的专业技术业务知识。另外，部门工作的全部职能均由领导者具体制定实施，势必造成领导者事无巨细和事必躬亲，导致精力分散，无重点，且易造成独断专行的弊病。因此，该类型的机构设置仅适用于经营规模较小、生产过程简单、企业结构单一的小型企业。

例1-2 职能式 职能式的结构如图1-6所示。

分析：该形式是针对直线式的缺点经过演变而来的。其特点是在企业各级领导和执行机构之间，设有按专业分工设置的职能机构，负责其业务范围内的管理活动，并在其业务范围内行使指挥权。

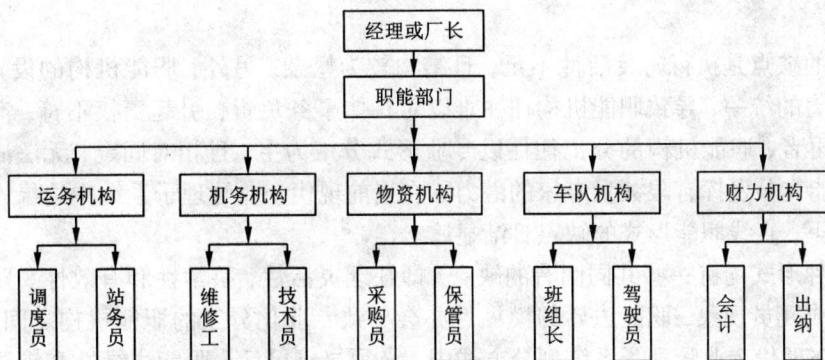

图1-6 职能式管理机构形式

该形式可以避免直线式管理机构权力过于集中的缺点，符合分权原则，也体现了现代化大生产分工协作的趋势。其缺点是执行机构的指令既可以来自企业的高层领导，也可以来自职能部门，有违于指令单一的原则，如处理不当，将会造成"政出多门"的现象，导致混乱的发生。

运用该类型机构形式时，应注意以下几点：①明确职能部门的权限与职责，从而限定其指令传输的内容与范围；②明确界定职能部门之间的权限与职责；③明确主指令渠道与辅助指令渠道；④加强信息反馈工作，以避免指令内容的冲突；⑤职能部门的设置应首先考虑有效分工，不宜过于强调按专业分工。

例1-3 直线职能式 直线职能式的结构如图1-7所示。

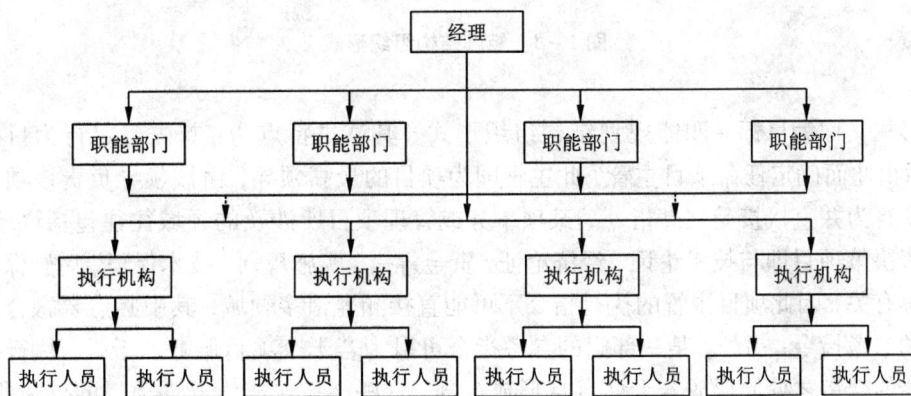

图1-7 直线职能式管理机构形式

分析：该形式综合了直线式和职能式的特点，是以直线式为基础设置的一种形式。其基本结构仍为直线式，指令呈单一渠道下达，但在其中融合了职能部门提供的参考意见，即在该形式管理机构中职能部门仅起参谋作用，不允许直接下达管理指令。职能部门起着业务指导作用，其指令为参考指令（图中虚线），无直接指挥权。

该形式的优点是既可实施分权负责，也可避免政出多门，保持指令呈单一渠道下达，但其中融合了职能部门的参考意见，更为具体、确切，并且具有较大的信息量，专业性、针对性较强。

该形式的缺点是执行时灵活性不足，且结构较为繁杂；另外，职能机构的设置，难以做到责任与权力的统一，导致职能机构往往难以对具体事务负责，引起责权不符，产生相互推诿的现象；再者，职能机构的分工往往以专业形式分工为主，且相对固定，无法满足有效分工原则，不能充分发挥有限数量专家的潜力。在当前现代企业管理子系统中边缘性和渗透性增强的情况下，直线职能形式的缺点日渐显露。

以上三种形式均有一些共同固有的缺点，即缺乏灵活性、科学性和有效性。职能机构的设置往往造成冗员现象，职能边界的模糊性亦会导致专业化分工的职能机构之间职责不清，难以界定，在现代企业管理子系统划分方式中，必须寻求灵活、职能边缘性和渗透性较强的机构组合，并且要发挥有限的专门人员的潜力。

例 1 – 4 矩阵结构组织形式 矩阵结构组织形式的结构如图 1 – 8 所示。

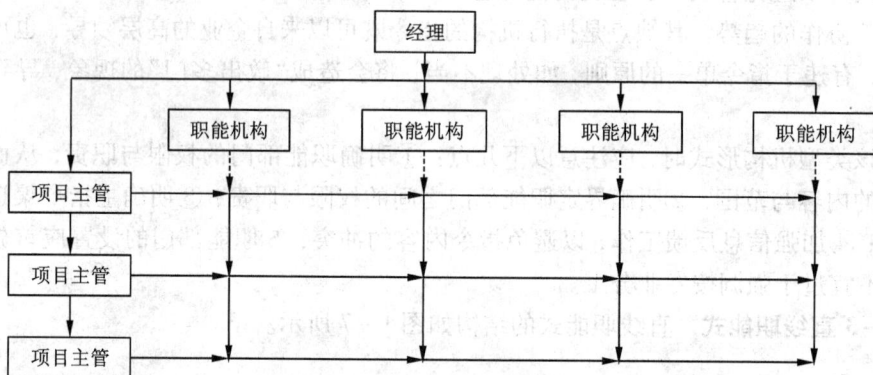

图 1 – 8 矩阵结构组织形式

该形式又称为目标 – 职能规划结构组织形式。其基本特点为：首先确定行为目标或事项，然后由此而确定任命项目主管，此主管即为项目的最高领导，由该领导负责该项目或事务的一切行为并直接接受最高指令。某项事务或管理项目所涉及的领域往往包括许多职能，例如投资决策项目即与技术论证、经济论证、资金筹措、实施规划、技术保障、后勤保障和物资供应等有关，因此项目主管的执行指令不可能直接涵盖诸多领域，其中必然要融合相应职能部门的参考指令；另外，某一部门的参考指令可以为若干个项目服务。于是，执行指令和参考指令的交错之处便形成若干结点且形成矩阵，这些结点便成为管理项目的行为所在点，即管理基层单元。基层单元中的管理人员接受项目主管的指令，也接受职能部门的专项业务上的指导，此类管理人员既可来自职能部门，也可来自其他单元，这类人员的组成有助于加强管理过程中纵向与横向的联系，指令渠道呈单一状，且信息含量高，协调程度高，工作效率高。矩阵式结构组织的最大优点是能尽量发挥专家的作用。这类专家往往数量有限，但在接受指令后，一个职能部门的专家可以为若干个项目提供业务指导，所以说，矩阵式组织结构效率较高。另外，当某个项目完成或告一段落后，随着项目主管的撤销，与此有关的结点亦不存在，余下的人员又可以为新的目标事项组成结点，这种"时聚时散"的方式具有相当的灵活性，提高了企业管理系统对外部市场信息响应的灵敏度。

矩阵式组织管理机构是一种新型的管理机构形式，它符合动态变化的趋势，具有较强的灵活性与应变性，特别适用于解决突发性问题和新生事务。该形式体现出来的特点代表了现代企业管理机构的发展趋势，值得充分考虑研究并不断地发展、完善。

1.3　现代企业素质

企业素质是企业在一定条件下本身所具有的性质和能力，它对外表现为企业在市场竞争中的生存能力与发展能力。

企业素质的内涵应包括以下几个方面的内容。

1. 人员素质

人员素质是企业素质的根本，企业素质首先体现在全体员工的素质上。人员素质可分为技术业务素质和思想道德素质。技术业务素质表现为具备熟练的技术业务水平，精通本职工作范围内的业务，具有丰富的想象力、洞察力、预见能力和较强的主观能动性，而不是机械地执行上级的指令。思想道德素质包括法制观念、组织纪律观念、责任心、环境意识、思想意识水平和职业道德水平。概括地讲，人员素质应从思想、智能和技能三个方面综合考察。人员素质在企业生产经营管理中起着主导作用，且思想道德素质在人员素质中起着基础作用。

2. 技术素质

企业技术素质是技术水平和装备水平的综合反映。技术素质除了要适应当前企业生产经营技术保障的需要外，最主要的是把握并紧跟本行业科技发展的动态与趋势。技术素质可以从装备水平、人员技术水平和科技自我发展水平三个方面考察，其重点应放在企业技术水平与本行业科技发展趋势相比较而得出的适应程度上。

就当前的汽车服务企业而言，技术素质的高低，最明显的是体现在掌握并运用现代汽车技术方面。现代汽车综合了计算机、微电子技术、液压技术和材料技术等高科技项目，其结构已与传统汽车有本质的区别。汽车服务企业就应充分把握这一趋势，着重提高企业的技术素质，将车辆运用技术管理系统从传统的机械项目转化到机械－电子一体化项目上来。

3. 管理素质

管理素质综合反映了管理思想、管理体系、管理方法和市场竞争等方面的因素。衡量管理素质应考察企业能否利用现有的人、财、物创造出最多的社会财富和最大的经济效益，即所谓资源利用的效益。另外，企业管理素质还应体现在获得近期效益的同时不断地发展壮大，即所谓的发展效益。

企业素质是企业在市场经济体制下生存和发展的基础性因素。企业生产经营管理在追求利润的同时，必须把不断提高企业素质作为主要目标。如果仅考虑眼前的经济效益而忽略了企业素质的提高，即所谓的短期行为，将使得企业在市场竞争中缺乏后劲，最终成为市场竞争中的淘汰者。

提高企业素质应有规划、有步骤地从硬件和软件两个方面入手。除不断地创建和引进新的技术、装备和方法以及各种保障措施外，还必须建立高效的职工教育体系，以提高职工知识文化水平和技术业务水平，并建立科学的现代化管理体系。

必须指出,当前我国汽车服务企业素质不高,主要表现在以下几个方面:

1)市场意识淡薄,对市场变化的反应迟钝。

2)高水平人才缺乏。

3)企业人员整体素质低下。

4)企业技术装备落后。

5)无法紧跟当前本行业的科技发展趋势。

6)企业发展缓慢。

7)企业生产经营机制不健全。

从总体上看,我国汽车服务企业仍处于一种落后的、缺乏应变和发展能力的状况。要改变这种状况,首先得消除经营者和劳动者的短期行为思想,在人、财和物等方面予以充分保障。只有这样,才能确保企业素质不断提高。

1.4 汽车服务企业

1.4.1 汽车服务业概况

汽车服务业包括汽车售前、售中、售后三方面的服务。以轿车为例,售前服务是指产品开发、设计、质量控制与市场调查等成品出厂前的服务;售中服务是指促成销售的服务,包括销售广告宣传、贷款与保险资讯等服务;售后服务是指整车出售及售后与轿车使用相关的服务,包括维修保养、车内装饰(或改装)、金融服务、事故救援、事故保险、索赔咨询、二手车转让、废车回收、市场调查与信息反馈等内容。

在一个成熟的汽车市场中,汽车的销售利润占整个汽车业利润的20%左右,零部件供应利润占20%左右,而50%~60%的利润是从服务中产生的。汽车服务业已成为汽车制造商的主要利润来源,也构成了汽车产业可持续发展的重要支柱。汽车不同于其他商品,一旦消费者购买了汽车,就需要定期地加油、保养、保险、维修、缴纳各种费用,直至汽车报废、解体,其消费支出是以连续方式持续支付的。因此,对应于汽车消费的这个特点,汽车服务业涉及的范围相当广泛,其产业链也远较其他产业复杂,发展也越来越迅速。

近年来,我国汽车产业获得快速发展已成为世界第一大汽车生产国,为汽车服务业的发展奠定了良好的产业基础。随着我国私人汽车保有量持续增长,汽车服务市场的发展空间将日益扩大。我国汽车服务行业的发展现状表现在以下几个方面。

1. 市场需求持续增加

汽车服务市场主要包括:汽车销售服务市场、汽车维修服务市场、二手车交易市场和汽车金融服务市场。随着我国居民对汽车需求的不断增加,汽车服务市场也快速发展起来。目前,国内汽车市场各环节销售额的比例约为:配件30%、制造商43%、零售8%、服务12%。按照国外成熟汽车市场销售额中服务所占比例超过30%的情况估计,我国汽车服务业销售额仍有近20%的上升空间。

2. 市场需求多样化

汽车服务市场的需求多样化表现在整个汽车消费过程中。在购买、使用、维护和变卖汽车的不同消费阶段,消费者的消费形式不同,可以配套的服务项目也不同。购买渠道、购买方式、购买价格决定消费者的购车行为。早期汽车服务运营商的利润来自汽车维护。据统计,全球汽车服务业50%~60%的利润从汽车的维护环节中产生。而汽车服务业的服务领域在扩大,汽车金融产品消费、汽车文化消费正在成为汽车服务业新的消费需求。随着我国汽车保有量的快速增长,二手车交易有巨大的潜在需求。

3.消费者的消费行为日渐成熟

在购买汽车前,消费者在品牌的选择中会考虑价格、产品性能、形象和服务质量等因素;在购买过程中,消费者越来越注重服务质量。预计未来消费者需要更加具体且合理的多种服务选择。消费者消费行为日渐成熟使汽车服务市场的经营者必须依靠良好的服务质量获得消费者的满意。

1.4.2 汽车服务企业的类型

汽车服务企业是为潜在和现实汽车使用者或消费者提供服务的企业,主要包括从事汽车经销的企业和为汽车使用者或消费者提供配件、维修服务、保养服务以及其他服务的企业属于服务企业。

(1)按业务类型

汽车服务企业可分为整车销售企业、配件销售企业、汽车维修企业、汽车租赁企业、汽车金融服务企业、汽车保险服务企业、汽车俱乐部等。

(2)按经营方式

汽车服务企业又可分为汽车品牌专营店、多品牌经销店、二手车交易企业、汽车配件连锁经营企业、汽车配件销售企业、汽车特约维修站、汽车快修店、汽车美容装饰店、汽车租赁企业、汽车金融服务企业、汽车保险服务企业、汽车俱乐部等。

1)汽车品牌专营店。汽车经销商与某一品牌汽车生产商签订特许专营合同,受合同制约,接受生产商指导、监督、考核,只经销该品牌汽车,并为该品牌汽车的消费者提供技术服务。这种形式是国外汽车特别是轿车服务企业的主流,已被大规模引进到国内,并成为目前我国轿车产品销售最普遍的一种形式。汽车品牌专营店一般采用前店后厂的方式,以及统一的店面外观设计。一般具有整车销售(sale)、配件供应(spear part)、维修服务(service)和信息反馈(survey)四项主要功能,所以俗称为"4S"店。

2)多品牌经销店。汽车经销商在同一卖场同时经销多个品牌汽车(汽车超市)。

3)二手车交易企业。从事为二手车车主和二手车需求者提供交易方便,促进旧汽车交易的企业。二手车不一定是车况不好的汽车,主要是针对二次交易而言,即按车辆管理规定需要办理车主过户手续的车辆。

4)汽车配件连锁经营企业。汽车配件连锁经营是经营汽车配件的若干企业在核心企业或总部的领导下,通过规范化经营实现规模效益的经营形式和组织形态。

5)汽车配件销售企业。这类企业又可大致分为两种类型,一是批发商或代理商;二是汽车配件零售商。

6)汽车特约维修站。与汽车生产厂商签署特约维修合同,负责某地区某品牌汽车的故障和质量保修工作。

7)汽车快修店。这类企业主要从事汽车生产厂商质量保修范围以外的故障维修工作,一般是汽车保养、换件修理等无需专业诊断与作业设备的小修业务，俗称"路边店"，是汽车生产厂商售后服务网络的重要补充。

8)汽车美容与装饰店。这类企业从事的主要业务是在不改变汽车基本使用性能的前提下，根据客户要求对汽车进行内部装饰(更换座椅面料、地板胶、内饰等)、外部装饰(粘贴太阳膜、表面光洁养护、婚庆车辆外部装饰等)和局部改装(中控门锁、电动门窗、电动后视镜、加装防盗装置、卡式录音机换 CD 机等)等。

9)汽车租赁企业。这类企业主要为短期或临时性的汽车使用者提供各类使用车辆，按使用时间或行驶里程收取相应的费用。

10)汽车金融服务企业。这类企业的主要业务是为汽车消费者提供资金服务。汽车金融服务企业以资本经营和资本保值、增值为目标，主要提供客户资信调查与评估，提供贷款担保方式和方案，拟订贷款合同和还款计划，发放消费信贷，承担合理的金融风险等服务。

11)汽车保险服务企业。机动车保险是第一大财产保险，在我国财产保险保费收入中超过60%是机动车保险保费收入。汽车保险服务企业主要从事合理设计并向汽车使用者或消费者提供汽车保险产品，提供定责、定损、理赔服务等业务。

12)汽车俱乐部。以会员制形式，向加盟会员提供能够满足会员要求的与汽车相关的各类服务的企业。汽车俱乐部主要从事代办汽车年检与年审、代理汽车保险理赔、汽车救援、汽车维修、主题汽车文化活动等业务。汽车俱乐部一般又可分为三种类型：经营型俱乐部，它为会员有偿提供所需的与汽车相关的服务；文化娱乐型俱乐部，它为会员提供一个文化娱乐环境；综合型俱乐部，它集前述两类俱乐部于一体。

现实中，汽车服务企业往往以上述两种或几种类型的综合状态存在。

1.4.3 汽车服务企业管理的职能

(1)计划职能

计划职能是管理的首要职能，是指把企业的各种生产经营活动按照实现企业目标的要求，纳入统一的计划。

(2)组织职能

组织职能是指按照制定的计划，把企业的劳动力、劳动资料和劳动对象，从生产的分工协作关系上、时间和空间的联结上合理地组织起来，组成一个协调一致的整体，使企业的人、财、物得到最合理的使用。企业组织分为管理机构组织、生产组织和劳动组织三部分。

(3)指挥职能

为了保证企业的生产经营活动按计划、有组织地运转，企业的一切活动都必须服从统一的指挥，这是现代社会化大生产的客观要求。指挥职能包括领导、指挥、教育、鼓励、正确处理各种关系等。

(4)协调职能

指为完成企业计划任务而对企业内外各部门、各环节的活动加以统一调节，使之配合适当的管理活动。它的目的就是为了使各种活动不发生矛盾或互相重复，保证相互间建立良好的配合关系，以实现共同的目标。

(5)控制职能

是指根据经营目标、计划、标准以及经济原则对企业的生产经营活动及其成果进行监督、检查，使之符合计划，以及为消除实际和计划间差异所进行的管理活动。控制的目的和要求在于把生产经营活动及其实际成果与计划、标准作比较发现差异，找出问题，查明原因，并及时采取措施加以消除，防止再度发生。

以上各种管理职能并不是独立存在的，是互相密切联系，是在同一管理过程中实施的，这就是管理职能的总体性。管理的整个过程就是以计划为出发点，按各项具体职能的顺序依次从而达到企业目标的活动过程。

1.4.4 汽车服务企业管理的内容

(1)经营管理

经营管理是指为实现企业目标，使企业生产技术、经济活动与企业外部环境达成动态平衡的一系列管理活动，是一项战略性、决策性的管理。

(2)服务管理

服务管理是指对服务的全过程进行管理。它包括服务质量管理、设备管理、定额管理、备件管理。

(3)财务管理

财务管理是基于企业再生产过程中客观存在的财务活动和财务关系而产生的，是组织企业资金活动、处理企业同各方面的财务关系的一项经济管理工作，是企业管理的重要组成部分，宏观上包括物资管理和成本管理。

(4)人力资源管理

人力资源管理是指为完成企业的管理工作和总体目标，用以影响员工的行为、态度和绩效的各种组织管理条例、实践及制度安排。

(5)技术管理

技术管理是指合理、有效地组织、指挥、协调、监督和激励本企业所有生产服务的各项技术工作，利用好企业内部和外部的有关技术资源，组织科学研究和技术开发活动，尽快地把最新的技术成果转化为现实的生产力。

(6)信息管理

信息管理是综合采用技术的、经济的、政策的、法律的和人文的方法和手段对信息流(包括非正规信息流和正规信息流)进行控制，以提高信息利用效率、最大限度地实现信息效用价值为目的的一种活动。

(7)质量管理

质量管理是指用最经济最有效的手段进行设计、生产和服务，以生产出用户满意的产品。质量管理的发展大致经历了质量检验、统计质量控制和全面质量管理三个阶段。

思考与练习

1.现代企业管理的类型有哪些？

2.现代企业应该具备哪些素质要求？

3.什么是汽车服务企业？汽车服务企业有哪些类型？

4.汽车服务企业管理的内容有哪些？

第2章　汽车服务企业经营管理

教学提示：汽车服务企业的经营管理是为实现企业经营目标而对外部环境和内部条件进行分析和研究，从企业全局发展考虑并作出总体性的规划工作，是企业经营活动中的一项管理活动。

教学要求：本章主要讲述汽车服务企业经营管理的基本理论和方法，要求学生掌握汽车服务企业经营与管理的内容、经营决策的方法，熟悉市场调查与预测的方法，以及经营体系与经营评价的相关知识。

2.1　汽车服务企业经营管理概述

2.1.1　经营与经营思想

1. 经营

经营即筹划营谋，从经济管理角度，是指商品生产者为了企业的生存、发展和实现其战略目标，以市场为对象，以商品生产和商品交换为手段，使企业的生产技术经济活动与企业外部环境达成动态均衡的一系列有组织的活动。一个企业经营能力的高低以及经营效果的好坏，主要取决于能否正确认识市场的需求和变化，对市场规律能否及时把握，企业内部优势能否得到充分发挥，以及企业内部条件与市场协调发展的程度。也就是说，企业适应市场能力的高低反映了企业的经营水平的高低。

2. 经营的功能

经营作为企业管理中必须进行的关键活动，对企业发展能产生重大影响，并发挥巨大的作用。

1）预测市场的变化。汽车服务市场如同其他商品市场一样，是不断变化发展的，政府经济政策的调整、产品价格的变动、消费水平的提高、技术的进步、消费习惯的改变以及竞争的加剧等，都会影响汽车服务市场，致使市场需求和供给永远处在不断地变化之中。因此，企业必须具有预测市场变化的能力，才能把握市场，使经营活动适应市场的变化。

2）协调整个企业的内部和外部活动，适应市场的变化。企业的活动可以分为两个部分：一是企业内部的生产运营组织活动，包括按照自然规律和经济规律，对汽车服务运营活动进行组织、指挥、监督、控制等；二是与市场打交道，处理好各种外部关系的各种活动。只有把这两部分活动有机地结合起来，使企业顺应市场的变化和要求，才能达到企业预定的经营目标。这是企业经营的主要功能，也是经营活动的中心。

3) 发现和利用能使自己发展成长的机会。市场的变化总是会产生新的发展机会与挑战，这就要求企业在适应市场变化的同时，能不断地发现和把握新的机会，谋求发展壮大。因此，企业的经营要能做到从市场的不断变化中发现有利于自己发展成长的机会，并善于利用这种机会发展壮大自己。

3. 经营思想

企业的经营思想，就是指企业根据市场需求及其变化，协调企业的内部和外部活动，决定和实现企业的方针和目标，以求得企业生存和发展的思想。经营思想是企业一切经营活动的指导思想，是企业的灵魂，它贯穿企业经营的全过程，企业的一切生产经营活动都受它支配。经营思想正确与否，对企业的生存和发展起着决定性的作用。

汽车服务企业的经营活动总是在一定的社会经济条件下进行的，正确的经营思想当然要考虑本企业的生产技术特点，更重要的是，必须符合我国社会主义市场经济的要求，应具备以下 6 种思想观念：

1) 市场观念。在市场经济体制下，市场是企业的生存空间，市场观念应该是企业经营思想中最根本的观念。当前的汽车服务企业必须树立正确的市场观念，牢固树立"以市场为导向、为市场提供服务、向市场要效益"的观点，以创造性经营去创造顾客需求，适应市场变化。

2) 竞争观念。有市场就会有竞争，竞争是自然界的普遍规律，是促进事物发展的外部压力。在经济上，竞争是市场经济的基本特征之一，是市场经济贯彻优胜劣汰法则的主要手段。竞争能迫使企业在内部建立起竞争机制，充分发挥全员的积极性和创造性，促进技术进步和效率提高。一个成功的企业往往是竞争的产物，要成为成功的企业，就要牢固树立竞争的观念，敢于开展竞争，并要善于竞争，灵活使用竞争的方式、方法，力争在质量、价格、技术服务等方面都做得更出色。

3) 创新观念。企业的生命力在于它的创新能力。创新既包括创造新的产品和服务，也包括创造新的经营方式。创新精神是企业重要的精神力量，是企业成功的秘诀。对于汽车服务企业，新技术、新工艺的发明和采用，可以大大提高生产效率，降低材料消耗，提高汽车维修质量，降低运营成本；新的服务品种的开发不仅可以满足用户需要，而且可以开拓新的服务领域，引起新的市场需求；新的经营管理办法可以调动职工的积极性，大大提高劳动生产率，增强企业的市场竞争能力，培养先进的企业文化；新的市场策略和宣传方法，可以提高市场的占有率，增加服务方式。总之，创新能为企业增添新的活力，是企业在激烈的市场竞争中取胜的法宝。

4) 效益观念。众所周知，企业的经营活动必须以提高经济效益为目的。经营管理的最终目的就是要保证企业的生产经营活动能够取得良好的经济效益。值得注意的是，这里所说的企业经济效益并不是单纯的企业的盈利。社会主义企业的生产经营活动，首先要服从社会主义的生产目的，为提高整个社会的生产力水平和改善人民的物质、文化生活提供优质产品和服务，为扩大社会主义再生产积累更多的资金。同时，还要有效地利用人力、物力、财力资源。评价一个企业的经济效益，首先要看它是否有助于提高社会综合效益，其次才看它盈利多少。从这一观念出发，无论生产资料生产企业还是消费品生产企业，都要以其产品和服务能给社会和消费者带来直接和间接利益为宗旨，根据社会需要和消费者的利益采用最有效的技术，生产最适用的产品和提供最满意的服务，在此前提下，为企业创造更多的利润。

5）全局观念。树立全局观念，这是由社会制度和基本经济规律所决定的。在社会主义市场经济中，汽车服务企业必须把国家和人民的利益放在第一位，认真执行国家的方针政策，接受宏观经济的指导；从系统的观点来看，汽车服务企业仅是国民经济的子系统，其生产经营活动不能离开国家经济发展的总目标和总要求。总之，汽车服务企业在经营的过程中，必将遇到各种利益关系的冲突，只有牢固树立全局观念，正确处理企业与国家的关系，做到局部利益服从全局利益，才能提出正确的经营思想，最终实现企业的经营目标。

6）时间观念。市场是变化的，因此，企业一定要树立起强烈的时间观念，才能迅速及时地收集市场信息，了解市场动态及发展趋势，并对它作出及时的反映，保证企业的内部条件经常与外部环境保持动态平衡，及时履行合同和协议，在用户中形成良好的诚信形象。

4. 汽车服务企业的经营管理模式：4S 店经营模式

4S 店经营模式起源于欧洲，1998 年广州本田在中国大陆广州建立了国内第一家 4S 店。此后，我国其他各种品牌汽车厂商纷纷效仿，短短几年，4S 店在国内各大城市雨后春笋般地发展起来。这种经营模式一般采取一个品牌在一个地区分布一个或相对等距离的几个专卖店，按照生产厂家统一店的内外设计要求建造，投资巨大。所谓 4S 店是一种以"四位一体"为核心的汽车特许经营模式，包括整车销售、零配件、售后服务、信息反馈等。目前，4S 店经营已成为我国汽车服务企业的一种主要经营形式，它具有购物环境优美、维修区整洁干净、维修设备先进、零配件正规、管理规范、品牌意识强、人员素质和技术水平较高等优势。同时，4S 店也可满足用户的各种需求，使用户对品牌产生信赖感，从而有利于扩大汽车的销售量，给汽车售后服务业带来了新气象。4S 店有其优越性，但也存在不足，主要表现在以下 3 个方面。

1）"游戏规则"由汽车制造企业制定，不可避免地包含着施加控制。这些控制保证了经销商对消费者提供或出售的服务或产品达到一定的标准。汽车制造企业较多考虑的是如何有利于销售本公司的汽车产品，如何有利于树立本公司的品牌形象，如何有利于本公司利润的增长，而较少地考虑经销商为此所承担的风险。

2）汽车制造企业投入少量资金或不投入资金。4S 店对于汽车制造企业而言，既能收到品牌免费宣传推广的效果，又把市场经营风险转移给了经销商；但对于经销商而言，巨额的固定投资无疑加大了后期的经营成本，这些费用最终都要转嫁给消费者，导致配件贵、服务费用高，并且随着车辆销售利润的降低，投资回收期延长，无形中也加大了经营风险。

3）经销商必须承担对售出车辆进行维修保养的售后服务责任。这在理论上是增加了利润空间，但前提是必须让经销商增加投入，同时，由于在维修配件、维修技术甚至维修设备等方面对汽车制造商的高度依赖，而使经销商落入了整车厂的控制之中，这同样不符合充分竞争的原则。

目前，各地出现的汽车城即相当于"4S 店组群"，这种模式解决了以往品牌专卖店品种单一，网点分散，无法满足消费者多样化选择和货比三家的需求。但一个汽车城内有几十个 4S 店，就有几十个维修间，这种维修车间的规模都很大，对于同一个汽车城投资商来说，就是重复建设，从而增加了成本。

2.1.2　汽车服务企业的经营管理

1. 汽车服务企业经营管理的含义

首先应该明确，经营与管理是两个不同的概念，它们既有区别又有联系，共存于企业之中，贯穿着企业活动的全过程。它们的联系主要表现在：第一，两者的目标是一致的。不论开展经营活动，还是加强管理工作，目的都是为了确保企业能生存和发展下去，充分发挥企业各要素的潜力，以取得良好的经济效益。经营与管理两者相辅相成地对企业发挥作用，经营决定着管理，管理服务于经营。没有正确的经营指导，管理会失去方向；没有科学的管理，经营则会落空。对现代企业来说，没有经营就谈不上管理；没有管理，也就无需经营。第二，经营是管理发展到一定阶段的必然结果。管理是共同劳动的产物，而当共同劳动发展到商品生产阶段，企业与外界的联系越来越多时，就要求不仅要进行管理，而且要求开展经营。经营的产生标志着企业管理发展到一个新的阶段。第三，经营活动与管理活动虽然有区别，但两者的区别不是绝对的，而是相对的。经营中需进行管理，管理中仍要开展经营。

汽车服务企业经营的含义，是指企业以汽车维修市场为出发和归宿，进行市场调查和预测，掌握市场需求和变化规律，以便调整企业的经营方针，制订长远发展规划，组织安排生产，开展优质服务，达到预定经营目标的一个循环过程。当前，我国的汽车维修市场已完全放开，新的《汽车销售管理办法》即将出台，汽车服务企业已由"生产型"向"生产经营型"、"经营创新型"转变，因而汽车服务企业经营管理也必须相应地实现这种转变，这样，经营管理的地位和作用就更重要了。汽车服务企业的经营管理是对经营活动进行管理，即对企业经营活动进行计划、组织、指挥、控制和激励等。

2. 汽车服务企业经营管理的内容

汽车服务企业的全部活动是由生产活动和经营活动两大部分组成的，其生产活动是基础，具有内向性，它的基本要求是充分利用和合理组织企业内部的各种资源（人、财、物和技术），用最经济的方法，向用户提供满意的产品和服务。经营活动是与企业外部环境相联系的活动，具有外向性，它的基本要求是使企业生产技术经济活动适应外部环境的变化，根据汽车维修市场的需求和竞争者的状况以及其他条件的变化，制定企业的经营战略、目标和计划，以保证企业生产成果的实现，并取得良好的经济效益。

汽车服务企业经营管理的内容十分广泛，涉及企业的各个方面，贯穿于企业整个生产经营活动的全部过程。归纳起来，对于汽车服务企业的经营者而言，经营管理的主要内容有以下 3 项：

1）市场调查与预测。通过市场调查与预测，及时掌握市场的变化，把握其发展方向，为正确地规划经营战略、制订经营方针、确定汽车服务企业的经营目标提供坚实可靠的依据。

2）正确决策。对企业经营管理过程中涉及企业发展方向、发展目标、经营策略等的重大问题进行正确决策。

3）建立企业经营体系。建立行之有效的企业经营体系，为企业的一切经营活动能全面准确地实施和开展提供可靠的保证。

2.2 汽车服务企业的市场调查与市场预测

2.2.1 汽车服务企业的市场调查

1.汽车服务企业市场调查的意义

汽车服务企业市场调查是以接受企业服务的客户及潜在客户、汽车服务有关市场为对象，运用科学的方法，有目的地、有系统地搜集、记录、整理有关市场的信息资料，从而掌握市场的现状及其未来发展趋势的一种企业经营活动。其目的是了解市场的现状及其发展趋势，为市场预测和营销决策提供客观的、正确的资料。市场调查的意义体现在以下几方面：

1)确定企业未来发展方向和新产品的研发。通过市场调查，获取有价值的市场信息，进而分析判断市场供求情况以及未来市场动态和潜在的消费，并根据企业自身的特点，确定或调整企业的发展方向，促进企业开发新产品，完成企业的经营管理目标。

2)及时地进行经营决策。市场是在不断地变化的，企业通过市场调查，可以使企业经营者敏锐地察觉到市场的变化，及时地开展有利于企业成长和发展的经营活动，做出准确、及时的经营决策。

3)确定企业的经营策略并修改和完善。市场就是竞争，它要求企业提供更优良的产品、更低廉的价格、更优质的服务、更快捷的销售，只有这样才能占领市场，才能获取更多的利润。因此，企业不仅要了解自己的经营管理，还要了解竞争者，分析竞争者的经营策略，做到"知彼知己，百战不殆"。通过市场调查，了解本企业的经营策略效果，据此修改和完善企业策略。企业经营策略正确与否要通过市场来检验，发现问题及时纠正，并逐步完善。

总之，市场调查是汽车服务企业经营管理的基础工作，对于企业把握市场机遇，正确决策并取得经营管理主动权，具有十分重要的意义。

2.汽车服务企业市场调查的内容

(1)市场需求情况调查

主要是调查本企业产品或服务在总体市场(国内外)和各种细分市场(各地区)的需求量及其影响因素。汽车服务企业对需求因素的调查要特别重视三个方面：

1)需求量调查。汽车服务企业是以汽车产品销售或服务为中心的，为汽车用户提供产品服务和维护技术保障，其市场需求量的主要影响因素有人均收入水平、汽车保有量、车型构成和国家相关政策等。

2)消费行为调查。消费者动机的不同，往往表现出不同的行为特征和服务要求，因此，要了解消费者的爱好、习惯、使用条件、购买方式、购买人群、购买量、购买动机、购买时间等。

3)潜在需求调查。市场需求有两种，一种是用户已意识到，有能力，也准备购买或接受维修服务的现实需求；另一种是处于潜伏状，即用户已意识到但由于种种原因还不能接受服务的需求。

(2)销售趋势调查

主要包括购买者的需求趋势、企业营销策略改变后可能造成的销售变化趋势等。

(3)市场竞争调查

竞争情况调查一般是指对竞争对手的调查。其调查内容主要有：

1)竞争对手的基本情况。包括厂家数量、分布、生产总规模、可提供的服务、满足需求的总程度等。

2)竞争对手的竞争力。包括资产拥有情况、企业规模、技术水平、技术装备情况、目标市场、销售能力、销售渠道、销售价格、销售策略、服务质量、市场占有率等。

3)竞争对手发展新服务的动向。包括新服务的发展方向、特性、进程、运作情况、竞争力等。

4)潜在竞争对手。包括将要出现的新竞争对手和已有的竞争能力逐渐变强的竞争对手。

(4)销售渠道调查

主要了解产品销售渠道的历史与现状，包括商品价值和商品实体运动流经的各个环节、销售机构的基本情况、销售渠道的利用情况及促销手段的运用等。

(5)企业经营政策执行情况调查

主要调查企业在产品、服务、价格、市场定位、广告宣传等方面政策的执行情况，包括用户反映、实施效果、改进意见等。

3. 市场调查的方法与选择

由于市场调查的重要性和应用的广泛性，人们不断地对这一问题进行研究，总结出许多科学有效的调查方法。现代调查理论提供了多种调查方法，如图2-1所示，归纳起来有直接调查法和间接抽查法两大类。间接调查法主要通过广告、宣传的反应，间接掌握市场情况。下面着重介绍直接调查法的几个方法。

(1)询问调查法

询问调查法是由调查人员以询问的方式，从被调查者的回答中获取所需资料的调查方法。按调查人员与被调查者之间的接触方式不同分为访谈调查、信函调查、电话调查和网上调查四种形式。访谈调查机动灵活，但调查成本较高、时间较长、调研的范围有限。信函调查的调查区域广，而且被调查者回答问题时不受调查人员的影响，对调查人员的要求不高；但这种调查所需时间较长，信函回收率低。电话调查方法快捷，可以在较短的时间内访谈较多的被调查者，对一些不便面谈的问题，在电话访谈中可能得到回答；但调查时间不可能太长，难以询问比较复杂的问题。网上调查法调查的区域广，不受地域限制，被调查者能回答内心真实的想法和看法；但是所需时间也较长，而且调查样本的代表性差，因经常上网的大多是年轻人。

(2)观察调查法

观察调查法是指调查人员用自己的眼睛或借助于器材，在调查现场直接观察和记录被调查者的行动，以获取所需调查资料的方法。这种方法不直接向被调查者提出问题，而是从侧面观察、旁听、记录现场发生的事实，了解被调查对象的态度、行为和习惯。它能够比较客观地收集资料，准确性较高，调查结果更接近实际，而且观察调查一般不与被调查者直接交流，可以排除人际交往和语言交流可能产生的各种干扰，但是此种方法一般只能观察到被调查者的外部特征，无法观察到被调查者的态度、动机等内在因素，因此适用范围有限。

(3)实验调查法

实验调查法是调查人员根据调查的目的，选择1~2个实验因素，将它们置于一定的市场条件下进行小规模的实验，通过对实验结果的分析来获取调查资料。如一些企业采用的商品试销、试用、展销等都属于实验法。这种调查方法较为科学，实验数据能真实地反映一些情况；但因市场上不可控因素较多，实验数据受实验时间、地点的影响大。

上述三种市场调查方法，在应用时应视调查的问题和目标而定。一般情况是，要了解消费者对企业产品的态度，可采用询问调查法；要了解消费者对产品的注意点，可采用观察调查法；要了解某一营销因素变动对消费者的影响，可采用实验调查法。

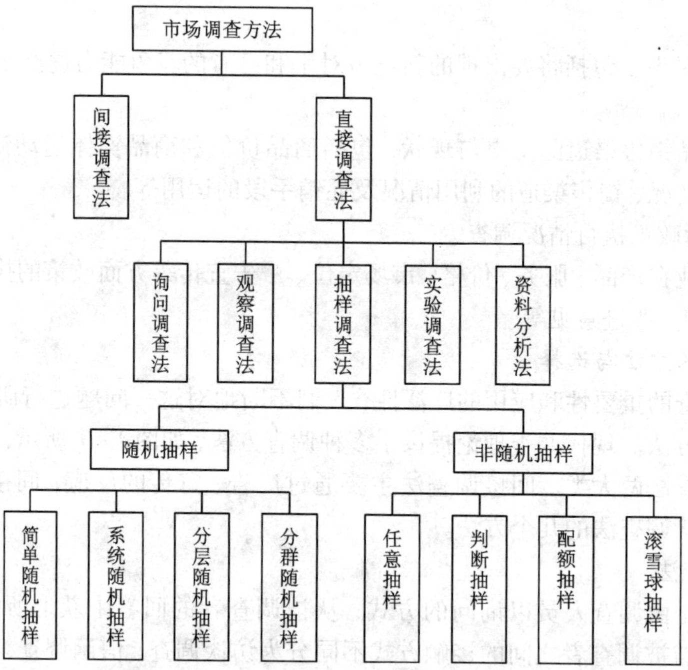

图 2-1　现代市场调查方法

（4）资料分析法

资料分析法是指调查人员在充分了解市场调查的目的后，通过搜集各种有关的文献资料，对现成的数据进行整理、分析，进而提出市场调查报告及有关营销建议的市场调查方法。它既可为现场直接调查做准备，也可弥补现场直接调查的不足。这种调查方法的优点是可以充分利用现成的资料，节省调查费用，但要求调查人员有较丰富的专业知识和分析能力。

（5）抽样调查法

所谓抽样调查，就是从全部的调查对象中选择一部分具有代表性的对象加以调查，从而推断出调查对象的总体情况。该调查方法是市场调查中普遍采用的一种方法。采用这种方法的关键在于如何正确地选择具有代表性的样本，只要样本抽样适当，它便具有很强的科学性，否则，就有可能造成调查的失败。

抽样调查可以分为随机抽样和非随机抽样两种。随机抽样又可分为简单随机抽样、系统随机抽样、分层随机抽样和分群随机抽样等方法；非随机抽样又可分为任意抽样、配额抽样、判断抽样和滚雪球抽样等方法。

市场抽查的方法繁多，各具特点，使用条件各不相同，调查方法选择是否恰当，对调查结果影响极大。因此，为充分发挥各种调查方法的特点，高效准确地得出调查结果，在选择设计调查方法和实施时，应注意考虑以下因素。

（1）收集信息的能力

市场调查的目的就是要收集有用的信息，因此，在设计和选择调查方法时，首先要考虑调查方法收集信息的能力。为达到市场调查的目的，为市场分析提供全面可靠的信息，准确地反映市场动向，要求搜集的信息资料要尽可能地全面，否则可能全以偏概全，使调查结果出现误差。一般来讲，实验调查方法和观察调查法受费用及范围所限，搜集资料和信息的能力相对较弱；而询问调查法中，访问人员具有较强的信息搜集能力，而且该资料的质量也较高。

（2）调查研究的成本

调研成本是制约调查方法选择的另一个重要因素。受调查费用的影响，企业有时不得不选择一些简单的调查方法，这就大大影响调查质量和效果。就调查费用而言，资料调查和询问调查中的电话调查较为省钱、省力，而访员访问、实验调查法的费用较高。

（3）调研时间的长短

效率是设计选择调查方法的又一标准。调查时间长，不能反映市场的及时变化，影响企业的决策。一般来说，时间要求较紧时，可选用电话调查；时间适中时，可选择问卷调查和观察调查；时间允许时，可考虑采用访员访问和实验调查法，能取得较为准确的结果。

（4）样本控制的程度

对样本控制程度的高低关系到调研的效果，因此，也是选择调查方法应考虑的因素。对样本控制程度越高，越能及时、快速地获得所需信息资料，而且有利于调查人员灵活、有效地调整调查速度，取得较好的调查结果。如访员访问、实验调查等就有这方面的优势，而资料调查和问卷调查则明显不足。

（5）人为因素的控制

选择调查方法时，要考虑调查人员对样本及调研结果所产生的影响，防止调查失真。必须有效排除调查人员对被调查人员的影响以及调查人员自身因素的影响，将人为因素控制在最小的范围内。

4. 市场调查的步骤

市场调查具有较强的科学性。为了保证市场调查的准确性，就必须遵循一定的科学程序，加强其组织工作，按照一定步骤进行。一般市场调查可分为三个步骤，即准备、实施和总结。

（1）准备阶段

从企业经营管理的角度出发，市场调查的重要目的是通过搜集、整理和分析资料，研究、解决企业经营活动中的具体问题，并针对问题寻求可行的措施。因此，准备阶段的主要任务是确定调查目标，这是进行市场调查的首要问题，主要应考虑的问题有为什么要进行市场调查——解决营销中存在的问题；通过调查要了解哪些问题——需要哪方面的资料和信息；调查结果的具体用途——寻求改进措施。

（2）实施阶段

首先拟定调查方案，决定收集资料的来源和方法，准备所需的调查表格，抽样设计，然后，深入现场调查。在现场调查搜集资料阶段，要使每个调查人员按照统一要求，集中精力做好内外部协调工作，力求以最少的人力、最短的时间、最好的质量完成搜集资料的任务。市场调查搜集的资料必须做到真实准确、全面系统，否则准备阶段的工作和研究阶段的工作都失去了意义。

（3）总结阶段

此阶段分为两步，第一整理分析资料。调查表收集好后，由调查人员对表进行逐份检查，剔除不合格的表格，将合格表格统一编号，以便于调查数据的统计。第二撰写调查报告。撰写调查报告是市场调查的最后一项工作内容，要按规范的格式撰写，通常由题目、目录、概要、正文、结论、建议和附件等组成。其内容一般包括调查过程的简单介绍，调查目标和调查结论的比较，对调查课题的建议等。要求调查报告的内容扼要，重点突出，分析客观具体，便于对调查报告进行追踪检查。

2.2.2 汽车服务企业的市场预测

1. 市场预测的意义和要求

所谓市场预测，就是根据市场调查得到的有关市场经济活动的各种信息资料，运用一定的方法和数学模型，预测未来一定时期市场对产品需求量及变化趋势，为企业研究制订计划目标和经营决策提供客观依据的活动。因此，市场预测在企业生产经营活动中起着重要作用。其意义主要表现在下列几方面。

1）通过市场预测来预见未来市场的发展趋势，能为企业制订战略目标和做出各种经营决策提供客观依据。

企业的发展和经营决策总是着眼于未来而非现在，只有预见了未来，企业才能知道现在应该做什么，如何做，并做出正确的决策。

2）通过市场预测，能促进企业提高市场适应能力和竞争能力。企业对市场适应能力的强弱，集中表现在能否合理调动内部资源，能否及时按照市场需要组织生产和流通。通过市场调查和预测，掌握市场需要什么商品、消费这种商品的顾客是谁、他们的特点和变化趋势如何等信息，才能及时地调整企业内部资源结构。市场上的竞争也是一种获得信息的竞争，谁首先拥有市场信息，谁就掌握了主动权，也就能在市场竞争中处于优势地位。

3）通过市场预测，能促进企业提高经济效益。企业通过市场预测活动，能指导生产和流通的时间安排，能使商品适时地进入市场，及时地转移到消费者手中，使企业以较少的资金经营较多的商品，促进经济效益的提高。

市场预测的准确度越高，预测的结果越接近现实。然而，由于各种主、客观原因，预测不可能没有误差。为了提高预测的准确程度，预测工作应该满足以下基本要求：

1）客观性。市场预测是一种客观的市场研究活动，但这种研究是通过人的主观活动完成的。预测工作必须以客观资料为基础，不能主观随意地"想当然"，更不能弄虚作假。

2）全面性。影响市场活动的因素除经济活动本身外，还有政治、社会、科学技术等因素。这些因素的作用使市场呈现纷繁复杂的局面。预测人员应具有广博的经验和知识，能从各个角度归纳和概括市场的变化，避免出现以偏概全的现象。当然，全面性也是相对的，无边无际的市场预测既不可能也无必要。

3）及时性。信息无处不在，无时不有。信息对经营者来说，有时是机会，有时是风险。为了帮助企业经营者不失时机地做出决策，要求市场预测快速提供必要的信息，过时的信息是毫无价值的。

4)科学性。预测所采用的资料，须经过去粗取精、去伪存真的筛选过程，才能反映预测对象的客观规律。运用资料时，应遵循近期资料影响大、远期资料影响小的规则。预测模型也应精心挑选，必要时还须先进行试验，找出最能代表事物本质的模型，以减少预测误差，提高其科学性。

5)持续性。市场的变化是连续不断的，不可能停留在某个时间点上。相应地，市场预测也需不间断地进行。在实际工作中，一旦市场变化有了初步结果，就应将预测结果与实际情况相比较，及时纠正预测误差，使市场预测保持较高的动态准确性。

6)经济性。进行市场预测需要耗费人力、物力、财力等资源。预测工作所需的时间越长，预测的因素越多，往往意味着投入的人力、物力和财力也越多，这就要求安排预测工作必须量力而行，讲求经济、实效。

2. 市场预测的内容

市场预测的内容非常广泛。市场主体或预测目的不同，市场预测的内容会有所不同。以汽车 4S 店和维修服务企业为例的市场预测一般包括以下几方面内容。

1)市场需求预测。预测市场需求总量以及发展趋势，包括现在和未来需求预测。预测市场需求影响因素的变化，即对引起市场需求变化的各种影响因素的变化趋势、变化时间、变化程度进行预测，以寻求市场需求变化的深层原因。预测市场需求变化的特征，即对未来消费者需求变化的特点进行预测。

2)市场占有率预测。市场占有率预测主要预测一个服务企业某品牌汽车的销售(维修服务)量或销售额与市场上同类品牌汽车的全部销售(维修服务)量或销售额之间的比率。可从以下三个方面进行：①本品牌汽车市场地位的预测，如预测本品牌汽车的质量水平、市场占有率的变化等；②竞争对手情况的预测，如预测竞争对手的数量，各自的实力变化，竞争对手可能采取的经营策略及其对本企业的影响程度；③潜在竞争者的预测，即分析预测是否会有潜在竞争者进入，其可能采取什么样的经营策略进入市场。

3)产品发展预测。产品发展预测是企业制订产品生产经营计划的重要依据，是企业市场预测的重点。其内容包括：企业现有产品生命周期的预测、新产品发展前景的预测、产品资源变动趋势预测。

4)产品价格变动趋势预测。产品价格变动趋势预测主要预测产品价格的升降及其发展趋势。一般通过以下两种途径来进行：第一，根据构成产品成本的因素及其变化趋势，预测产品价格的变化趋势；第二，根据供求关系对价格的影响，预测产品价格的变化趋势。

3. 市场预测的步骤

市场预测由于目的、方法、条件的不同，实际操作的程序和步骤也不完全一样，一般而言有以下几个步骤。

1)确定预测目标，拟订预测计划。预测目标既是预测工作的起点，它关系到预测的其他步骤，同时又是预测工作的归属，即达到的预测目的。制订预测工作计划，是使预测工作有条不紊地组织实施的基础。

2)收集和分析历史资料。预测的根据来自于现有的及历史的资料，充分的资料是正确预测的根本保证。对收集到的资料还要进行整理分析，剔除偶然性因素造成的不正常资料，以保证资料真实、可靠，避免因资料原因使预测结果出现误差。

3）选择预测方法并建立预测模型。应根据预测对象的性质及各种预测方法的适应条件，选择合理实用的预测方法。一般找出 1~2 个主要因素，建立相对应的数学模型，并进行预测。

4）分析、修正预测数值。对预测结果的误差及其原因进行分析，主要是对未考虑的因素进行分析。为了避免预测误差过大，要把根据数学模型计算出的理论预测值，与过去同期实际观察值相比较，计算出预测误差，估计其可信度，再对预测结果进行必要的修订和调整，最后确定出预测值。

5）撰写预测报告。预测报告是对预测工作的书面总结，也是向使用者作出的汇报。预测结果出来之后，要及时撰写预测报告。预测报告的内容，除了应列出预测结果外，一般还应包括资料的搜集与处理过程、选用的预测模型及对预测模型的检验、对预测结果的评价（包括修正预测结果的理由和修正的方法）以及其他需要说明的问题等。预测报告的表述，应尽可能利用统计图表及数据，做到形象直观、准确可靠。

4. 市场预测的方法

市场预测的方法可以归纳为定性预测和定量预测两大类。

（1）定性预测方法

定性预测方法又称经验推断方法，它是指预测者运用自己的专门知识和经验，根据已经掌握的历史资料和现实资料，对市场未来趋势做出判断和推测。这种方法简便易行、适用范围广、成本低、费时少，但受预测者的主观因素影响大，较难提供以准确数据为依据的预测值。在数据资料较少或不准确的情况下，多采用此法。

常用的定性预测方法主要有以下几种。

1）专家意见法。专家意见法按征集专家意见的方式不同分为专家会议法和专家函询法。专家会议法是根据预测的目的和要求，邀请相关专家针对需要预测的问题，进行会议讨论、分析，然后综合专家意见得出预测结论。这种方法通过信息交流，利于激发专家的创造性思维，能在短期内得到创造性的成果，获取的信息量较大，考虑的因素较全面，但预测结果易受语言表达能力、心理因素和权威者的影响，容易出现随大流现象。专家函询法又称德尔菲法，这种方法的应用始于美国兰德公司，在国外颇为流行。其具体做法是：将征询的问题分别寄给选定的若干专家，请他们分别填写后寄回。然后主持人将这些意见分别归纳，并形成文字，再一次寄给专家，请他们再填写并寄回。经过多次反复，意见逐步趋向集中，直至得出比较一致的结论为止。这种方法避免了专家会议法的不足，科学性较强，在缺乏资料、无法应用数学模型的条件下被广泛采用。

2）领导人员判断法。领导人员判断法是指由企业的经理或业务主管人员凭个人的主观经验，对未来市场趋势进行预测的方法。该方法迅速、方便、费用低，但预测结果侧重于主观意识，科学性较差。

3）营销人员估计法。营销人员估计法是指由专业营销人员对市场发展趋势分别做出个人估计的预测方法。由于营销人员比较熟悉市场情况，他们所作的预测有较大的现实性，但营销人员的个人能力影响着预测结果的准确程度。

4）集合意见法。集合意见法是指由企业经理集合企业有关人员进行分析、讨论，对未来市场形势做出预测判断的方法。具体方式有两种：一是集中企业中高层管理人员进行讨论预测；二是集中企业有销售经验的销售人员进行讨论预测。这两种方法的优点是，预测速度快、成本低，易于组织进行，能够集思广益，避免个人判断的局限性；缺点是预测结果易受讨论气氛、权威人士和当时市场形势影响。

（2）定量预测法

定量预测法又称为统计预测法，是指在数据资料充分的条件下，运用数学、统计学等方法，有时还要结合计算机技术，对事物未来的发展趋势进行数量方面的估计与推测。常用的定量预测法分为时间序列分析法和因果关系分析法两大类。

1）时间序列分析法。根据过去的历史资料、数据来推算市场的发展趋势。例如，要预测某品牌汽车的销售趋势，可将过去的实际销售数按时间先后顺序排列，这样，就形成了时间序列数列。通过分析这个数列，从中找出其变化的规律性，并假定未来市场发展仍按此趋势进行。常用的时间序列分析法有：简单平均数法、移动平均数法、加权移动平均数法、变动趋势预测法、指数平滑法和季节指数法等。

2）因果关系分析法。利用因果关系来预测。通过研究已知的数据资料，从中找出事物演变的因果规律以及原因和结果之间的关系式，据此预测未来的一种方法。常用的因果关系分析法有回归分析法和季节变动分析法。

2.3　汽车服务企业的经营决策

企业在经营管理中进行市场调查和预测，其根本目的并不是市场调查和预测本身，而是为企业经营决策提供科学依据，经营决策才是根本，才是现代企业经营管理的核心工作。决策是行动的基础，决策的正确与否，直接关系到企业经营的成败。

2.3.1　企业经营决策的原则

1. 企业经营决策的概念和特点

决策就是选择，通俗地说就是"拍板"，是在多种可供选择中做出决定的意思。根据决策论的思想，企业经营决策是指在企业经营范围内，为实现某一特定目标，在占有企业和市场信息的基础上，根据客观条件，拟定几种备选方案，从中选出一个经济上最优的方案加以实施，并控制实施的过程。

企业经济决策的特点有：

1）决策的目标性。决策要与企业的经营管理活动的目标相一致。明确的决策目标，能清楚地表达决策的内涵，便于理解和执行。决策目标要根据市场调查、经营预测的结果，结合企业内、外部的经营状况，再经过深入地调查、分析、判断后确定。没有明确目标的决策是难以执行的，也是没有任何意义的。

2）决策的风险性。决策是一种选择，存在不确定性。决策使用的信息和决策的水平都会影响到决策的风险大小。在有利条件下，决策的错误使有利的条件没能充分发挥作用，不利的条件得以表现，造成经营决策失败；在不利条件下，正确的决策会变不利为有利，从而获得成功。

3）决策的过程性。决策正确未必就能获得经营的成功，还必须有效地组织实施，保证经营活动始终沿着正确的方向进行。决策是一个不断解决问题的过程，包括四个主要阶段：找出制定决策的理由；找到可能的行动方案；在诸行动方案中进行抉择；对已进行的抉择进行评价。

4）决策的系统性。对决策问题的分析，其内容和方法都是系统化的。在分析决策问题时，主要把握的内容和要素包括：决策的目标——企业决策所需达到的目的；决策的依据——企业内部和外部的信息、经验和客观条件；决策的标准——最优化或满意化，决策方案的执行与控制，以及决策分析的程序等。决策分析的方法则主要分为两大类，即定性分析（软方法）和定量分析（硬方法），它们使决策越来越科学。

2. 经营决策的原则

企业经营决策是一项非常复杂的工作，关系到企业的生存与发展，是企业经营管理的核心。进行经营决策需考虑、涉及的因素很多，既要考虑企业的内部问题，又要考虑企业的外部环境问题，如社会、政治、法律关系等。因此，企业要做出正确决策通常要遵守如下原则。

1）目标明确性原则。目标和方案是构成决策活动不可缺少的两个基本因素，没有目标的决策只能是盲目的，甚至是无用的，只有明确了决策目标，才能做到有的放矢，事半功倍。

2）全局性原则。汽车服务企业是国民生产部门的一分子，它的经营决策必须贯彻国家的政策，遵守国家法令和规定，兼顾国家、集体、个人三方面的利益，在此基础上做出最佳的选择。

3）系统性原则。汽车服务企业是由若干相互联系、相互制约的子系统构成的复杂系统，同时，它也是整个社会大系统的子系统。决策必须按照系统性原则的要求，既要以社会系统优化为目标，又要以企业经济系统的优化为前提。

4）经济性原则。汽车服务企业的一切经营活动都是以提高经济效益为中心的，这就意味着要选择一个相对最优的经营方案，做到低投入、高产出。

5）可行性原则。经营决策是企业面向用户、面向市场、面向社会、面对自身、目标明确的决策活动，必须从实际出发，认真进行可行性分析，做到决策方案技术先进和可行、经济合理和高效，任何不切实际的"最佳决策"，都不会给企业带来成功。

6）时效性原则。由于市场和企业的内外环境是千变万化的，市场机会稍纵即逝，致使任何决策都存在一定的时间范围，在这一范围内的决策是正确的，在该范围以外，同样的决策就有可能带来相反的结果。因此，经营决策应捕捉时机，迅速反应，当机立断，不失时机地进行决策。

7）灵活性原则。实现经营目标有多种方法，经营决策方案要采纳各种方案的优点，要根据危机和变故恰当地调整原方案。

2.3.2　经营决策的分类和方法

1. 企业经营决策的分类

企业经营活动的多样性，决定了其经营决策的不同手段和方法。决策涉及的内容较为广泛，从企业长远战略到当前具体问题的解决方法，从生产组织到营销管理，从市场的定位到企业文化的建立，无一不面临选择与决策。这些决策的前提条件的不同，决定了决策的多样性。现将其归纳为以下几种。

（1）按企业经营决策的工作任务划分

1）战略决策。关系到企业发展方向或全局性、长远性的决策，如经营方针、服务方向、产品开发等。它往往由企业高层领导做出，关系到企业的经营成败，具在影响时间长、涉及范围广、作用力度大的特点，是其他决策的中心目标。

2）管理决策。依据企业战略决策的要求，在管理和组织工作中解决阶段性的重大问题的决策，是涉及合理组织和选择生产过程的决策、合理选择和作用能源及物资的决策、劳动力素质的提高和平衡方面等的决策。

3）业务决策。也叫作业决策，是指在日常作业中为提高业务效率以及更好地执行管理决策所实行的具体决策，如经营计划的编制、原材料和外购件的库存管理、生产控制，销售工作以及劳动组织调配等方面的日常性决策。业务决策是管理决策的具体化及其延伸，具有深入性、具体性、量化性、局部性、短期性的特点。

（2）按决策条件的可靠程度划分

1）确定型决策。未来影响决策方案的所有因素是非常明确的，多种可行方案的决策条件是已知的，而且一个方案只有一个确定的结果。确定型决策通常可通过数学模型得到最优解，如原材料采购决策、库存决策、成本－利润－产销量决策、技术改造决策等。

2）风险型决策。各种方案未来的影响因素较多，各种自然状态不能预先肯定，是随机的，造成一个方案会出现几个不同的结果，既可能成功，也可能失败，使决策具有一定的风险性。

3）不确定决策。对未来事件的自然状态发生与否不能肯定，各种可行方案出现的结果也未知，只能靠决策者主观判断来决策。针对这类决策，由于其决策的结构条件复杂且不稳定，决策不能以程序或定型化来表示，只能针对具体问题进行具体分析和决策。

（3）按决策主体地位高低划分

1）高层决策。企业领导层负责的决策，目的是解决企业发展的全局性、战略性、长期性问题。

2）中层决策。由企业中层负责的决策，目的是解决企业生产经营活动中所出现的短期性、战术性问题。

3）基层决策。由企业基层作出的作业性决策，目的是解决生产现场的某些具体的技术性和执行性问题。

（4）按决策问题出现的重复程度划分

1）程序化决策。对经营中重复出现的问题的决策。由于问题是经常出现的，因而有必要也有可能预先把决策过程标准化、程序化，如生产方案决策、作业计划决策、库存决策等。

2）非程序化决策。所要解决的问题是非例行的、过去没有遇过的新问题，因而要靠决策者的判断和信念来进行决策，如扩大企业规模的决策、引进技术的决策、开拓新市场的决策等。

（5）按决策目标数目划分

1）单目标决策。判断一项经营决策的优劣性指标只有一项的决策。

2）多目标决策。判断一项经营决策的优劣需要考查多项指标才能得出结论的决策。

2.企业经营决策的方法

在企业经营管理中，针对各种问题需要进行相应的决策。由于各类决策的目的、条件、特点的不同，使得决策的方法存在差异。以下就介绍几种常见的决策技术。

（1）确定型决策法

确定型决策法是指在事件的各种自然状态完全肯定而明确的条件下，经过分析计算可以得到各方案明确的结果，据此可以进行最佳方案的选择。常用的确定型决策法有盈亏平衡分析法、经济批量法和线性规划法。在此主要讲解盈亏平衡分析法。

盈亏平衡分析法，又称量、本、利分析法，其基本原理是通过研究产销量、成本、利润三者的关系，找出使盈亏平衡的产销量水平，从而得到盈利区间和亏损区间。在企业经营管理中，常常用此法来决策产品的产量或销售价格。

盈亏平衡点即指在盈亏平衡图上，总收益曲线与总成本曲线相交的那一点，如图 2 – 2 所示。根据企业成本分析，企业的总收入 S(元)、与服务价格 P(元/单位业务量)、业务量 Q、企业成本 C(元)等存在如下关系：

根据 $S = PQ$，$C = C_1 + C_2 Q$，其中 C_1 为企业的固定成本，C_2 为单位业务量的变动成本，在盈亏平衡点处，$S = C$，则 $PQ_0 = C_1 + C_2 Q_0$，故企业的保本业务量为：$Q_0 = C_1 / (P - C_2)$。通过上述公式的简单变换，也可进行盈亏平衡点的服务价格计算。

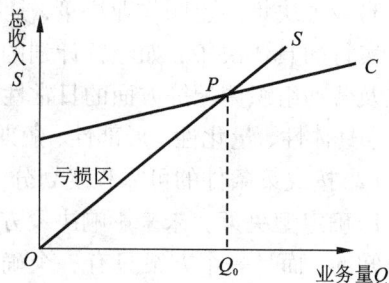

图 2 – 2 盈亏平衡图

例 2 – 1 某汽车服务企业准备开展一项活动，在为期一个月的时间里，进行一新的车辆检测项目，预计需投资设备及其他固定费用 40000 元，每辆车检测变动成本为 4 元，检测收费为 10 元，试确定应该检测多少车辆才能收回成本？

解： 根据盈亏平衡分析的业务量计算公式，得保本的平衡点业务量为 $Q_0 = 40000 / (10 - 4) \approx 6667$(辆)。

通过计算得知，在一个月内必须检测 6667 辆车，才能收回成本。决策时，可根据市场预测这项服务的需求是否大于 6667 辆，结合企业的检测能力，从而作出是否开展这项业务的决策。

(2)风险型决策法

风险型决策也称随机型决策或概率型决策，它需要具备下列条件：

①具有决策者期望达到的明确目标；

②存在决策者可以选择的两个以上的可行备选方案；

③存在着决策者无法控制的两种以上的自然状态(如气候变化、市场行情和经济发展动向等)；

④不同方案在不同自然状态下的收益或损益可以计算出来；

⑤决策者能估计出不同自然状态出现的概率。

风险型决策的特点是有明确的决策目标，未来的自然状态决策者不知道，但各自然状态发生的概率可以预测出来，各不同自然状态下的损益可以计算出来，其决策原理是比较各不同方案使用年限内的期望值。风险型决策法主要有决策表法和决策树法。

1)决策表法。决策表也叫决策矩阵表，它是用风险型决策法基本结构矩阵表来表述各种可供选择的方案，并计算出各方案的损失期望，经比较，选择损益期望最大的方案为决策方案。决策的常用基本工具，其结构如表 2 – 1 所示。从表 2 – 1 可以看出，决策表内容包括：

①决策问题的各种备选方案，见表 2 – 1 中第一列的 A_1，A_2，…，A_n。

②各不同方案可能遇到的自然状态，见表 2 – 1 第一行的 S_1，S_2，…，S_m。

③各种自然状况可能发生的概率值，它们之和等于 1，见表 2 – 1 第二行的 P_1，P_2，…，P_m。

④收益或损益 O_{11}，O_{12}，…，O_{1m} 是表的主体部分，它是根据有关信息资料，应用数量化方法计算出来的可量度的值，根据不同的决策问题，它们有不同含义，如销售利润、产值等。

决策表法是以期望为标准进行决策的，期望可分为最大收益期望标准和最小损失期望标准两类。

表 2-1　决策表结构

收益值 ＼ 自然状态 概率 ＼ 决策方案	S_1	S_2	…	S_j	…	S_m
	P_1	P_2	…	P_j	…	P_m
A_1	O_{11}	O_{12}	…	O_{1j}	…	P_m
A_2	O_{21}	O_{21}	…	O_{2j}	…	O_{2m}
⋮	⋮	⋮	⋮	⋮	⋮	⋮
A_n	O_{n1}	O_{n1}	…	O_{n1}	…	O_{nm}

例 2-2　某汽车 4S 店要制定第四、五月份的汽车涂料月进货计划，进货成本为每桶 30 元，销售价为 50 元，当天销售后每桶可获利 20 元。如果剩一桶，由于储藏及其他原因要亏损 10 元。今年市场情况不清楚，但有前两年同期限 120 天的销售资料，见表 2-2，问今年平均每月进多少桶为好？

解：根据决策表法的计算步骤可以绘制月销售量，如表 2-3 所示。根据题意，要获利最大，因此，选择最终方案为每月进货 120 桶。

表 2-2　涂料月销售情况

日销售量/桶	完成销售量的天数	概率
100	24	24/120 = 0.2
110	48	48/120 = 0.4
120	36	36/120 = 0.3
130	12	12/120 = 0.1
合计	120	1.0

表 2-3　涂料月销售决策表

利润/元 ＼ 销售状态/桶 概率 ＼ 销售方案/桶	100	110	120	130	期望利润值/元
	0.2	0.4	0.3	0.1	1.0
100	2000	2000	2000	2000	2000
110	1900	2200	2200	2200	2140
120	1800	2100	2400	2400	2160
130	1700	2000	2300	2600	2090

2）决策树法。

①决策树的构成。决策树是以图解方式分别计算各方案在不同自然状态下的损益值，通过综合期望的比较，作出方案选择。这种方法直观明确，特别适用于复杂问题的多层次决策。决策树由五个因素组成，即决策点、方案枝、状态结点、概率枝和结果点。决策点是决策树的始点，在图中用"□"表示；方案枝是由决策点伸出的枝条，每条直线就代表一个方案；状态结点是连接方案枝与概率枝的结点，在图中用"○"表示，表明各种状态所能获得收益的机会；概率枝是由各状态结点伸出的枝条，并将概率标于其上方，每个枝条代表一种自然状态；结果点是概率枝的终点，也是决策树的终点，在图中用"△"表示，在概率枝的末端列出不同自然状态的损益，整个结构像"树"形，因此而得名，其结构如图2-3所示。

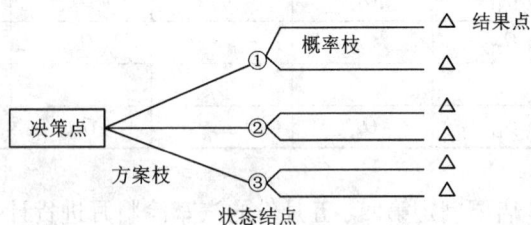

图2-3 决策树

②决策树的分析程序。决策树的分析程序分三个步骤：

第一步，绘制树形图。绘图程序是自左向右分层展开，必须在对决策条件进行细致分析的基础上，确定所有可供决策选择的方案，以及这些方案在实施中会发生的所有自然状态。

第二步，计算期望。期望的计算要由右向左依次进行，先将每种自然状态的收益分别乘以各自的概率，再乘以决策有效期，最后将各概率枝的值相加，标于状态结点上。

第三步，剪枝决策。比较各方案的期望，期望最大的方案枝即为最佳方案。

例2-3 某汽车服务企业维护保养车间的改造方案有两个：方案一是对现有车间进行改造，需投资250万元，建成后若能满负荷生产，则每年可获利56万元，若不能满负荷生产，则每年可获利40万元；方案二是新建车间，需投资400万元，建成后，若能满负荷生产，每年可获利120万元，若不能满负荷生产，则每年亏损20万元，根据资料预测，两种方案建成后能满负荷生产的可能性为0.7，不能满负荷生产的可能性为0.3，使用期限均为10年。试利用决策树进行决策。

解：根据题意绘制决策树，如图2-4所示。

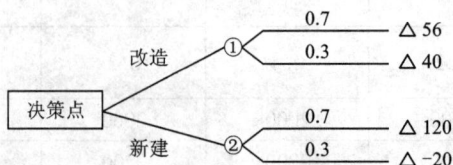

图2-4 方案决策树

计算各节点的损益期望：

改造车间：损益期望 $= \sum ($损益 $\times$ 概率$) \times$ 使用年限 $-$ 投资

$$= (0.7 \times 56 + 0.3 \times 40) \times 10 - 250 = 262 (万元)$$

新建车间：损益期望 $= \sum ($损益 $\times$ 概率$) \times$ 使用年限 $-$ 投资

$$= (0.7 \times 120 - 0.3 \times 20) \times 10 - 400 = 380 (万元)$$

通过两种方案的损益期望计算并作比较，我们选择方案二，即建新车间。

2.3.3　经营决策的程序

企业经营决策的程序就是决策者运用智力解决问题的过程。市场调查和预测是为了探索可行性方案，是决策的基础。经营决策的基本步骤主要包括 6 个步骤：确定目标、收集资料、拟定备选方案、评价选择最优方案、贯彻实施、追踪检查。

1. 确定目标

决策目标的确定是经营决策的起点。决策者应根据组织所处的环境条件及其发展变化趋势，提出一个切实可行的目标。一般来说，决策目标应该是可以计量，可以规定其时间和明确实施人员责任的，对于同样的问题，决策目标不同，其决策方案也会大不相同。因此，确定目标十分关键，应注意要达到以下几点：

1）分析企业内外条件，提出恰当目标，做到有的放矢；

2）目标应具体，应尽量用计量值或计数值表达；

3）目标应系统性强，能体现出目标体系的层次；

4）目标是符合规范、切实可行的。

2. 收集资料

收集资料是决策程序中很重要的过程，没有一定的数据就不可能完全反映事物的本质，方案设计者可能遗漏最佳方案，同时也会给定性分析、决策带来困难。资料的来源一方面是实际统计调查资料，另一方面是预测资料，它们必须具有广泛性、客观性、准确性。

3. 拟定备选方案

目标确定后，就要根据目标的要求和约束条件制定出各种备选方案，以供决策者选择。单方案决策只能适应解决简单的经验型管理决策问题。在现代决策中，由于经济系统及其外部联系的复杂性，必须采用多方案优选法。每种备选方案，通常都是在广泛搜集和充分研究有关信息资料的基础上，由决策智囊团运用各种决策技术和方法拟定出来的，为此应该使每一种方案都具备整体详尽性和相互排斥性。

4. 评价选择最优方案

拟定备选方案后，要对各个方案实施的可行性用定性分析和定量分析相结合的方法进行论证和评估，主要对比技术上的先进性、经济上的合理性和现实的可能性，能否满足经营目标的要求。对各方案的可行性进行分析评估之后，即可进行优选。若达不到令人满意的程度，则必须按照决策的程序重新确定目标，修正或补充方案，直到满意为止。

5. 贯彻实施

制定、评价、选择和决策方案是为了实施，否则，是不能达到方案的效果的，也就失去了决策的意义，因此贯彻实施方案是决策的重要环节。

贯彻实施主要包括以下几方面的工作：

1）要把决策的目标和实现目标的最优方案明确地向企业全体职工交底，动员企业职工为实现目标多作贡献。

2）围绕目标和实现目标的最优方案制订具体的实施方案，明确企业各级领导和部门应完成的任务、进度和负责人，并由各执行人或部门再据此层层制订更具体的执行方案，使总目标层层保证，落实到基层单位、小组以及个人。

3）各部门执行人按照预定计划认真贯彻执行。

6. 追踪检查

按照实施方案在执行过程中与实际情况层层进行对比，称为追踪检查。目的在于及时检查其执行情况，研究没有达到预期效果的原因，及时进行方案的调整和修改。

在追踪检查中，实施方案没有能预期完成时一般有三种情况：一是执行人没有努力；二是在执行中遇到困难；三是已经按方案执行，但没有达到预期效果，因而还要作出具体分析并采取相应对策。

2.4　汽车服务企业的经营体系

2.4.1　汽车服务企业经营计划的特点和作用

计划就是预先决定要做什么、如何做、何时做，由谁来做。计划不是靠直觉或预感来拟订，而是靠科学的预测和分析，并在市场调查的基础上所制定的行动纲领。

经营计划是指在经营决策基础上，根据经营目标对企业的生产经营活动和所需要的各项资源，从时间和空间上进行具体统筹安排所形成的计划体系。事实上，经营计划是企业围绕市场，为实现自身经营目

标而进行的具体规划、安排和组织实施的一系列管理活动。企业经营计划是企业经营活动的先导，并始终贯穿于企业经营活动的全过程。

1. 经营计划的特点

1）具有决策性。它是企业主动地运用自身所拥有的经营决策权力、经营实力和经营动力，积极地进行市场调查和预测，在自主决策的基础上制定的带战略性质的计划。

2）具有开拓性。企业从满足社会需求、取得较好的经济效益出发，要使自己在竞争中立于不败之地，就要不断地开拓市场，开发新产品，扩大服务领域，从而保持企业持续稳定地发展。因此，在经营计划中，不但要有与当前生产经营活动有关的计划内容，而且还必须包括新产品开发、技术改造、增强企业发展后劲方面的工作要求。这与生产技术财务计划单纯地重视当前，忽视发展，造成产品陈旧、企业老化的状况有着明显的不同。

3）全面性。经营计划是通过推行全面计划管理来实现的，主要表现为：①计划管理的范围是全企业性的。企业的一切生产经营活动都纳入经营计划管理。纵的方面，从厂、专业厂、车间、班组直至每个职工；横的方面，包括所有的职能部门，都有各自的经营目标和经济责任。②计划的贯彻实施是全员的。通过编制经营计划，把企业的奋斗目标逐级展开、分解下达到每个基层单位的管理部门，落实到每个职工，做到考核目标明确，都讲求经济效益。

③计划管理的职能是全过程的。从确定经营方针开始,通过编制经营计划,下达计划目标值,逐级逐项分解展开落实各项保证措施,检查与控制计划完成过程,反馈与预报执行情况的信息,考核、评价与奖励、分析经济活动,到下期计划的经济预测与资料汇集等各个阶段,形成一个闭环,使计划职能贯穿于生产经营的全过程。所有这一切都比生产技术财务计划有很大改进和发展。

2.经营计划的作用

1)能克服经营中情况变化和不肯定性因素带来的困难,做到有备无患。市场总是变化无常的,企业的任何经营活动都必须适应市场的变化,只有制定了经营计划,一旦遇到市场变化,企业就可按照计划的安排,及时作出调整,最终达到经营目的。若无经营计划,突发的变化,会造成整个经营活动手足无措,甚至迷失经营活动方向和目标。

2)能将注意力集中在目标上。市场总是充满着诱惑,各种机会不断出现,没有一个经营计划的指导,企业的经营活动很容易受到外界的影响而偏离目标。反之,在一个企业整体经营计划指导下,可使各层次、各部门的工作能够围绕计划目标展开,避免工作的盲目性,保证企业整体经营目标的完成。

3)能达到经营上的经济合理。计划工作能以明确的目标替代不协调的分散活动,以均衡的生产、工作流程替代不均衡的生产、工作流程,以深思熟虑的决策替代仓促、草率的判断。这样,能使企业经营管理的各个环节协调一致,从而提高效率,降低消耗,实现经营上的经济合理。

4)便于进行控制工作。企业在实现目标的过程中离不开控制,而计划则是控制的基础。如果没有既定的目标和规划作为衡量的尺度,管理人员就无法检查企业目标的实现情况,也就无法实施控制。控制中几乎所有的标准都来自于计划。

2.4.2　汽车服务企业经营计划的分类

依照不同的标准,可将经营计划分为不同的类型。各种类型的计划不是彼此割裂的,而是由分别适用于不同条件下的计划组成的一个计划体系。

1.按计划期限

可分为长期经营计划(如 3~5 年计划)、年(季)度经营计划、月、旬、日、班等短期作业计划。

长期经营计划和短期作业计划是互相联系的。长期经营计划是编制年度经营计划的依据,年度经营计划又是短期作业计划的依据;反过来,年度经营计划和短期作业计划又是长期经营计划和年度经营计划的具体化和补充。

2.按计划内容

可分为综合计划、经营结构计划、专业计划和业务计划。

①综合计划,主要包括企业的经营目标和整体经营战略;②经营结构计划,主要包括为实现目标和实施整体经营战略,企业在人员、设备和资金等方面应创造什么条件的计划,也就是改善企业经营结构和提高经营活动的计划;③专业计划指的是当企业选定某种经营战略,对经营战略所做的计划;④业务计划是指对企业开展产、供、销和财务等经营业务活动所做的计划。

3.按计划的对象

可以分为综合经营计划和单项计划。综合经营计划是以整个企业的全部生产经营活动为对象的计划，而单项计划是为了解决某一特定问题而制定的计划。

4.按计划的作用

可以分为战略计划、战术计划和执行计划。综合经营计划属于战略计划，经营结构计划和专业计划属于战术计划，业务计划属于执行计划。

2.4.3 汽车服务企业经营计划的内容

汽车服务企业的经营计划作为未来一个经营周期中进行管理和绩效考核的纲领性文件，主要包括销售计划、生产计划、市场推广计划、人员配置计划、培训计划、财务计划、服务质量计划、物资供应计划、设备维修与更新计划以及劳动工资计划等。

1.销售计划

销售计划主要是根据近几年本地汽车市场上本品牌车辆的销售情况和市场发展预期，在考虑竞争对手商务政策与市场举措的条件下合理确定未来一段时期内（通常是一年）企业整车、延伸产品的销售状况，并做出按月和按车型的详细分布计划，这是与供应商进行协调和谈判的基础和最重要的内容。

2.生产计划

生产计划规定了汽车服务企业在计划期内维修及服务的产量、总产值和生产进度。它是以销售计划为主要依据来编制的。它对企业实现销售计划、提高生产能力起着保证和促进作用。同时，生产计划中包含根据预测的未来年度市场情况和自身的销售计划，计算来年内辖区汽车服务企业代理品牌车辆的保有数量，根据该品牌车辆以往在维修保养方面的经验数据，计算出来年的服务总台次、工时和备件消耗的总数量。

3.市场推广计划

汽车服务企业为了扩大市场影响，挖掘潜在客户，提高已有客户对企业的认知，提高销售与服务市场份额，需要开展系统、多样的市场推广活动。汽车销售服务企业可以选择的市场推广活动有平面广告（报纸、杂志）、电视广告、广播广告、户外路牌广告、宣传品制作、车展活动、客户活动、新产品推介活动、服务活动、直邮、试乘试驾等。汽车服务企业应根据所代理品牌汽车的定位以及产品的特点，选择合适的广告媒体，结合消费者的习惯和往年市场情况，进行有针对的宣传活动。

4.人员配置计划

按照销售规模、维修服务计划、配件的消耗量，以及业务开展的情况，确定每个岗位的人数。销售人员规模的确定可简单按照每个销售人员每年销售100辆车来确定人员的数量，也可先估算全年所需的销售接待或访问的工作量，再除以每个销售人员每年所能完成的平均工作量来确定。备件人员一般按照年经营额的多少来确定人员数量；均衡不同品牌车辆备件人员的工作强度，如一些低档汽车的单人年度销售额应比高档车的低。服务顾问可按每人每天接待的用户人数来确定，一般为15位用户/天。

维修人员的人数按照不同工种的年度服务计划，以及每位维修人员年度能完成的总工时，在保证用户能及时得到服务的前提下，确定最佳数量。财务人员的工作量相对来说与汽车的销量有直接的关系，只需要按照年度销售计划来确定财务人员的数量即可。其他岗位的人员可根据业务的开展范围来确定,比如车间主任、财务总监等。

5. 培训计划

按照不同的内容,针对不同的岗位开展有针对性的培训活动,以满足汽车服务企业的业务运作需要,提升汽车服务企业的整体服务水平。如服务总监要进行服务理念、管理模式、企业诊断的服务总监管理培训;服务经理要进行服务理念、经营分析、时间控制模式、核心流程的服务经理管理培训等。

培训一般分基础技术培训、高级培训和专家级培训。对于初上岗人员,必须接受相应的基础技术培训。所有人员只有参加低一级的培训并取得合格成绩后,方能参加下一阶段的学习。培训内容包括厂家的强制培训内容和汽车服务企业自己组织的旨在提高员工水平和素质的培训活动。

6. 财务计划

财务计划是指以货币形式规定汽车服务企业在计划期内所有业务收入与费用开支的汇总情况。收入包括新车销售收入、二手车业务收入、维修收入、配件收入、延伸业务收入及其他收入等。开支包括人工费用、营销费用、办公费用及其他维持业务正常运作的开支费用。据此估算出汽车服务企业来年的销售收入及资金支出情况,分析利润率、投资收益率,确定细节计划的可行性,并根据现金流量图做好资金的合理利用计划。

7. 服务质量计划

服务质量计划规定企业在计划年度对服务设施质量、汽车的维修质量、服务态度、服务方式和服务效率等具体目标和工作质量指标应达到的水平,来自用户反映和服务过程暴露出来的各项质量问题的改进措施。

8. 物资供应计划

物资供应计划规定了企业在计划期内企业生产、设备维修、基建、技术改造等所需原材料、燃料、协作产品的需用量、储备量等内容。

9. 设备维修与更新计划

设备维修与更新计划包括设备检修计划、大修计划、设备更新计划等。

10. 人力资源与劳动工资计划

人力资源与劳动工资计划包括各类人员需要量、全体职工人数、劳动生产率、工资总额、平均工资水平等。它是根据生产计划编制的,又是编制企业成本计划的依据之一。对企业合理地使用和节约人力、提高劳动生产率、完成生产经营任务和降低产品成本等,起着重要作用。

2.4.4　汽车服务企业经营计划的编制

1. 编制经营计划的任务

1)积极开展市场调查与分析预测,扩大市场的销售范围,努力生产适销对路的产品,满足社会需求。

2)指导企业的生产经营活动。通过制订计划,对企业的生产技术、产品发展、工厂改造、物资供应、产品销量、财务成本、职工教育、生活福利等各方面活动进行科学计算和协调,力求实现较好的经济效益。

3)应用经营决策、技术经济分析等科学管理方法,完善目标价值体系,对全厂经营活动进行目标管理。

4）组织群众、动员群众，努力完成和超额完成经营计划任务。

2.编制经营计划应遵循的原则

由于经营计划的重要性和复杂性，制订时必须坚持正确的指导思想，在进行这一智慧活动中，注意遵循下列原则。

1）关键性原则。即要目标明确，重点解决关键性问题。在总体经营目标中，必须突出具有全面性的主要问题，不能只注重全面，主次不分，力量分散，造成关键问题得不到很好地解决，企业的资源不能有效地利用，达不到好的经营效果。

2）强制性和弹性原则。即所制订出的经营计划必须严格执行，不允许轻易改变或废除，但发现计划与现实发生偏差而影响效益时，就必须及时调整和修订。在制定经营方针、市场开拓、协作定点、技术改造、投资方向等方面，要对企业的外部环境和内部条件进行周密的计算和科学的预测，做到制定奋斗目标有预见性，充分发挥本企业的优势，体现出经营环境变化的应变灵活性。

3）完整性和系统性原则。经营计划由多种不同形式的计划组成，而各部分计划的编制所依据的条件和影响因素又是不同的，因而多种计划之间就可能产生矛盾和不协调，这就要求企业要分解整体目标，使各项计划之间相互协调，相互配合，相互促进，形成一个有机整体，发挥统一计划的优越性。

4）现实性和鼓励性原则。即编制计划必须以平均先进定额为依据，要实事求是、量力而行、留有余地，所制订出来的经营计划必须能够保证按期完成，而且经过主观努力是可以达到的。另外，经营计划要有动员职工，激发职工积极性的强大力量。也就是说，经营计划必须与职工的物质利益紧密结合，从而使人人关心经营计划的实现，把实现企业经营成果，创造最佳经济效益变成为激发职工创造性劳动的强大动力。

5）连续性原则。企业的生产经营活动是连续不断地进行的，前期计划的执行情况及其分析是编制当期计划的依据。因此，近期计划的编制要考虑到为后期计划提供条件，短期计划的编制要成为实现长期计划目标的组成部分。任何分割过去、现在和未来的联系，提出不切实际的指标，或者是急功近利而不顾长远利益的经营计划都是不可取的。

6）经济利益原则。即处理好国家、企业、个人三者关系，结合推行企业内经济责任制，明确责、权、利，在发展生产的基础上，逐步提高职工生活福利水平。

3.编制经营计划的程序

概括起来，企业经营计划的编制一般按照四个阶段程序进行，即准备阶段、确立目标、拟订各种可行的计划方案、做出评价并选择最佳计划方案。

（1）准备阶段

1）企业外部情况调查与分析：

①政治情况：主要是指国家在一定时期内所制定的各项方针和政策。

②社会情况：指社会的风气与习俗。

③经济情况：指国民收入水平、商品价格水平和社会需求量等。

④技术情况：指国内外科学技术发展趋势。

⑤竞争情况：指了解企业有哪些竞争对手，它们的技术水平、管理水平和经营策略等。

⑥资源供应情况：指企业生产所需要的原材料在市场上的供应情况，它直接影响着企业

产品的成本。

2）企业内部情况的调查分析。

①产品情况：指企业生产的产品数量、利润、发展趋势、每种产品的成本和质量水平等。

②资源情况：指企业所拥有的厂房、设备和资金等。

③人员情况：指企业各类人员素质的高低。

④管理情况：指企业所指定的各种规章制度、采取的各种管理方法和手段等。

（2）确立目标

1）贡献目标：指企业为社会发展所做出的贡献大小。

2）市场目标：指企业通过竞争所占有的市场份额。

3）发展目标：指企业在计划期内各项经济指标的发展速度。

4）利益目标：指企业在计划期内应实现的利润目标。

（3）拟订各种可行的计划方案

（4）作出评价并选择最佳计划方案

下面以汽车服务企业常用的年度经营计划为例，说明企业经营计划的编制程序。

（1）准备阶段

这一阶段的主要工作就是全面调查企业内外部的情况，做好编制计划准备。在此阶段，应注意收集企业的外部条件、内部条件和汽车维修服务发展趋势的资料，主要包括：

1）国家的政治经济形势及各项政策和经济法令。

2）国家下达的年度指令性计划或指导性计划，以及根据计划指标签订的长短期服务合同。

3）市场需求情况，包括本企业的服务产品在市场占有情况的调查、同类汽车维修企业的分布、竞争能力、潜在市场、配件供应、用户对企业提供的服务的反应等。

4）物质资源条件，包括国家指令性计划可供资源、可从国外进口的资源、企业可以自筹的资源、短线物资市场供需状况、协作厂家的生产能力和生产条件等。

5）企业中长期发展规划及实施进度。年度计划应保证中长期发展规划的实现，要注意很好地衔接和平衡。

6）企业内部情况的掌握，包括企业自然资源条件的变化、生产组织和劳动组织、上一年度实际达到的水平（包括设备能力、厂房面积、人员技术水平等）、维修工艺水平等。

（2）统筹安排，确立目标

这一阶段的主要工作是依据准备阶段提供的各类调查资料，结合企业的各项有关技术经济定额，确定目标水平，计算经济效果，提出各专业计划草案。经营目标是计划的核心，在确立专业计划时，必须保证所定目标应先进合理、积极可靠并留有余地。

（3）拟订经营计划方案

企业的经营计划由一系列密切联系、互为依据的专业计划所组成。例如，企业的利润计划决定销售计划，销售计划决定生产计划，生产计划决定物资供应计划、劳动工资计划和成本计划，最终又决定利润计划。因此，经营计划中各项专业计划的编制不能单独、孤立地进行，而要按照编制经营计划的统一部署和计划编制程序，搞好计划资料的提供关系，搞好计划指标上下左右的衔接，搞好各项计划之间的综合平衡工作。

年度经营计划的编制过程实际上是综合平衡的过程。综合平衡是企业进行年度经营计划编制的一项重要手段，也是管理计划的基本方法。对于一个 4S 企业来说，在编制计划过程中除了各专业计划要做到项目、进度、资金、工作量和指标之间的平衡和上下左右的相互衔接外，企业领导和综合计划部门重点要抓好以下几方面的综合平衡：以确保企业经济效益为中心，搞好利润计划、整车及配件销售计划与汽车维修计划之间的综合平衡；以确保企业维修服务任务为中心，搞好生产计划、物资供应计划、辅助生产计划之间的综合平衡；以确保增收节支为中心，搞好生产费用计划、成本计划和资金计划的综合平衡。

年度经营计划的综合平衡是一项复杂的工作，不但要贯穿编制计划的全过程，而且在执行过程中还要根据企业生产经营活动的不断变化，在动态中组织新的平衡，确保企业经营目标的全面实现和取得良好的经济效益。

在编制计划的初期，应该充分发动群众，号召企业全体职工，集思广益，多方征集方案，通过筛选比较，集中精力研究几个最有价值的方案，经初步评价后，选出最接近企业条件，又符合经营目标要求的方案，供最后评价和决策。

（4）最终评价与决策

这一阶段的主要工作是企业决策层利用科学的决策方法和手段，针对提交的经营计划进行全面的评价，最终决定企业的年度经营计划。

2.4.5　汽车服务经营计划的实施与控制

1. 经营计划的实施

经营计划经企业领导审批后要下达到计划的制订单位认真贯彻执行，增强计划的严肃性，保证优质、高效、低耗、安全、均衡地完成计划任务。贯彻执行经营计划的主要方式有三种：

1）根据年度经营计划，编制落实季度经营计划和月份作业计划。短期计划的编制，要考虑环境和条件的变化以及上期计划的执行情况，采用滚动计划的方法，既要坚持计划的严肃性，又要注意执行中的灵活性。

2）运用企业内部经济责任制和经济核算制等办法，落实各项计划指标和工作任务。把每个部门、每个生产单位和每个职工所担负的经济责任和自己的经济利益联系起来，促进企业经营计划目标的实现。

3）开展多种形式的劳动竞赛、合理化建议和技术革新活动，激发全厂职工的创新、竞争意识和主人翁责任感，并以此作为完成和超额完成企业经营计划的强大精神动力。

2. 经营计划的控制

经营计划在实施时往往会出现偏差，为了保质、保量地完成经营计划，就必须对经营计划的实施进行控制。

（1）经营计划控制的基本任务

经营计划控制的基本任务是发现偏差、分析偏差和纠正偏差。

1）发现偏差。在经营计划执行过程中通过各类手段和方法，分析计划的执行情况。以便发现计划执行中的问题。对于企业生产经营中出现的任何问题我们都不能放过，都要把它找出来，否则就有可能影响到经营计划的执行和企业目标的实现。

2）分析偏差。分析偏差实际上是对经营计划执行过程中出现的问题和偏差进行研究，找出出现问题和偏差的原因，到底是计划制订得不合理还是计划执行的不合理。若是计划执行出现偏差，则找出造成偏差的主要原因、环节和责任单位，以便采取针对性的措施，若是计划制订得不合理，则要考虑对经营计划做相应的修改。

3）纠正偏差。通过分析偏差知道了产生偏差的主要原因，这时就要根据偏差产生的原因采取针对性的纠偏对策，使企业生产经营活动能按既定的经营计划进行，或者通过修改经营计划，使它能继续指导企业生产经营活动。通过发现问题、分析问题、解决问题的控制过程，就可使企业的经营计划达到新的平衡。

（2）经营计划控制的步骤

1）确立标准。判断经营计划是否完成，必须要以客观的标准加以判断，因此，控制必须有标准。企业经营计划的指标、各种技术经济定额、技术要求等，都是检查计划执行情况的标准。

2）测定执行结果。一般可以通过统计报表和原始记录等资料来测定经营计划的执行结果。这些资料越准确、越完整，测定的结果就越准确、越能反映计划执行的实际状况，使得控制恰到好处，取得比较满意的控制效果。

3）比较执行结果。这一步骤将测定的执行结果与预期目标进行比较、分析。比较分析的目的是看执行结果是否与预期目标发生偏差。比较分析的常用方法是经营计划执行情况图表。在基础资料准确的基础上，应用计算机可以提高效率、提高分析的准确度，及时发现问题和偏差，及时提出改进的设想。

4）纠正偏差。纠正偏差的方式有两种：一种是采取措施使经营计划的执行结果接近预期目标；另一种是修正预期目标。

（3）经营计划的实施控制方法

1）滚动计划法。滚动计划法就是一种连续、灵活、有弹性地根据一定时期计划执行情况，通过定期的调整，依次将计划时期顺延，再确定计划的内容的编制方法。因为在编制计划时，一般难以对未来一个时期多种影响计划实现的因素做出准确的预测，制订出来的计划往往不能完全符合未来的实际而须进行主动调整。

2）PDCA 循环法。PDCA 循环法，就是按照计划（P）、执行（D）、检查（C）和处理（A）四个阶段的顺序，周而复始地循环进行计划管理的一种工作方法。这种方法的主要内容是：在计划阶段确定企业经营方针、目标，制订经营计划，并把经营计划的目标和措施项目落实到企业各部门、各环节。在执行阶段将制订的各项目具体计划，按各部门、各环节进行组织实施。在检查阶段要根据检查的结果，采取措施，修正偏差，并转入新的循环。每次循环都有新的内容和要求，完成一个循环就应解决一些问题，使计划水平有进一步提高。企业各个层次的计划都实行 PDCA 的循环，可以使计划的编制、执行、控制有机结合起来，提高企业计划实效。

3）综合平衡法。综合平衡法是计划工作的基本方法。该方法研究如何正确确定企业生产经营活动中的一些主要比例关系，并使这些关系协调一致。如资源分配关系，包括人、财、物力的分配，保证与计划任务相平衡；投入产出关系，即生产与投入、消耗与成果、费用与效益的关系；整体与局部关系，指企业整体发展与各部门、各环节平衡协调关系及供给与需求、收入与支出之间的关系等。

企业综合平衡的任务，就是在企业生产经营活动的复杂联系中寻求最优比例并在此基础上确定最优的发展速度、最优的经济效果，把比例、速度、效果三者统一起来。这需要综合考虑影响企业生产经营活动的各项因素，通过反复测算制订科学计划，对企业经营活动进行指导、监督、控制和协调，从而实现企业综合平衡的要求，取得最佳经济效益。

思考与练习

1.什么是经营？经营的功能有哪些？

2.汽车服务企业经营管理的内容、意义是什么？

3.汽车服务企业调查的内容是什么？简述调查步骤。

4.汽车服务企业预测的内容是什么？简述预测步骤。

5.简述汽车服务企业经营决策的含义、原则和方法。

6.汽车服务企业经营计划的特点和作用是什么？

第 3 章　汽车销售管理

教学提示：汽车销售是汽车服务企业生产活动的重要组成部分。本章主要介绍汽车销售的含义、特点、方式、价格定位、4S 店的汽车销售的一般流程等，并简单介绍了汽车消费信贷服务。

教学要求：本章主要讲述汽车销售、汽车销售流程、汽车消费信贷相关内容。要求学生了解汽车销售的概念，掌握汽车销售的特点、价格定位和影响因素，掌握汽车销售流程，车辆展示的方法与技巧，了解汽车消费信贷的相关知识。

3.1　汽车销售概述

3.1.1　汽车销售的概念及特点

销售是指人或群体通过创造及同其他个人和群体交换产品和价值，从而满足需求和欲望的一种社会的和管理的过程。汽车销售就是销售人员通过帮助或说服等手段，促使顾客对汽车产生购买行为，从而满足消费者的需求和欲望的活动过程。汽车销售包括展厅内(店内)销售与展厅外(店外)销售两种方式。

销售对推动经济发展有着重要的作用，它伴随着商品的产生而产生，并伴随着商品的发展而发展，商品生产越发达，销售就越为重要。无论对于汽车制造企业还是汽车销售企业来说，销售都有着极其重要的地位，因此提高销售技术就成了一项重要的任务。

与消费者购买日常生活用品不同，人们购买汽车必须具备三个基本的条件，即必须有更深层次的需求、具有满足这个需求的支付能力以及购买所需要的决定权。

我国汽车销售的特点：

1)销售汽车就是销售新的生活方式。汽车消费，目前还不是我国公民生活的必需品，而是在温饱之后，对新生活方式的一种选择。所以汽车销售人员所从事的工作，主要是引导用户追求新的生活方式。

2)消费支出大，因此消费风险大。虽然家庭轿车是近几年中国最大的消费热点之一，它对于普通工薪阶层来说仍然是一个奢侈的消费品，要耗费他们大量的积蓄；人们在购买决策时，汽车消费者高度介人，显得格外谨慎，并产生复杂的购买行为。

3)汽车产品复杂。汽车是工业技术的结晶，所有新技术都会被应用在汽车制造上。正因为如此，我国的汽车消费群体，多数对汽车产品只是一知半解，购买之前多喜欢道听途说，购买决策时多数都表现出小心翼翼。

4）汽车消费个性化特征明显。什么样的人，配什么样的车；什么样的车，大体就适合什么样的人。即使车主不说话，他的车也会揭示他的许多秘密。因此，熟悉用户心理，提供个性化的服务是汽车销售的灵魂。

5）汽车销售服务质量要求高。汽车销售绝不像衣服、食品及家用电器会有短期内的"回头客"，但服务质量的好坏，却会影响客户身边的亲友。一个汽车销售人员如果给客户造成伤害，会产生不可挽回的损失。同时，许多消费者正在准备拥有第一辆汽车，他们还没有更多的汽车知识，不能像购买服装或家用电器那样，会有"品牌忠诚度"，他们购买哪个品牌，往往取决于汽车销售人员的服务质量。

6）汽车消费者在采购汽车时，往往表现出决策时间长，参与决策人数多，决策时较为理性等特点。

3.1.2　汽车销售价格

汽车价格定位是汽车市场竞争的重要手段。汽车的价格定位既要有利于促进销售、获取利润，同时又要考虑汽车消费者对价格的接受能力，从而使汽车定价具有买卖双方双向决策的特征。

1. 汽车价格的组成

汽车价格是指组成汽车价格的各个要素及其在汽车价格中的组成情况。汽车价值决定气车价格，汽车价格是汽车价值的货币表现形式。但在现实汽车市场营销中，由于受汽车市场供应等因素的影响，汽车价格与价值的关系表现不一致：有时价格高于价值，有时价格低于价值。构成汽车价格主要有汽车生产成本、汽车流通费用、汽车企业利润和国家税金 4 个要素。

（1）汽车生产成本

汽车生产成本是指在汽车生产领域生产一定数量汽车产品时所消耗的物资资料和劳动报酬的货币形态，是在汽车价值构成中的物化劳动价值和劳动者新创造的用以补偿劳动力价值的转化形态。它是汽车价值的重要组成部分，也是制定汽车价格的重要依据。汽车生产成本包括汽车生产成本、汽车储运成本和汽车销售成本。

（2）汽车流通费用

汽车流通费用是指汽车产品从汽车生产领域通过流通领域进入消费领域所耗用的物化劳动和活劳动的货币表现，它包括汽车生产企业为了推销产品而发生的销售费用和在汽车流通领域发生的商业流通费用，而后者占了该费用的大部分。汽车流通费用是汽车价格的重要构成因素，它是发生在汽车从汽车生产企业向最终消费者移动过程各个环节之中的，并与汽车移动的时间、距离相关，因此它是正确制定同种汽车差价的基础。

（3）汽车企业利润

汽车企业利润是汽车生产者和汽车经销者为社会创造和占有的价值的表现形式，是汽车价格的构成因素，是企业扩大再生产的重要资金来源。

从汽车市场营销角度来看，汽车价格的具体构成为：

汽车出厂价格 = 汽车生产成本 + 汽车生产企业的利税

　　汽车批发价格 = 汽车出厂价格 + 汽车批发流通费用 + 汽车批发企业的利税

　　汽车直售价格 = 汽车批发价格 + 汽车直售费用 + 汽车直售企业的利税

　　(4)国家税金

国家税金是生产者为社会创造和占有的价格的表现形式,它是汽车价格的构成因素,国家通过法令规定汽车的税率,并进行征收。税率的高低直接影响汽车的价格,因而税率是国家宏观调控汽车生产经营活动的重要经济手段。

2.汽车价格的影响因素

汽车价格的高低,从市场营销角度来看,汽车的价格除了受价值量的影响之外,还要受以下几种因素的影响和制约。

(1)汽车质量和档次

一般按质论价的原则,即好货好价,次货次价。品质的优劣,档次的高低,包装装潢的好坏,式样的新旧,商标、牌号的知名度,都影响商品的价格。质量好、档次高的汽车,对消费者产生较强的吸引力,能给消费者带来物质和精神的双重满足,这种汽车往往供不应求,因而在定价上占有有利的地位,其价格要比同类汽车价格高。

(2)汽车制造成本

汽车在生产与流通过程中要耗费一定数量的物化劳动和活劳动,并构成汽车的成本。成本是影响汽车价格的实体因素。汽车成本包括汽车制造成本、汽车销售成本和汽车储运成本。汽车企业为了保证再生产的实现,通过市场销售,既要收回汽车成本,同时也要形成一定的盈利。在汽车市场竞争中,汽车产品成本低的企业,对汽车价格制定就拥有较大的灵活性,在市场竞争中就将占有有利的地位,能获得较好的经济效益。

(3)汽车消费者需求

汽车价格的高低直接反映了汽车买者与卖者的利益关系。汽车消费者的需求对汽车定价的影响,主要通过汽车消费者的需求能力、需求强度、需求层次反映出来。汽车定价要考虑汽车价格是否适应汽车消费者的需求能力。需求强度是指消费者想获取某种品牌汽车的程度,若消费者对其品牌汽车的需求比较迫切,则对价格不敏感,企业在定价时,可定得高一些;反之则应低一些。不同需求层次对汽车定价也有影响,对于能满足较高层次需求的汽车,其价格可定得高一些;反之,则应低一些。

(4)竞争者行为

汽车价格是竞争者关注的焦点和竞争的主要手段。汽车定价是一种挑战性行为,任何一次汽车价格的制定与调整都会引起竞争者的关注,并导致竞争者采取相应的对策。在这种对抗中,竞争力量强的汽车企业有较大的定价自由,竞争力量弱的汽车企业定价的自主性就小,通常是追随市场领先者进行定价。同时,汽车企业竞争者的定价行为也会影响到本企业的汽车的定价,迫使本企业作出相应的反应。

(5)汽车市场结构

根据汽车市场的竞争程度,汽车市场结构可分为垄断市场、垄断竞争市场和寡头垄断市场 3 种不同的汽车市场类型。

1)垄断市场又称独占市场。这是指汽车市场完全被某个品牌或某几个品牌汽车所垄断和控制,在现实生活中也属少见。

2)垄断竞争市场,指既有独占倾向又有竞争成分的汽车市场。这种汽车市场比较符合现实情况，其主要特点是：同类汽车在市场上有较多的生产者，市场竞争激烈；新营销者进入汽车市场比较容易；在垄断竞争市场中，由于消费者对某种品牌汽车产生了偏好，因此少数汽车企业拥有较优越的竞争条件，他们的竞争行为可能会对汽车市场上的汽车价格产生较大的影响。

3）寡头垄断市场，是指某类汽车的绝大部分由少数几家汽车企业垄断的市场，它是介于垄断市场和垄断竞争市场之间的一种汽车市场形式。在现实生活中，这种形式比较普遍。在这种汽车市场中，汽车的市场价格不是通过市场供求关系决定的，而是由几家大汽车企业通过协议或默契规定的。这种汽车价格一旦确定，一般便不会轻易地发生改变。

（6）成交数量

按贸易的习惯做法，成交量的大小会影响价格。即成交量大时，在价格上应给予适当优惠，例如采用数量折扣的办法；反之，若成交量过少，甚至低于起订量时，则可以适当提高售价。不论成交多少，都使用同一个价格的做法是不当的，我们应当掌握好数量方面的差价。

（7））政府干预

为了维护国家与消费者利益，维护正常的汽车市场秩序，国家采取制定有关的法规来约束汽车企业的定价行为。这种约束反映在汽车定价的种类、汽车价格水平和汽车定价的产品品种等方面。在我国，汽车市场是相对受到政府干预较多的市场。

（8）社会经济状况

社会经济状况从多方面影响汽车价格的变化，它的周期性变化直接影响着汽车市场的繁荣和疲软，并决定着汽车价格总水平的变化。一个国家或地区经济发展水平及发展速度高，人们收入水平增长快，购买力强，价格敏感性弱，有利于汽车企业较自由地为汽车定价。反之，一个国家或地区经济发展水平及发展速度低，人们收入水平增长慢，购买力弱，价格敏感性强，企业就不能自由地为汽车定价。

（9）汽车企业销售渠道和促销宣传

汽车企业销售渠道的建设和选择、中间环节的多少直接决定着汽车销售费用的高低，直接影响着汽车的价格。汽车企业的促销宣传需要大量资金的支持，促销费用最终也要进入汽车的销售价格之中。总的来说，营销能力强的企业，有利于在既定汽车价格水平下完成销售任务，对制定汽车价格有着较大的回旋余地。

（10）市场价格动态

随时掌握市场的变动趋势，当供不应求时，当该涨则涨；供过于求时，该降则降。既不要盲目要价，吓跑客户或让竞争者占先，错过成交机会；也不能随意降价，影响企业收益。

总的来说，只有在了解了各因素对汽车定价的影响之后，才能制订出具有竞争力的汽车价格策略。

3.1.3　汽车销售方式

汽车销售方式是汽车营销中所采用的各种具体交易方法的总称。随着汽车贸易的发展，营销方式日益多样化，除传统的逐笔销售外，还出现了经销、代理、寄售、拍卖、招标与投标等。每种营销方式都反映着特有的销售渠道、货款支付或抵偿方式及交易双方的特定权利与义务等，各有其特点和利弊，适用不同的条件。这就要求在汽车营销活动中必须根据具体情况，选择适当的营销方式。目前，4S店整车销售中普遍采用经销和代理的营销形式。

1. 经销

经销是指经销商与供货商达成协议，承担在规定的期限和地域内购销指定商品的义务。

经销是汽车营销中常见的一种交易方式，通常是供货商通过与经销商签订经销协议，给予经销商在一定时期和指定区域内销售某种商品的权利，由经销商承购商品后自行销售。供货商可以通过订立经销协议与客户建立一种长期稳定的购销关系，利用经销商的销售渠道来推销商品，巩固并不断扩大市场份额，提高其产品销售量。

经销商和供货商之间是一种买卖关系，他们根据市场需求，向供货商购买商品，然后将商品转卖给购买者，从中赚取购销差价。因此，经销是一种转卖性质的贸易方式。经销商是从事商品购销业务并拥有商品所有权的中间商，他们以自己的资金、信誉和名义从事经销活动，自行购进商品、自行销售、自负盈亏、自担风险。

按经销商权限的不同，经销方式可分为两种。

(1) 定销

在这种方式下，经销商不享有独家专营权，供货商可在同一时间、同一地区内委派几家商号来经销同类商品。这种经销商与供货商之间的关系同一般买方和卖方之间的关系并无本质区别，所不同的只是确立了相对长期和稳固的购销关系。

(2) 包销

包销是指经销商在规定的期限和地域内，对指定的商品享有独家专营权。若该经销商经营不力，就会出现"经而不销"的局面，导致商品销售受阻。另一方面，也存在独家经销商利用其垄断地位操纵价格、控制市场的可能性。

在汽车营销中，经销方式下，供货商通常要在价格、支付条件等方面给予经销商一定的优惠，这有利于调动经销商的积极性，利用其销售渠道来推销商品，有时还可要求经销商提供售后服务、进行市场调研，这一切都有利于扩大产品销售。当然，不同的经销方式所发挥的作用大小是不同的。

2. 代理

代理是指委托人与代理人签订代理协议，授权代理人在特定地区和一定期限内代表委托人与第三者进行商品买卖或处理有关事务的一种贸易方式。在代理方式下，代理人在委托人授权范围内的作为所产生的权利与义务，直接对委托人发挥效力，即由委托人负责由此而产生的权利与义务。代理商根据推销商品的结果，收取佣金作为报酬。代理同包销的性质不同，包销商与供货商之间的关系是买卖关系，而代理商与供货商之间则是委托代理关系。

与经销方式相比较，代理方式具有以下特点：委托人与代理人之间的关系属于委托代理关系，经销商与供货商之间则是一种买卖关系；代理人通常运用委托人的资金进行业务活动，经销商则利用自有资金进行活动；代理人一般不以自己的名义与第三者签订合同，而在经销方式下，经销商与第三者之间要订立合同，代理人旨在赚取佣金而不负责盈亏，经销商则须自负盈亏。

国际贸易中所采用的代理方式，委托授权的大小，可分为独家代理、一般代理和总代理 3 种。

(1) 独家代理

独家代理是指在特定地区特定时期内享有代销指定商品的专营权，同时不得再代销其他来源的同类商品。凡是在规定地区和规定期限内做成该项商品的交易，除双方另有约定外无论是由代理做成，还是由委托人直接同其他商人做成，代理商都有享受佣金的权利。

（2）一般代理

一般代理又称佣金代理，指在同一地区同一时期内，委托人可以选定多个客户作为代理商，根据推销商品的实际金额付给佣金，或者根据协议规定的办法和百分率支付佣金。若委托人另有直接与该地区的买（卖）主达成交易的，则无须向一般代理计付佣金。我国的出口业务中，运用此类代理商的较多。

（3）总代理

总代理是在特定地区和一定时间内委托人的全权代表。除有权代表委托人签订买卖合同、处理货物等商务活动外，也可以进行一些非商业性的活动，而且还有权指派分代理，并可分享分代理的佣金。在我国出口业务中，只指定我驻外的贸易机构作为我外贸公司的总代理。如香港地区的华润公司、澳门地区的南光公司，分别为我国外贸专业总公司在我国香港和澳门地区的总代理。

3.2　汽车销售流程

3.2.1　汽车4S店销售

汽车4S店是指将4项功能集于一体的汽车销售服务企业，它包括汽车的整车销售（sale）、零配件供应（sparepart）、售后服务（service）和信息反馈（survey）等业务。汽车4S店作为一种整体服务方式，是于1999年以后逐步由欧洲传入我国的。它拥有统一的外观形象，统一的标识，统一的管理标准，只经营单一的品牌的特点。它是一种个性突出的有形市场，具有渠道一致性和统一的文化理念，4S店在提升汽车品牌、汽车生产企业形象上的优势是显而易见的。国内率先采用4S店的汽车品牌有广州本田、上海通用、一汽大众奥迪，随后4S店如雨后春笋般在我国快速发展起来，现在越来越受到广大客户和经销商的青睐。如今我国大部分的汽车销售都是在当地4S店或其他4S店完成，所以首先我们了解汽车4S店的情况。

1. 整车销售

整车销售是汽车营销工作的核心，是汽车销售公司的基本职责。在销售工作中，每当你使一个客户感到满意，你就发展出了一个忠实的客户；同时你也开发了客户从你处再次购买汽车的潜力，并创造了稳定的收入。拥有的忠实客户越多，销售成本就越低，忠实客户将成为经销商生存的基础，不断发展忠实客户将是事业发展的基础。满意的客户将会把你介绍给自己的亲朋好友；不满意的客户会告诫自己的家人、朋友不要购买你的产品，他们自己也会停止使用你销售的产品，这样就削弱了你的利润。所以要热忱为顾客服务，不能不负责任地把汽车产品塞给用户，甚至欺骗和蒙蔽用户。

整车销售一般包括进货、验车、运输、储存、定价和销售等环节。

（1）进货

进货就是汽车销售公司通过某种渠道获得销售所需的商品汽车。图3-1所示为汽车进货入库的一般流程。一般来讲，第一手货源是直接从生产厂或生产厂主管的汽车销售公司进货，进价较低。因此，最好要减少商品车的中间流通环节，将从工厂直接进货作为主渠道。除从生产厂进货外，也可发展横向联系，从各地的汽车销售公司进货，这就是第二手货源或第三手货源。商品转手的次数越多，一般而言价格就越高，但这要根据本公司的实际情况，如地理位置、运输成本、与厂家和其他进货商的合作关系等，具体情况具体分析，其原则就是要控制商品汽车的进货价格。

另外，销售部门必须在头一年年底或当年年初，由整车销售部根据市场信息和顾客的需求，通过市场调研编制《汽车年度销售计划》，经总经理批准后，进行采购。同时每月根据年度计划和实际情况制订下个月的订车计划单。

进货订货时，供应和销售双方在充分协商的基础上，签订供货合同。双方应履行合同条款的各项规定，按合同办事。

（2）验车

销售公司根据合同票据规定的时间，计算车辆到达时间，做好接车的准备工作。

图 3 - 1　汽车进货入库的一般流程

新车的运输如果是专业运输商负责运到本公司，销售部在接车过程中要严格按照相应的《车辆发运交接单》的内容进行检查，运输商确认，双方在《车辆发运交接单》上签字认可。检查出的在运输过程中产生的问题应由运输商负责修复或承担全部费用。

销售公司对供货方所提供的商品车进行检查和验收的工作，即完成 PDI 检验，一般要由服务部门完成。因为服务部门的专门人员熟悉汽车技术，有经验。验收的核心问题是：对于第一手货源，检查质量是否有问题；对于第二手货源或第三手货源，主要辨别是真货还是假货，是新车还是旧车，质量有无问题，避免上当受骗。商品车主要做好以下各项验收工作。

1）核对发动机号、底盘号与合格证是否一致。

2）检查备胎、随车工具是否齐全。

3）检查随车附件、文件是否相符齐全。

4）检查全车漆面是否有损伤。

5）检查四门及前后玻璃是否完好。

6）检查各种灯罩是否完好。

7）检查轮胎、轮毂是否完好、统一、紧固。

现在世界各国的汽车公司生产的汽车大都使用了 VIN（vehicle identification number）车辆识别代号编码。"VIN 车辆识别代号编码"由一组英文字母和阿拉伯数字组成，共 17 位，因此，又称 17 位识别代号编码，它是识别一辆汽车不可缺少的工具。按照识别代号编码的顺序，从 VIN 中可以识别出该车的生产国别、制造公司或生产厂家、车辆类型、品牌名称、车型系列、车身类型、发动机型号、车型年款、安全防护装置的型号、检验数字、装配工厂名称和出厂顺序号码等，在汽车验收时要特别注意。

另外，还应核对说明书、维修卡等文档材料。若从第二货源或第三货源进货，还应逐车验收，验车应严格按有关手续进行。检查合格后，将商品车入库保管，填写相关商品车交接验收单据，并请发运人员签字。

（3）运输

汽车在从货源地运到销售公司所在地即为车辆的运输。根据路途远近和具体情况，可以

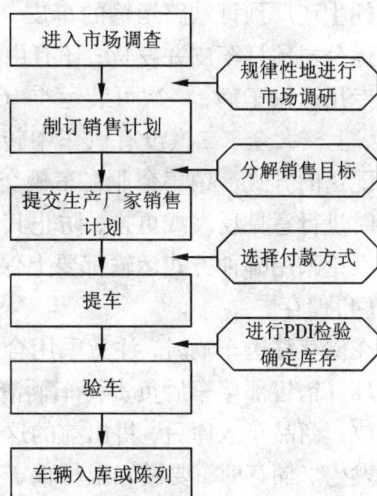

是委托生产厂预订铁路运输的车皮，并帮助发货；也有委托当地储运公司将商品车提出后，由储运公司预订车皮并发货；还有由生产厂派司机或自雇司机通过公路长途运送；还可以用汽车专用运输车辆，一次可装运 4~6 辆整车，经公路运抵目的地。现行的销售体系中，一汽大众、上汽大众、二汽设有汽车中转库，要求一定范围内的企业自提，其他车型一般多采用批量配送的方式。销售企业在车辆交接的过程中，应严格进行 PDI 检验，检验不合格的车辆要及时进行意见反馈或更换，防止其进入流通环节。

无论采用哪种方式运输都要上保险，以防在运送途中出现问题，造成不必要的损失。

（4）储存

在储存移送车辆时，注意采用合适的方法搬运移动，防止因振动、磕碰或划伤而造成车辆损坏。销售部接车后负责将车辆清洗干净，由仓库保管员将待售商品车驶入规定的区域有序停放。商品车入库后，售出前的这段时间为仓储保管期，这期间应精心保管，防止意外情况的发生。储存时，要做好维护保养工作，避免风吹、日晒和雨淋。定期检查，防止电瓶失效。若保存期较长，则对某些部件还要作防锈养护。冬天，要注意防水、防冻。

定期整备商品车，保证商品车处于最佳状态，可随时提出进行销售。在移动商品车的过程中，应保证两人参与，确保商品车不受损伤。商品车按"先入先出"的原则排列有序，钥匙按次序放好，以便准确、及时地开启调出车辆。在汽车销售过程中，发现汽车的质量问题，经验证确实需要索赔时，应积极按照相关索赔管理的规定程序进行索赔。

（5）定价

一般销售单位的汽车销售价常用下式表示：

$$汽车销售价 = 进货价 + 商品流通费 + 销售利润$$

商品车的流动费用包括营销费用、管理费用和财务费用等。销售利润根据市场情况有很大波动，畅销时偏高，滞销时较低。现在 4S 店一般都有厂家的指导价格。

（6）销售

汽车销售有批发交易和零售交易两种。零售交易多为个人购车，要凭个人居民身份证，并要做一些项目的登记，以便联系。图 3-2 所示为汽车销售的一般流程。零售交易也有单位购车的，要凭单位介绍信，并留下作凭证。单位购车一般使用汇票，本市可使用支票。用支票一般都要交银行查验，并在划拨车款后，才能提车，以防支票有假或为废票。

对于批发交易，客户必须要有汽车营销许可证，应查验客户的营业执照，要签订好合同，在合同中明确交易的车型、数量、价格、交货期、交货方式和付款方式等有关内容。这里要坚守一条，收款后方可交车，以避免不轨行为和"三角债"。

销售公司实施分期付款的方式销售车辆的初期，由于保障制度、手续等方面还不很严密，个别不法之徒就会钻了空子，把车提走后，转手销售，携款潜逃，使销售公司蒙受损失。目前，已有了规范的制度和保障措施，这种销售汽车的方式已在全国各地开展，为汽车销售创造了很好的条件，通过分期付款的方式销售车辆，已经成为汽车销售领域一项重要的销售形式和手段。它能够促使潜在客户转变为现实客户，提高销售量，为公司创造更大的经济效益。对需要分期付款购车的客户，销售顾问要为其详细讲解有关分期购车的利与弊，为其计算首付款、月还款，解释有关保证保险、律师费、验车费等全部费用的缴纳情况。客户在销售部认可报价并选定车辆后，由销售顾问带其到客户服务部办理后续贷款手续。

```
                                        ┌──────────────┐
                                        │  市场销售流程  │
                                        └──────┬───────┘
                                               ↓
┌──────────────┐                        ┌──────────────┐
│   欢迎顾客    │─────────────┐          │  寻找潜在顾客  │
└──────┬───────┘             │          └──────┬───────┘
       ↓                     │                 ↓
┌──────────────┐             │          ┌──────────────┐
│   提供咨询    │─────────────┤          │  建立顾客档案  │
└──────┬───────┘             │          └──────┬───────┘
       ↓                     │                 ↓
┌──────────────┐             │          ┌──────────────┐
│   车辆展示    │←────────────┘          │  准备资料进行  │
└──────┬───────┘                        │   初次拜访    │
       ↓                                └──────┬───────┘
┌──────────────┐                               ↓
│   试乘试驾    │                        ┌──────────────┐
└──────┬───────┘                        │  准备书面建议书 │
       ↓                                └──────┬───────┘
┌──────────────┐                               ↓
│   车型选择    │──────────┐             ┌──────────────┐
└──────────────┘          │             │  进行有效沟通  │
                          │             └──────┬───────┘
                          ↓                    │
                   ┌──────────────┐←───────────┘
                   │   处理异议    │
                   └──────┬───────┘
                          ↓
                   ┌──────────────┐
                   │  选择付款方式  │
                   │   签订合同    │
                   └──────┬───────┘
                          ↓
                   ┌──────────────┐
                   │  办理相关手续  │
                   └──────┬───────┘
                          ↓
┌──────────────┐   ┌──────────────┐
│  建立或完善   │←──│   交车进行    │
│   客户档案    │   │   PDI检验    │
└──────────────┘   └──────┬───────┘
                          ↓
┌──────────────┐   ┌──────────────┐   ┌──────────────┐
│ 车辆上户、保险 │──→│  介绍服务顾问  │──→│  介绍服务顾问  │
└──────────────┘   └──────────────┘   └──────────────┘
```

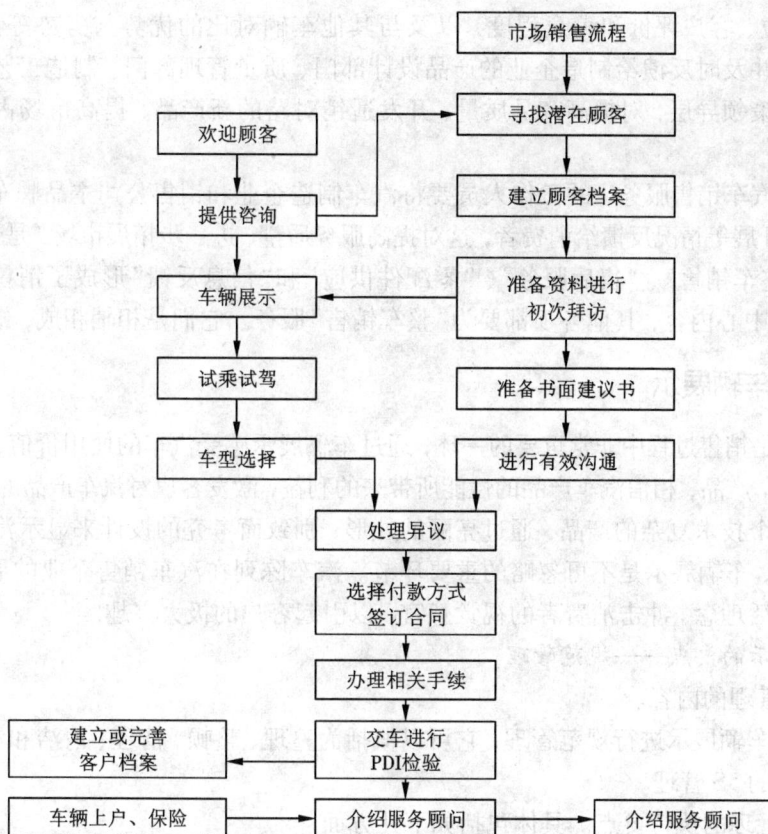

图 3 - 2　汽车销售的一般流程

2. 零配件供应

零配件供应是搞好售后服务的物质基础。首先应保证汽车保质期内的零部件供应，其次应保证修理用件。生产厂对零部件的生产量要超出整车生产量的20%，以满足各维修部及配件商店的供应。配件定价要合理，按物价部门的规定定价。

3. 售后服务

售后服务包括两大部分：一是客户付清车款之后，销售服务店帮助办理上路之前各种手续的有偿或无偿服务；二是汽车在使用中的维修和维护保养服务。4S 汽车销售店中的售后服务更侧重于后者。因为汽车除价位较高外，还是一种高技术性产品，一般人较难全面了解和掌握，所以售后服务就成了汽车营销过程中的一个重要环节，也是 4S 汽车销售服务店利润的主要来源。

4S 汽车销售服务店的销售顾问在车辆售出后，要将客户车辆第一次进行维护保养的预约情况通知售后服务部，以编制首保计划。销售顾问还要协助接待进行首保的顾客，及时将客户档案资料移交售后服务部门，以便提供后续服务。

4. 信息反馈

信息反馈主要是指 4S 汽车销售服务店的工作人员向汽车制造企业反馈汽车各方面的信息。因为售后服务人员整天与客户打交道，了解车辆的实际情况，对汽车投放市场后的质量、性能、价位、客户评价和满意程度，以及与其他车辆对比的优势与劣势等都了如指掌。搜集这些信息并及时反馈给制造企业的产品设计部门、质量管理部门、制造工艺的设计部门以及企业的决策领导层，对提高产品质量、开发适销对路的新产品、提高市场占有率等都有重要意义。

此外，4S汽车销售服务店的工作人员要将汽车制造企业和销售公司本品牌车辆的最新信息、促销活动开展等情况反馈给消费者，这对提高服务质量、进一步拓展市场，是十分有用的。

上述的"整车销售"、"售后服务"、"零配件供应"和"信息反馈"形成了销售体系。其中"整车销售"是中心内容，其他各项都要为"整车销售"服务。它们是相辅相成，缺一不可的。

3.2.2 车辆展示

车辆展示是销售过程中非常重要的一环，通过车辆展示感受汽车的使用价值，使客户更加详细地了解汽车产品，相信汽车产品的性能所带来的利益，激发客户对汽车产品的购买欲望。

汽车是一个技术复杂的产品，通过亮丽的外形、别致而考究的设计来显示汽车贴近人性的一面。因此，车辆展示是不可忽略的重要环节。汽车陈列在汽车销售企业的展示店内，用以诠释汽车生活理念，冲击消费者的视觉感官，以引起客户的极大兴趣。

1. 车辆展示的要点——规范管理

（1）规范管理的内容。

首先要对车辆展示进行规范管理，它可以概括为整理、整顿、清理、清洁和素养管理，即汽车服务企业的5S管理。

（2）规范管理的执行要点。具体包括如下几方面。

1）要方便客户的参观与操作，为客户提供规范的服务。

2）注意车辆型号及颜色的搭配，同一个品牌的车有不同的系列和不同的款型，应搭配展示，最好选择几种不同颜色搭配，这样效果会更好一些。同时，还要注意车辆摆放的角度。

3）突出重点。需要重点展示的车辆要放在显眼的位置。一般来讲，小的展厅也能放三四辆车，大一点的话会放得更多一些。应将"旗舰"车型置于适当的位置来突出它，还可以利用灯效来凸显其特色。

2. 规范管理的执行标准

1）按规定摆放车辆的展示说明牌。汽车销售企业或者汽车4S店在摆放汽车展示说明牌时，要按照统一方式放置，使整个展厅呈现出规范、整齐的布置格局，突出协调性、一致性、规范性和合理性。

2）展车的卫生情况。

具体包括如下几方面：

①指纹。车辆漆面的光洁度非常高，车门把手上面都比较亮，只要手触摸到门把手或车身，马上会留下指纹，销售人员应及时清理之，随时保持展车的清洁。

②水痕。展示中车身绝不应该有水痕。有的4S店会在车辆进展厅之前先用水冲一冲、洗一洗，然后用专用抹布把车给擦干，但是有时夹缝等处会有一些水痕，这是不允许的。

③灰尘。车辆内外，凡是视线范围内的位置都不允许有灰尘。

3）细节。展示车辆时，应关注以下细节。

①轮毂上的品牌。当车停稳以后，应确保轮毂上的品牌与地面呈水平状态。

②导水槽。轮胎上的导水槽要保持清洁。因为车是从外面开到展厅里面的，难免会在导水槽里卡一些石子等异物，这些异物都应去除，应将导水槽洗干净。

③座位的距离。前排座位应调整到适当位置，而且前排两个座位从侧面看，位置和靠背倾斜的角度应一致，座位与方向盘也要有适当的距离，以方便客户进出。

④新车的塑料套。新车在出厂时，方向盘上面都会有一个塑料套，还有一些倒车镜、遮阳板，都是用塑料套给套起来的，应该将其取下。

⑤后视镜。后视镜必须调整好，保证客户坐在里边很自然地就能看到两边和后面。

⑥方向盘。要把方向盘调到最高，如果方向盘太低，客户坐进去后会感觉局促，从而会认为这辆车的空间较小。

⑦仪表盘上面的石英钟要按北京时间调准。

⑧空调的出风口。要试一下空调的出风口，保证空调打开后有风。

⑨汽车上的开关。要关闭汽车上的各种开关。

⑩收音机。一般收音机预设五六个广播电台，都应把它调好。同时，要保证其中有一个当地的交通台和一个当地的文艺台，这是一个严格的考核指标。

⑪左右声道。车门上的喇叭分左边的和右边的，喇叭的音响是可以调整的，两边的声道应调好平衡。

⑫音量。音量不能设太大，也不能设太小，应配一些光盘并专门保管。当客户要试音响时，选择能体现音响音质的光盘。同时，要兼顾客户的欣赏品位。

⑬安全带。有的后排座位有三个安全带。安全带不能散在座位上，必须把它折好以后用一个橡皮筋扎起来，一半塞到座位缝儿中，一半留在外面。这些都是给客户一个信号：这家汽车企业管理规范，是值得信赖的企业。

⑭脚垫。一般展车里面都会放一些脚垫，各汽车销售企业都会事先制作好标志性的脚垫，例如沃尔沃的脚垫上面应有沃尔沃的标志，摆放的时候应注意标志的方向。同时脚垫脏了以后要及时更换。

⑮后备箱。展车的后备箱不应放太多物品，放置时要合理安排物品位置，同时注意各物品要摆放端正，警示牌应放在后备箱的正中间。

⑯电瓶。必须保证展车电瓶有电，以免影响其性能展示。

⑰轮胎。轮胎洗干净是不够的，还要对其进行美容保养，轮胎的下面应使用标志性的垫板，以给客户一个整体的良好感觉。

3. 汽车展示应注意的事项

（1）有关汽车的信息

具体包括以下两方面：

1）提供正式信息。汽车消费者要求汽车销售企业提供全面、完整的信息，而且该信息必须在宣传手册上或者汽车制造商提供的书面说明书上。

2）适当提供非正式信息。汽车消费者也会需要一些非正式信息。非正式信息对于销售业绩的增长有时会起到正向的促进作用。

（2）坚持标准化的销售展示流程

一个专业的汽车销售人员需要许多实际而且非常有效的手段和方法。根据对中国汽车消费者的调研，客户通常会访问四个汽车销售企业，才最终决定在哪个汽车销售企业购买。汽车销售人员实际上是与其他汽车销售企业的销售人员竞争。因此,如何在潜在客户的头脑中率先确立销售人员的专业形象非常重要。例如,当客户接受了销售人员传递的看车要看五个方面的理念后,他会认为能够全面、系统、有逻辑地介绍看车五个方面的销售人员才是专业的。他在访问其他汽车销售企业时,也会对销售人员有同样的要求。如果该汽车销售人员没有进行同样的介绍,就会失去机会。因此,汽车销售企业要坚持标准化的销售展示流程,对销售人员进行严格培训。

汽车销售企业展厅大小适中、功能齐全。在展示汽车产品时,要使客户可见、可听、可感知。听和看很容易满足,而对于感知,则需要适当的场地和功能分区。

1)车展厅整体上应追求明亮、功能齐全、个性鲜明。

2)设计最佳展示效果。展厅中各功能区应标志清楚,灯光柔和,车辆摆放合理。

3)各功能区设计合理。在汽车展厅中一般两辆样车间的距离为3~4个车门。

3.2.3 车辆介绍

车辆介绍最重要的是针对性和专业性。销售人员应具备所销售产品的专业知识,同时亦需要充分了解竞争车型的情况,以便在对自己产品进行介绍的过程中,不断进行比较,以突出自己产品的卖点和优势,从而提高客户对自己产品的认同度。

1.六方位绕车介绍法

汽车是一种大宗商品,客户希望能全面、系统地了解它,六方位绕车介绍法是一种常用的介绍方法,如图3-3所示。

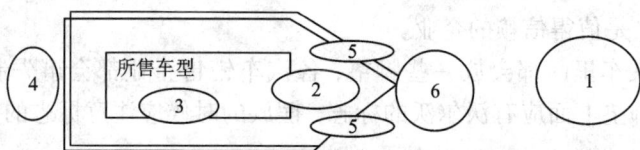

图3-3 六方位绕车介绍法

所谓"六方位介绍法",是指汽车销售代表在介绍汽车的过程中,可以围绕汽车分别就车前方、驾驶室、后座、尾部、车侧面和发动机舱进行介绍。

"六方位绕车介绍法",从车前方到发动机舱,刚好沿着整辆车绕了一圈,并且将车的配置状况作了一个详尽的说明和解释。这样按照顺序、井井有条的介绍方法,很容易让客户对车型留下深刻的印象。

(1)六方位绕车介绍法具体方位

1)车前方。

①站在轿车左前方,距离90 cm。

②上身微向客户,距离30 cm,左手引导参观车辆。

③从汽车的外形开始,分别介绍其车身尺寸、油漆工艺,以及车身颜色、前大灯、保险杠、前挡风玻璃及雨刮器等。

2)驾驶室。

①鼓励客户进入驾驶室,先行开车门,引导其进入,配合说明指出各按钮位置,最好让

客户进行操作体验，同时进行讲解和指导。

②出车外，蹲下来为客户介绍。

③介绍内容包括仪表、转向系统、可调节转向管柱、安全带、空调系统、音响系统、车内后视镜、可调节前座椅和变速器等。

3）后座。

①预先将前座调妥，使后座宽敞。

②打开左后车门，从门锁机构开始，依次介绍摇窗机构、内饰、可翻转后座椅等内容。

③放下座椅后，带领客户绕至车身后，打开后行李箱进行介绍。

4）尾部。

①站在轿车的背后，距离约 60 cm，从行李箱开始，依次介绍高位制动灯、后风窗加热装置、后组合尾灯、尾气排放和燃油系统。

②开启行李箱介绍，掀开备胎和工具箱外盖进行介绍。

③自然绕至车身右侧，进行侧面介绍。

5）车侧面。

①先站于左前轮外侧，距离约 60 cm，就视野所及，从车身结构形式开始，依次介绍车身材料、制造工艺、车身安全性、制动系统、前后悬架、车外后视镜、门把手以及天线等。

②介绍车轮与刹车时，要介绍组装精密度。

③带领客户绕至汽车正前方。

6）发动机舱。

①站在车头前缘偏右侧，打开发动机舱盖，固定机盖支撑，依次向客户介绍发动机舱盖的吸能性、降噪性、发动机布置形式、防护底板、发动机技术特点、发动机信号控制系统。

②合上舱盖，引导客户端详前脸的端庄造型，将客户的目光吸引到品牌的标志上。

（2）六方位绕车介绍法的走位方式

无论采取哪种走位方式，都要从客户喜欢的位置开始，不要一开始就因引导客户而造成客户压力。常用的走位方式如下：

1）正面。正前方快速介绍，不建议停留太久。

2）前乘客座。移动到副驾驶座，也可让客户直接进入驾驶座。

3）后座舱。移动到后座舱前应先往前调整副驾驶座的座椅。

4）行李箱。一定要留有足够的空间。

5）驾驶室。应先将驾驶座往后移动，再请客户上车，介绍完毕后应将座椅复位。

6）发动机室。打开后要立刻确认最重要的部位。

（3）六方位绕车介绍法的使用技巧

汽车销售是一门学问，六方位绕车介绍法销售汽车的核心竞争力就是用心销售。

1）车辆展示的效果。具体包括以下方面：

①来展厅看车的客户，大多对汽车销售有兴趣，希望自己能亲眼看看、亲身感受一下。

②来展厅看车的客户，大多购车意愿较高，容易成交。如果顺利的话，还有当天签约的可能性。

③熟练掌握六方位绕车介绍法接待的基本程序，这是汽车销售成功的必备条件。

2）接待客户的基本原则。主要包括以下几方面：

①延长客户在店内停留的时间。

②准备"随口卖点"以提升吸引力。

③热情接待来店索取型客户。

3）接待客户的基本流程。具体操作流程如下：

①重点关注本汽车销售企业动向的客户。

②认真倾听客户的需求，学会分析需求。

③接近客户、探询并满足其需求。

④在客户走近车辆后再介绍。

⑤运用六方位绕车介绍法满足客户需求重点。

⑥留下客户的联系方式。

⑦提出立即成交的优惠政策。

⑧礼貌送客，做好回访工作。

2. FAB 介绍法

FAB（feature，advantage and benefit）即属性、作用、益处法则，是推销员向顾客分析产品利益以达到推销产品的方法。FAB 销售陈述即在进行产品介绍、销售政策（进货政策）、销售细节等表述的时候，针对客户需求意向，进行有选择、有目的的逐条理由的说服。所以 FAB 关注的是客户的"买点"。

FAB 的意思是在商品推介中，将商品本身的特点、商品所具有的优势、商品能够给顾客带来的利益有机地结合起来，按照一定的逻辑顺序加以阐述，形成完整而又完善的推销劝说。FAB 法就是将一个产品分别从三个层次加以分析、记录，并整理成产品销售的诉求点，向客户和顾客进行说服，促进成交。推销员需要注意客户（顾客）本身所关心的利益点是什么，然后投其所好，使我们诉求的利益与客户所需要的利益相吻合，这样才能发挥效果。

（1）FAB 内容

1）特性。

特性（feature）是指商品所有可以感觉到的物理、化学、生物、经济等特征，是可以用一系列指标、标准等予以表示和说明的。例如：原料构成、成分构成、数量、质量、规格、构造、功能性能、外观款式、色泽味道、包装、品牌、送货、安装和用途等，任何一种商品都有其方方面面的特点特征，作为推销员应熟悉它们，至少要将主要经营的商品或者商品的主要特点特征加以熟悉，熟记在心。

2）优点。

优点（advantage）是指推销员在说明商品优势的时候，一要说得客观准确，二要能够提供某种证明或证据，以使顾客信服。在很多英汉词典里，"advantage"一词的释义为"优势"、"长处"、"有利条件"等。但是，"优点"是在销售活动中容易让人产生更大抵触情绪的一个字眼，因为优点就是比竞争对手好的方面。然而在实际上，汽车市场竞争激烈，所面临的竞争对手非常多，相似的产品也很多，不可能存在自家所销售的汽车会比所有的汽车都好的情况。这样，如果汽车销售代表对自己所售的产品夸夸其谈，说不定对汽车了解比较多的客户听了会觉得销售代表没有实事求是，不值得信赖，继而终止同这名销售代表打交道的念头，将自己的购买计划交给其他销售代表来帮助执行。因此，在销售活动中，将"advantage"翻译成"作用"，会更好一些，作用就是能够给客户带来的用处，它是根据汽车的特性总结出来的特殊功能,解释了产品的属性如何能被利用,回答了"它能做到什么"的问题。

3)利益。

利益(benefit)是产品能够满足顾客某种需要的特定优势,这种优势可以给顾客带来期望的或意想不到的好处,这个好处就是利益。它可能是优越的质量所带来的使用上的安全可靠、经久耐用;可能是新颖的构造和款式所带来的时尚感;可能是使用上更加快捷方便;可能是操作上的简单易行;可能是省时、省力、省钱;也可能是著名品牌所带来的名望感等。

(2)用 FAB 法进行商品推介

按照 FAB 法进行商品推介,就是根据销售场合的具体情景,把商品的特点、优势和利益结合起来,完整地加以阐述。

按照 FAB 法进行阐述,可以有四种顺序。

F—A—B:特点—优势—利益。

A—F—B:优势—特点—利益。

B—F—A:利益—特点—优势。

B—A—F:利益—优势—特点。

(3)FAB 利益销售法商品推介的技巧

在运用 FAB 法之前,建议各位销售代表首先熟悉自己所要销售的各款车型,并将它们的属性、作用、利益等各方面全部罗列出来,做成一份表格,运用 FAB 陈述方法多加练习,以增加对产品和 FAB 法的理解,切实做好产品的介绍工作。

要将产品特性转换为客户利益,就必须对产品有深入、全面的认识,同时还要了解客户的特殊需求。具体来说,将产品特性转换为客户利益,可以按照以下五个步骤进行。

1)深入全面地了解产品知识。

2)从事实调查和询问技巧中发掘客户的特殊需求。

3)介绍产品的特性(说明产品的功能及特点)。

4)介绍产品的优点(说明功能及产品的优点)。

5)介绍产品的特殊利益(阐述产品能满足客户的特殊需求,能带给客户特殊利益),如表3-1 所示。

表 3-1　FAB 介绍法示例表

客户特殊需求	特性	优点	特殊利益
由于工作的不稳定性,经常需要搬迁,需要比较大的行李箱	可折叠式座椅	扩大空间	后排座椅向前一折叠,立刻就能腾出一个超过 1000 L 的载物平台,自行车、彩电、婴儿车,甚至单人沙发、电脑桌等都能容纳
喜欢音乐,但是车上的音响经常被偷	需密码才能使用	防止偷窃	这款车的音响需要输入个人密码才能启动,小偷只要看到是我们的音响,绝对会知难而退的,您再也不用担心音响遭窃的问题
经常开车到各地洽谈业务,有时需要在车上过夜或休息较长得时间	车子的座椅能180°平放	能躺下休息	座椅能 180° 平放。当长途驾驶感到疲惫,想要休息片刻时,能很舒适地躺下充分休息,迅速解除疲劳,精神百倍

3. 其他方法

1）目录介绍法：按照宣传说明书的介绍文章，口语化、按部就班地介绍汽车。这种方法更适用于拜访客户时使用。

2）问题对应法：客户提出问题，销售顾问有针对性地回答问题。

3.2.4　顾问式汽车销售流程

1. 销售流程的主要内容

汽车销售流程可分为客户开发、客户接待、需求咨询、车辆介绍、试乘试驾、报价协商、签约成交、交车服务和售后跟踪九个环节，如图 3-4 所示。

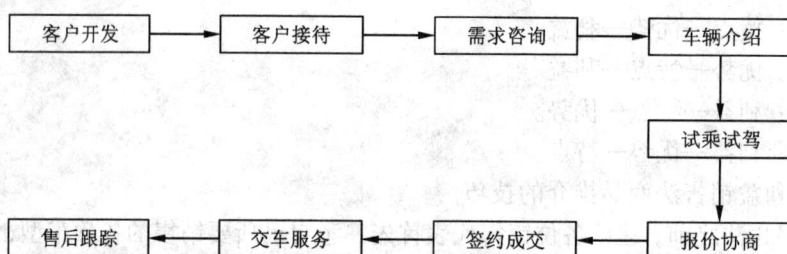

图 3-4　汽车销售流程

（1）客户开发

客户开发是汽车销售的第一流程，具体包括寻找潜在客户、访前准备、初次拜访、记录客户信息和持续回访。

1）寻找潜在客户。

潜在客户必须具备三个基本条件：一是有需求；二是有购买能力；三是有购买决策权。寻找潜在客户的主要途径有：电话黄页、行业名录、朋友或熟人介绍、现有客户介绍等。在这个阶段，销售人员应尽量多收集信息。一般情况下，潜在客户群集中在政府采购中心，相关政府部门，大型工矿、生产、服务型企业（如石油、煤炭、钢铁、供电、通信），高档商务写字楼和高档住宅区等。

2）访前准备。

访前准备对于成功拜访十分重要，销售人员应对自己收集到的潜在客户信息进行分类整理，制订客户拜访计划，根据计划逐一拜访客户。拜访客户前，首先与客户预约，确认拜访时间，准备各种资料（名片、产品资料、公司简介、车辆使用和维护费用测算表等），按时赴约。

3）初次拜访。

初次拜访是销售人员与潜在客户的首次真正接触，在初次拜访中，销售人员必须引起潜在客户的注意，给其留下比较深刻、良好的印象。否则，销售人员的后续行动可能会不起作用。在这一阶段，销售人员要多问多听，提问内容主要涉及客户需要什么样的车、喜欢哪些车、对油耗的看法等，这样有助于吸引客户的注意力。销售人员要认真倾听客户的回答，在双方之间建立起一种互相信任的关系。在倾听的过程中，一旦发现问题，销售人员就可以向潜在客户介绍解决问题的方法，并努力创造一个轻松愉快的氛围，尽量不要让客户产生你是来推销汽车的印象，及时找到客户的兴趣所在和关注点，要让客户尽快喜欢并信任销售人员。

4）记录客户信息

将初次拜访获得的信息及时、准确地记录在销售拜访登记表上，并分级分类管理。首先把个人购车和单位购车分开管理，对于个人客户，依据购买意向分级进行跟踪管理；对于单位购车客户，依据其采购周期和平均采购批量分级管理。

5）持续回访

对于个人客户，不同级别的客户回访周期及次数不同。个人客户大多已经考察过多个品牌的汽车，正在初步选定的几个车型之间进行比较并准备最终作出选择。如果我们的汽车产品是备选车型，那么就需要了解其在哪里看的车、犹豫的原因、选车的主要顾虑等；如果其未把我们的汽车产品列入备选车型，则应了解原因和客户的需求。

对于单位客户，回访时间不确定，要善于寻找恰当的理由多次与客户接触，要能够获得客户的信任，与其建立朋友式关系，最好能发展成更深厚的情谊。

2. 客户接待

客户接待环节最重要的是主动与礼貌。销售人员在看到有客户来访时，应立刻面带微笑，主动上前问好。当还有其他客户随行时，应用目光与随行客户交流。在目光交流的同时，销售人员应作简单的自我介绍，并礼节性地与客户一一握手，之后再询问客户需要提供什么帮助，语气应热情诚恳。

3. 需求咨询

需求咨询的目的是为了收集客户需求信息。销售人员应尽可能多地收集客户的各种信息，以便充分挖掘和理解客户购车的准确需求。销售人员在回答客户的咨询时要很好地把握服务的适度性，既不要服务不足，更不要服务过度。这一阶段应让客户随意发表意见，并认真倾听，以了解客户的需求和愿望，从而在后续阶段更有效地销售。销售人员应在接待开始便展开相应的宣传资料，供客户查阅。

4. 车辆介绍

车辆介绍阶段最重要的是要有针对性和专业性。销售人员应具备所销售产品的专业知识，并充分了解竞争车型的情况，以突出自己产品的卖点和优势，从而提高客户对自己产品的认同度。汽车产品展示和介绍是汽车销售的重要环节，汽车销售人员要对车辆进行充分而恰当的展示。

5. 试乘试驾

当客户对汽车产品产生一定的兴趣后，即可引导其试乘试驾，亲自体验驾驶的感觉。这是经销商推销产品和服务的最佳时机。一方面，客户在试乘试驾时很可能会需要使用音响、空调以及电动门窗、座椅调节等功能，销售人员此时可以非常自然地向客户介绍，从而使客户深入了解这款汽车；另一方面，经销商可以借此机会展示自己的专业素养，在试乘试驾过程中，销售人员的服务水平会更好地显现出来。

6. 报价协商

报价协商即价格谈判。客户对汽车产品的价格是非常关心的，但是汽车销售人员将明确的价格提出后，客户将会把注意力从价值转到价格方面。因此，销售人员只有在客户对于价格、产品、优惠和服务等各方面的信息已充分了解，并确实了解了装备状况后，才能进行报价协商。

7. 签约成交

签约成交前应消除客户的疑虑。成交前总会存在一些异议，例如在两三个备选车型之间难于取舍、对成交价格有异议等。在这种情况下，销售人员首先要肯定客户异议，并分折客户异议存在的原因，利用销售技巧消除影响成交的障碍；要在满足客户主要需求的前提下，让客户感觉到我们的汽车性价比最高。单位采购中签约成交障碍主要集中在两个阶段：选型阶段和采购(或招标)阶段。在选型阶段，要确保我们的车型能够顺利入围，主要的公关对象是车辆使用人和选型人。在采购(或招标)阶段，如果是一般采购，要在赢得采购负责人信任的基础上，最大限度地满足其利益需求。总之，针对单位采购，消除成交障碍的关键就是做好"四人两会"的工作，即车辆选型人、主要使用人、决策人、上级主管人以及选型会、采购招标会。

在签约成交环节，销售人员要善用讨价还价的技巧。客户与销售人员讨价还价是一个价格磋商的过程，即一系列的让步与交换，使讨价还价的界区不断缩小，直到在价格谈判在合理范围之内确定一点，即最终的成交价格。

8. 签约成交

车辆成交时，客户的心情是迫切而兴奋的，销售人员要尽量缩短交车等待的时间，但不要忙中出错，要按照企业的既定流程，有条不紊地提供优质的交车服务，使客户满意而归。

9. 售后跟踪

售后跟踪的主要程序和内容如下：

1)回访客户。销售人员应在交车后的 3 天内向客户发出感谢信，并向客户电话致谢，了解客户用车的感受，询问客户需要的帮助。

2)技术询问服务。在交车后 1 周内根据预约时间与客户进行电话联络，询问车辆状况，帮助客户解决车辆使用方面的问题。

3)回访服务。与客户建立日常联系，加强沟通，结交朋友，交车后每个季度应亲自访问或电话访问客户，每年都应亲自拜访客户，以确保和客户建立持续友好的关系，同时，应填写访问情况记录，向客户问候致意，协助客户对车辆出现的问题进行处理。

4)关怀服务。提醒客户对车辆进行定期维护保养服务，每年都向客户寄送生日卡片，在传统节日向客户寄送节日贺卡。

5)扩展服务。拓展服务形式多样，常见的有：汽车4S成立本品牌汽车俱乐部，适时举办汽车俱乐部活动，加强客户之间的沟通，创建品牌文化交流环境，扩大品牌的知名度和美誉度；举办车主沙龙活动，搭建客户交流平台，宣传汽车品牌声誉，扩大影响力，拓展辐射面；做好车辆保险理赔服务等工作，提高客户的满意度。

3.2.5 汽车客户开发

在中国汽车产能严重过剩的环境下，汽车生产出来以后如何尽快销售出去、尽快回笼资金、减少库存成本，是所有汽车企业都很关注的问题，客户开发就是解决上述问题的重要环节。

1. 汽车目标客户分析

汽车目标客户是指汽车生产或销售企业打算满足的、对其汽车产品和服务具有需求的客户或客户群。那么对于汽车企业来说，目标客户在哪里，怎样识别自己的目标客户并依据其特征制订相应的目标客户开发策略，是汽车客户资源管理的重要环节。汽车目标客户分析首先要根据目标客户的需求特点，围绕汽车产品的特征，包括汽车的品牌定位、结构设计、排量大小、特殊配置以及最佳用途等，把产品特征转化为特定利益，再结合消费者的需求，当两者重叠率达到一定程度时，该消费者就是汽车目标客户。

在实际的汽车销售过程中，掌握产品特征并不困难，难就难在怎样把握目标客户的消费需求和特征，这一过程就是汽车目标客户分析过程，具体分析步骤如下。

(1) 找到目标客户

要将汽车产品销售出去，首先要找到目标客户。企业拥有再好、再多的汽车，如果没有客户，就不能形成销售，从而造成积压。过去那种所谓的酒香不怕巷子深的说法，在当今的市场经济条件下遇到了严峻的挑战。一款汽车产品在设计之初就已经有了明确的定位，其目标客户的特征已经被描绘得很清晰，作为汽车销售企业要努力寻找到现实中的客户，将潜在客户开发出来。潜在客户开发可以从 4S 店(或汽车销售卖场)展厅、汽车展示会、汽车售后服务组织、互联网网站、汽车行业统计资料等渠道中寻找，再对这些潜在客户进一步分析，挖掘其真正需求，有针对性地为其提供产品和服务。

(2) 确定客户的优先等级

在实际的汽车销售过程中，汽车销售企业将面对很多客户，需要拜访、分析、跟踪、计划，应将有限的销售力量放在潜力最大的客户身上，此时应先确定客户的优先等级。确定客户的优先等级主要从客户的实际贡献和未来的开发价值两方面来考虑。客户的实际贡献体现在客户累计购买数量和购买频次上；未来的开发价值是指客户未来的购买量、客户在行业和地域内的影响力等。对个人客户也同样如此，具有话语权和权威性的客户也属于优先级客户，他将影响和带动周边潜在客户的购买行为。对于优先级客户，汽车销售人员的开发工作要主动，不仅售前、售中要周到，售后的跟踪服务更重要，并且要把重点放在其后续开发价值上。

(3) 挖掘客户需求

1) 了解客户的期望。

了解客户的期望包括客户购车的目的、购车预算、车辆特殊需求、车辆用途和希望得到的服务等。当然了解这些期望需要一定的技巧，因为客户在不相信你的情况下，他很难告诉你自己的期望。如果汽车销售人员初次与客户见面，可以先说家庭、事业、休闲或财务状况等，一方面让其放松警惕，另一方面估计其需求状况；然后再设置引导式的询问，让客户说出对汽车产品的各项需求，并提出具体的解决方案。

2) 了解客户的行为特征。

客户的行为特征包括客户的购买动机、心理特征、与车辆有关的特殊兴趣、价值观和思维模式等。例如：如果客户属于视觉型客户，汽车销售人员要采取更多的方式让其通过观察来了解并接纳自己的产品；如果客户属于听觉型客户，汽车销售人员就可以发挥自己的专长多讲解，并借助于汽车本身可以发出的声音来协助自己的讲解，如讲到发动机噪音小时可以开启发动机让客户去听，切身感受其噪音的大小等；如果客户是触觉型客户，让客户自己亲自试乘试驾会更有成效。

3)打消客户的疑虑。

打消客户的疑虑主要包括排除竞争者车辆的干扰、消除客户对产品性能的担忧、提供值得信赖的售后服务保障等。在排除竞争者车辆的干扰时，汽车销售人员首先要肯定竞争者车辆的某些优点，肯定客户的看法，然后再指出自己车辆的特色、竞争者车辆的缺陷，把自己的车辆和同等排量价格较高的汽车产品相比较，让客户自己意识到你的车辆确实是性价比最高的，从而打消客户的疑虑。

2.寻找潜在客户的渠道

寻找潜在客户并进一步有效地开发客户的渠道，具体包括以下几种。

(1)4S店(或汽车销售卖场)展厅渠道

4S店(或汽车销售卖场)展厅渠道主要是指各个汽车品牌专卖店或各大汽车销售卖场的展厅，例如汽车超市、汽车大道、汽车销售一条街等汽车销售企业的现场展示场所，该渠道开发的客户主要是来现场看车的客户或来电话咨询的客户。具体开发时应注意以下要点。

1)来店客户。

该渠道的客户开发主要以汽车销售人员与客户的接洽为展开形式。一般来说，通过该渠道开发的潜在客户都有很强的购车意向，并且最终成交率相对比较高。因此，正规的汽车销售卖场对来店客户的接待都有硬性管理标准：即在来店客户进门的一瞬间，销售人员要礼貌相迎并使客户进入最佳客户服务区，创造最好的客户看车环境，既能给客户一个独立看车的空间，又能保证在客户需要帮助时能及时提供专业水准的帮助。对此类客户，汽车销售人员要充分利用"询问"和"聆听"的需求分析技巧，充分挖掘客户需求，在满足其需求的基础上变潜在客户为现实客户。

2)来电客户。

来电客户大多对所购车辆的相关信息已经非常了解，可能在相关汽车网站上或其他汽车销售卖场已经物色好了中意的车型，只是打电话过来进一步比较或核实同一车型的相关销售信息，例如所要车型是否有货、具体价位、该车型的具体销售优惠等。对于此类客户，汽车销售人员一定要争取到客户来店面谈的机会，如果对方实在没有时间的话，就要留下其电话、姓名、公司地址等信息，为日后进一步跟踪做好准备。对于来电客户，汽车销售人员在接完电话后，要把谈话内容详细地记录并及时登记在专用的来电客户登记上，定期整理归档，以便在后续管理中有案可查，及时跟踪。对其中有价值的客户可以采取定期电话跟踪甚至登门拜访的方法去争取。

(2)汽车售后服务绍渠道

汽车售后服务组织渠道主要是指汽车销售以后，为保证汽车的正常使用而提供的以保养、维护、修理等为主的各类服务及衍生性汽车服务组织机构，常见的如汽车4S店维修部、汽车美容店、汽车租赁公司、汽车俱乐部等。这些汽车服务组织因为业务需求通常都会拥有大量的汽车客户信息，汽车销售人员首先要想方设法收集这些客户的信息，然后进行汇总、筛选和分析，从而锁定潜在客户并制订具体的潜在客户开发对策。例如对于汽车4S店中有重大维修记录的客户，汽车销售人员可以断定在一段时间内该客户可能会有选购新车的意向，而汽车维修记录中维修比较频繁的客户也有可能隐藏着重购汽车的信息。同样，在汽车租赁公司客户登记表上出现频率较高、租赁车辆的时间相对较长并且具有一定规律性的客户，也很有可能就是优质潜在购车客户；新考取驾驶执照的人员、汽车俱乐部的会员等都是汽车销售人员应该紧密跟踪并重点挖掘的潜在客户。

（3）书面资料渠道

汽车销售人员通过查阅各种书面资料来寻找潜在客户也是一种非常有效的渠道。很多汽车销售企业都要求其销售人员把经常在当地报纸、电视、广播及街头广告载体上出现的企业作为收集信息的重点对象。这就是一种典型的通过书面资料渠道收集潜在客户的方法，该渠道具体来说包括以下三个方面的资料。

1）统计资料。

统计资料主要指国家汽车相关部门的统计调查报告，如中国汽车统计年鉴、汽车行业统计调查资料、汽车行业团体公布的调查统计资料等。从这些资料中汽车销售人员一方面可以了解整个汽车市场行情，另一方面可以了解一些汽车相关企业的市场发展趋势、最新动态、相关政策等，从这些信息中找出隐藏在其中的汽车销售机会，再根据统计资料提供的信息找到该企业的具体名称、联系电话、E-mail 等，依此销售线索进一步跟踪，就有可能实现销售。

2）名录类资料。

名录类资料主要指各大企事业单位内部成员名录或社会上各种正式或非正式的团体的会员名录，包括企业客户名录、同学名录、会员名录、协会名录、职员名录、电话黄页、企业年鉴等。汽车销售人员要首先想方设法地获取这些名录类资料，然后再把其中的信息进一步筛选，根据其成为现实客户的概率进行分类，对于概率比较大的应争取登门拜访的机会，对于概率稍小的可用电话访谈的方式进行开发。

3）报刊类资料。

报刊类资料主要指与该汽车销售企业市场相关性较大的各类地方报刊，以及全国范围内颇具影响力的专业性报纸和杂志等。由于报刊类资料提供的信息都具有较强的即时性，所以该类资料常常成为汽车销售人员寻找潜在客户最有效的工具。汽车销售人员要在阅读报刊类资料的同时认真记录，或者直接在报刊上勾画出发现的销售机会，再统一整理成销售线索。翻阅报刊类资料时一定要对头版新闻（隐含商业信息）和人物报道（专注个人生活）版面内容格外关注，一旦发现报道中的人物有可能成为潜在客户，就把该部分内容剪下来，把自己的名片复印在剪报背面，一并当面送给或者寄给该客户，当该客户收到这种剪报时都会格外惊喜和感动，这样该客户就很可能给汽车销售人员带来销售机会。

4. 互联网渠道

互联网上很多的分类项目可以让汽车销售人员在很短的时间内找到有可能成为其潜在客户的信息。汽车销售人员可以通过浏览专门的汽车网站，如网易汽车、新浪汽车、搜狐汽车等网站，收集潜在客户的信息。因为在网络上登录公司信息需要交纳一定的费用，所以相对来说登录的公司都是比较正规且相对稳定的公司。此外，还有可能收集到像政府等订单较大的潜在客户的信息，因为现在政府的很多采购信息也会刊登在互联网上。当然，汽车销售人员也可以通过将自己公司的汽车产品信息上传到互联网的方式，来吸引潜在客户。汽车销售人员还可以使用互联网上的商业企业信息搜索器来寻找潜在的汽车客户，利用该软件不仅可以搜集企业名称、地址、电话、传真、联系人等一般性名录信息，而且可以搜集电子邮件、网址、企业规模、经营产品描述等企业信息。

5. 专业汽车 CRM 软件

CRM 即 customer relationship management(客户关系管理)的缩写。汽车 CRM 软件是专门为汽车产品的销售管理服务的一种管理软件，是一系列实现汽车营销和汽车服务流程自动化的系统工具，是一种将最佳的汽车商业实践与数据挖掘、一对一营销、销售服务自动化等众多信息技术紧密结合的业务自动化解决方案。汽车销售人员可以通过 CRM 软件建立自己的客户数据库，在对客户进行管理的过程中挖掘汽车潜在客户。

6. 汽车展示会渠道

各种专门的汽车展示会是汽车销售人员收集潜在客户的重要途径之一，常见的汽车展示会可分为两种：一种是自己公司举办的专场汽车展示会；另一种是其他公司或组织举办的汽车展示会。例如由专门机构定期举办的国际汽车展览会、汽车新品发布会、汽车产品交易会、订货会和技术交流会等。这两种类型的汽车展示会都是收集潜在客户的重要途径。在参加此类会议之前，汽车销售人员必须做到"有备而战"，具体包括以下几方面。

1)对于自己公司的专场汽车展示会，要参与策划整个展示会的方案设计，了解展示会的整个流程和具体环节，有针对性地设计潜在客户信息收集问卷或表格，预测客户的兴趣点，并准备一些客户重点关注的问题，以便实现最佳现场解答。

2)对于参加由其他组织举办的大型展示会，要收集全面、准确的最新展示会信息，了解参展单位以及参展商品的特征，收集竞争者和潜在客户的资料，制订有效的间接收集潜在客户的方案并充分论证其可行性。

3)准备好专门的客户信息收集工具。例如纸、笔、名片、公司宣传册、客户信息登记表、数码相机和笔记本电脑等。

潜在客户的开发是一项颇为磨炼人心智的工作，作为专业的汽车销售人员，除了应知晓这些开发潜在客户的渠道之外，还要具备开发潜在客户的心理素质和相应的业务能力以及娴熟的人际沟通技巧。只有灵活运用潜在客户的渠道分析，才能"锦上添花"，提高汽车销售业绩。

3.3 汽车消费信贷服务

所谓汽车消费信贷，就是金融机构对消费者个人发放的，用于购买汽车的贷款。换句话说，就是银行向与该行签订了《汽车消费贷款合作协议书》的特约经销商处购买汽车的借款人发放的用于购车的贷款。它是银行为解决购车者一次性支付车款困难而推出的一项业务。通俗地讲，就是到银行去借钱，用银行的钱去办自己的事。

不过客户需要注意，并不是在所有的汽车经销商处购车都可以获得汽车消费贷款，只有在特约经销商处购车才可以申请汽车消费信贷。这里的特约经销商是指在汽车生产厂家推荐的基础上，由银行各级分行根据经销商的资金实力、市场占有率和信誉进行初选，然后报到总行，经总行确认的，与各分行签订《汽车消费贷款合作协议书》的汽车经销商。

一般来说，办理汽车消费信贷应具备以下条件。

1)贷款人要有稳定的职业和经济收入或易于变现的资产，能按期偿还贷款本息。

2)贷款人申请贷款期间有不低于贷款银行规定的购车首期款存入该银行。

3) 贷款人必须提供贷款银行认可的担保，也就是说，借款人必须按照《中华人民共和国担保法》的有关规定提供担保。这里的担保，就是指借款人可用所购汽车或银行认可的可以作为抵押物和抵押财产进行抵押。也可以用第三方保证方式提供担保，在借款人不能履行合同时承担连带责任。

3.3.1　汽车消费信贷现状

1. 国外汽车消费信贷概况

近年来，贷款购车已经成为国际上普遍采用的购车方式，在欧美等发达国家信贷消费更是成为汽车消费的重头戏。据统计，全球 70% 的私人用车都是通过贷款购买的。在美国，贷款购车的比例高达 80%；在德国，这一比例达到 70%；即便在经济不甚发达的印度，贷款购车比例也达到 60%。贷款购车不仅能促进消费，从而带动整个国民经济的增长，而且从个人角度看，信贷创造了个人提前消费，提前享受的可能性，为提高个人生活质量开辟了又一新的融资渠道。

国际上汽车贷款的平均额度为车价的 70%，首付款一般为车价的 30% 左右。在贷款购车非常流行的美国，购买价位在 1 万 ~ 3 万多美元的汽车，首付款为 3000 ~ 5000 美元。为促进汽车销售，美国、德国等国还推出"零首付"贷款业务。汽车贷款的偿还期限一般为 5 年左右。在美国，贷款偿还期为 2 ~ 5 年不等。贷款偿付方式可谓五花八门，主要包括按月定额偿还和按月变额偿还。按月定额偿还是指购车者根据贷款机构提供的计算方式，每月偿付固定的金额。按月变额偿还是指购车者可以对其贷款期限和月偿还额进行调整，每月偿付不同金额。

如何有效地收回发放贷款是放贷方非常关注的问题。在个人信用体制缺失的发展中国家，办理车贷需要调查申请者的偿还能力，不仅要交个人身份证明、收入证明，还要有担保人，无担保人则要以不动产作抵押，手续比较繁杂。而在信贷制度相当健全的美国、德国和法国等贷款购车业务发展良好的国家，贷款买车非常方便。在美国，当顾客决定购车时，放贷方只需通过计算机网络查询相应的档案资料，以确定购车人的信用等级。如果符合标准，当即就可办理购车手续，一般不到半个小时用户就可以把车开走。在德国，基本上每个雇员都有一个汇划账户，因此购车者是否有足够的经济能力偿还贷款，购车者是否在同一时间具有其他买房贷款等债务而降低了还款能力等问题，一查便知。

提供汽车信贷的金融机构主要包括汽车企业的财务公司、银行和经销商。其中汽车企业所属的财务公司实力强大。例如，通用汽车金融服务公司业务遍及全球许多国家和地区，已经为 1.5 亿辆轿车提供了高达 1 万多亿美元的汽车贷款。

2. 我国汽车信贷概况

我国汽车信贷处于刚刚起步阶段，提供信贷的主体是银行。汽车信贷业务相对于发达国家来说还十分落后。在全球汽车市场，有 70% 的汽车是通过贷款销售的，而在中国贷款购车的还不到 25%。因此，中国的汽车信贷消费市场还蕴藏着巨大的潜力，同时我国目前汽车信贷存在的问题也很多。

（1）个人信用制度尚未建立

我国个人信用制度没有建立起来，没有任何一家机构能够提供消费者个人的信用资料。由于中国人民银行对汽车消费贷款业务的操作有明确规定，再加上防范风险的客观要求，各家商业银行已经出台的消费信贷业务在贷款条件和贷款手续方面没有太大差别，各银行具体实施办法都规定"先存后贷，存贷挂钩，单位担保，专款专用，按期偿还"等原则，其资格要求之高、手续之繁琐，把绝大部分的消费者排除在外。

（2）担保和保险制度上存在较多问题

办理汽车消费信贷的另一个难点集中在担保和保险问题上。汽车消费贷款的担保方式有3种：抵押、质押、保证（第三方担保）。目前的情况是，有条件以房产物业作为购车担保的仅为少数，大多数贷款人往往提供不出或提供不足有效的质押、抵押资产。而且以房产抵押，办理过程比较麻烦。同时，社会上有担保能力的单位和个人又不愿提供担保，使贷款人无法按要求申请银行贷款。在保险方面，保险公司的"履约保证保险"中一些免责条款对贷款人不利。保险未给银行贷款真正上"保险"。目前在我国汽车信贷市场中已有一些保险公司开始退出。

（3）贷款机构和贷款支持的车型较少

我国提供汽车消费贷款机构仅限于国有商业银行和一些小的商业银行，其他金融机构基本上没有参与，限制了汽车消费信贷的大规模开展。在消费信贷支持的车型方面，我国的商业银行不约而同地把车型范围局限于几种较高档的车型，其他品牌车型的销售却不能得到银行的消费信贷支持。车型的限制导致了汽车消费信贷发展的不平衡。

（4）贷款条件苛刻门槛过高

我国汽车消费信贷对借款人条件的规定过于苛刻，使汽车消费信贷的门槛过高，使相当一部分潜在消费者因为这样或那样的条件不符合而不能够跨过这道门槛。

3.3.2 汽车消费信贷程序

1. 贷款对象

凡是在当地有固定住所、具有完全民事行为能力的自然人和经工商行政管理机关核准登记的企、事业法人都可以进行汽车消费贷款。

2. 借款的条件（以中国工商银行为例）

（1）申请贷款的自然人应符合的条件

1）具有完全民事行为能力的中国公民，原则上年龄不超过65周岁。

2）有本市常住户口或有效居民身份，有固定的住所。

3）有稳定职业和固定收入，具有按期偿还贷款本息的能力。

4）提供贷款人认可的财产抵押，或有效权利质押，或具有代偿能力的法人或第三方作为偿还贷款本息并承担连带责任的保证担保。

5）遵纪守法，没有不良信用记录。

6）持有与特约经销商签订的购车协议或购车合同。

7）在工行开立信用卡或活期储蓄存折，并与贷款人签订同意从其信用卡或活期储蓄存折中扣取贷款本息的协议。

8）提供或在贷款人存折有不低于首期付款金额的购车款。

（2）申请贷款的法人应符合的条件

1）经本市工商行政管理机构核准登记、年检合格的企业法人。

2）若为出租汽车公司，则须有本市客运管理处核发的营运许可证。

3) 须有中国人民银行颁发的《贷款证》。

4) 与工行建立信贷关系, 基期或即期企业信用等级 BBB(含)以上, 具有按期还本付息能力。

5) 在工行开立结算账户, 能提供或在贷款人存有不低于首期付款金额的购车款。

6) 如更新车辆须有车辆更新申请表。

7) 提供贷款人认可的财产抵押, 或有效权利质押, 或具有代偿能力的法人并承担还本付息连带责任的保证担保。

3. 贷款的金额、期限和利率

（1）贷款金额

借款人以国库券、企业债券、个人存单抵押的, 存入银行的首期款不得少于购车款的20%, 借款最高限额为购车款的80%; 借款人以所购车辆作抵押或其他资产作抵押的, 存入银行的首期款不得少于购车款的30%, 借款最高限额为购车款的70%, 借款人提供第三方保证方式的, 存入银行的首期款不得少于购车款的40%, 借款限额最高为购车款的60%。

（2）贷款期限

贷款期限一般为3年(含), 最长不超过5年(含), 如采用贷款到期一次性还本付息的, 贷款期限控制在1年(含)之内。

（3）贷款利率

贷款利率原则上按照银行规定的同期同档利率执行。如遇贷款利率调整, 贷款期限在1年(含)以下的, 执行合同利率, 不分段计息。贷款期限在4年以上的, 实行分段计息。于下一年度1月1日开始, 执行同期同档贷款新利率。

4. 贷款的方式

贷款方式分为抵押、质押和第三方保证。

1) 抵押是以借款人所购车辆作抵押的, 应以其价值全额作抵押。

2) 质押是以贷款人认可的其他抵押物作担保的, 其价值必须大于贷款金额的150%; 以无争议、未做挂失且能为贷款人依法实施有效支付的权利作质押者, 其价值必须大于贷款金额的110%。

3) 第三方保证。以第三方保证作担保的, 保证人应具备以下条件:

① 如为具有完全民事行为能力的自然人, 应有本市常住户口或有效居住身份。固定住所、稳定职业和较高的收入以及贷款人规定的其他条件。

② 如为除银行、保险公司以外的企(事)业法人, 应具备法人资格。且资信状况良好、基期或即期企业信用等级 A 级(含)以上, 有代借款人偿还贷款本息的能力以及贷款人规定的其他条件。

③ 如为保险公司, 须持有贷款人指定的保险公司提供的履约担保的保险单据, 且担保金额原则上须大于贷款本息。

4) 办理购车贷款所需的有关材料。

① 个人: 身份证复印件、户口簿、结婚证; 收入证明; 所得税单; 水、电、煤、手机账单(3个月); 汽车订单复印件; 个人汽车消费贷款申请书; 其他材料。

② 私营企业主: 营业执照; 法人代码证; 公司章程; 上年经审计的报表。

③ 法人: 营业执照、法人代码证、公司章程; 贷款证、上年审计的财务报告; 法定代表人

身份证复印件、法人代表资格证明；近3个月的财务报表；购车订单复印件；法人汽车消费贷款申请书；董事会决议；购车计划；其他材料。

5.汽车消费贷款审批程序

1)消费者应先到银行营业网点进行咨询，银行向消费者推荐特约经销商。

2)消费者到经销商处选购汽车并签订购车合同。

3)消费者到银行提出贷款申请，申请时必须出具以下证明：有效身份证明、购车协议或合同、职业与经济收入及家庭状况的证明、担保证明以及银行规定的其他证明材料。

4)银行受理贷款申请后，要对借款人和保证人的资信情况进行必要的调查，一般在15个工作日内将审批意见通知申请人。对符合贷款条件者，银行会及时通知借款人办理贷款担保手续，签订贷款合同。

5)借款人去银行指定的保险公司预办抵押物保险。

6)银行向经销商出具贷款通知书，同时将购车首期款支付给经销商。

7)经销商收到贷款通知书后，协助借款人到有关部门办理有关手续。

至此，消费者就可以名正言顺地行使对汽车的拥有权了。但在合同期内，银行还将对购车人的收入状况、抵押物状况、保证人的代偿能力等进行必要的监督。

3.4 汽车网络营销

汽车产业连续几年都处于高速发展状态，汽车销售和汽车消费都呈现出巨大的潜力。汽车销售网络是汽车销售企业打入市场、扩大销售、实现企业经营目标的重要手段。和大部分其他行业一样，汽车行业也在进行电子商务的变革。随着汽车由卖方市场向买方市场转化，传统的汽车营销模式受到了由互联网带来的无障碍沟通方式的空前严重的挑战。单单依靠传统的销售方法已经不能适应日趋激烈的汽车市场竞争的需要，为此，作为一种全新的销售模式——汽车网络营销便应运而生了。

3.4.1 网络营销含义

网络营销是企业营销实践与现代信息通信技术、计算机网络技术相结合的产物，是指企业以电子信息技术为基础、以计算机网络为媒介和手段而进行的各种营销活动(包括网络调研、网络新产品开发、网络促销、网络分销、网络服务等)的总称。简单地说，网络营销就是以客户需求为中心的营销模式，是市场营销的网络化。网络营销可以使企业的营销活动始终和3个流动要素(信息流、资金流和物流)结合并流畅运行，形成企业生产经营的良性循环。

综上所述，汽车网络营销具有以下4个特点。

(1)面向顾客的需求

在汽车市场竞争日趋激烈的今天，企业比以往任何时候都更重视自己的客户是谁、客户需要什么样的产品等需求信息。网络技术为汽车企业进行市场研究提供了一个全新的通道，汽车企业可以借助它方便迅速地了解到全国乃至全球的消费者对本企业产品的看法与要求，随着上网人数的急剧增长，网上调研的优势将越加明显。企业还可以借助互联网络图文声像并茂的优势，与客户充分讨论客户的个性化需求，从而完成网上定制，以全面满足汽车消费者的个性需要。与此同时，网络技术为汽车企业建立其客户档案，为做好客户关系管理也带来了很大的方便。汽车企业有了这样的基础平台，就可以致力于做好客户信息挖掘，定期或不定期地了解顾客的各类需求情息，从而赢得市场竞争的主动权。

（2）实现与顾客的沟通

汽车消费属于大件消费，虽然在短期内尚无法完全做到网上看货、订货、成交、支付等，但是网络营销至少能够充分发挥企业与客户相互交流的优势。企业可以利用网络为顾客提供个性化的服务，使客户真正得到其希望的使用价值及额外的消费价值。网络营销以企业和顾客之间的深度沟通，使企业获得顾客的深度认同为目标，满足客户显性和隐性的需求，是一种新型的、互动的、更加人性化的营销模式，能迅速拉近企业和消费者的情感距离。它通过大量人性化的沟通工作，树立良好企业形象，使产品品牌对客户的吸引力逐渐增强，从而实现由沟通到顾客购买的转变。

（3）获取低廉的成本

相对传统营销方式而言，网络营销可以使得企业以较低的成本去组织市场调研，了解顾客需要，合作开发产品，发布产品信息，进行广告宣传，完成客户咨询，实施双向沟通等，从而有利于汽车企业降低生产经营成本，增强产品价格优势。同时，网络营销还具有信息传递及时，增强企业的信息获得、加工和利用的能力，使企业提高市场反应速度，避免机会损失和盲目营销的损失，从而改善营销绩效的特点。总之，网络营销可以为企业节约时间和费用，提升营销效率，既使企业获得低廉的成本，又使客户获得实惠。

（4）便利用户的购买

由于生产集中度和厂家知名度相对较高，产品的知名度也较高，企业比较注重市场声誉，服务体系较为完备，同时对企业营销的相关监督措施较为得力，像汽车、家电等高档耐用消费品，在市场发育较为成熟后就特别适合于网络营销。顾客可以放心购买，不必过于顾虑产品质量等问题。而网络营销，顾客可以浏览网上车市，无需到购车现场就可以在网上完成信息查询、比较决策、产品定制、谈判成交乃至货款支付等购车手续，接下来客户只需等待厂家的物流配送机构将商品车（甚至已办妥使用手续）交到自己的手中，真正实现足不出户买汽车。此外，网上交易还不受时间和地域限制，这也从另一方面给广大汽车用户带来了便利。

3.4.2　网络营销的模式

网络营销作为新的营销方式和营销手段来实现企业营销目标，它的内容非常丰富。下面详细介绍网络营销中一些主要模式。

（1）网页模式

网页是网站的基本信息单位。通常一个网站是由众多不同内容的网页组成的，网页一般由文字和图片构成，复杂一些的网页还会有声音、图像、动画等多媒体内容。几乎所有的网页都包含链接，点击链接可以很方便快捷地跳转到其他相关网页或是相关网站。

网页模式主要是从营销的角度来研究企业网页制作时应遵循的原则，以及何种结构、何种表现方式便于"冲浪"者获取信息，最重要的一点是怎样使企业的网站在众多的网页海中脱颖而出，留住漂泊又不耐烦的"冲浪"者，即所谓的网页促销技术。就目前情况来讲，网页设计中最主要的两点是要做到易于导航和下载速度快。在网络市场空间，企业的网站即代表着企业自身的形象。企业要想成功开展网络营销,应重视以下几点。

1)抢占优良的网址并加强网址宣传。在网络空间上,网址是企业最重要的标志,已成为一种企业资源。网址的名称应简单、鲜明、易记,通常为企业的品牌或名称。由于目前网址注册的规定还不完善,注册时间是主要标准。一旦本应属于自己的域名被别人注册,则会对本企业带来不必要的损失。

2)精心策划网站结构。网站结构设计应做到结构简单,通过建立较为便捷的路径索引,方便用户访问。结构模式应做到内容全面,尽量涵盖用户普遍需求的信息量。

3)注意网站维护。企业建立网站是一项长期的工作,它不仅包括网站创意和网站的开通,而且包括网站的维护,如网上及时更新产品目录和价格等试销性较强的信息,以便更好地把握市场行情。

(2)产品模式

在网络环境下,消费者与厂商的直接对话成为可能。消费的个性化受到厂商的重视,这使网络营销中的产品呈现出众多新特色。企业在制定产品策略时,应从网络营销环境出发,努力满足不同顾客的个性化要求,开创符合市场发展潮流的新产品,创造新的市场需求,形成企业自身的优势。

1)通过分析网上消费者的总体特征,确定最适合在网上销售的汽车产品。

2)产品的市场涵盖面要广,且电信业、信息技术要达到一定的水平。目前世界上多个国家和地区开通了互联网,市场涵盖面较为宽广,可以提高交易机会,为企业赢得更多的利润。

3)企业应利用在网络上与顾客直接交流的机会为顾客提供定制产品服务,同时企业应及时了解消费者对企业产品的评价,以便改进和加快新产品的研究与开发。

(3)价格模式

影响和制约企业制定产品价格的因素中无论是市场供求状况、消费者心理还是竞争状况,在网络环境下都同传统营销方式有着很大的差异。这就决定了网上销售的价格弹性较大。因此,企业在制定网上价格策略时,应充分考虑各个环节的价格构成,以期制定出最合理的价格。

1)设计、开发一个适合网络环境的自动调价系统。由于网上价格随时会受到同行业竞争的冲击,所以企业可以开发、设计一个自动调价系统,根据季节、市场供需情况、竞争产品价格、促销活动等因素,在计算最大盈利基础上对实际价格进行调整。同时还可以开展市场调查,以及时获得有关信息来对价格进行调整。

2)开发智慧型议价系统与消费者直接在网上协商价格,即两种立场(成本和价格)的价格策略直接对话,充分体现网络营销的整体特点。

3)考虑到网上价格具有公开化的特点,消费者很容易全面掌握同类产品的不同价格,为了避免盲目的价格竞争,企业可开诚布公地在价格目录上向消费者介绍本企业价格制定程序,并可将本企业汽车性能价格指数与其他同类产品性能价格指数在网上进行比较,促使消费者做出购买决策。

(4)促销模式

促销是企业市场营销活动的基本策略之一。在进行网络营销时,对网上营销活动的整体策划中,网上促销是其中极为重要的一项内容。销售促进(sales promotion, SP)即促销,是指企业利用多种方式和手段来支持市场营销的各种活动;而网上促销(Cyber Sales Promotion)则是指利用 Internet 等电子手段来组织促销活动,以辅助和促进消费者对商品或服务的购买和使用。

根据网上营销活动的特征和产品服务的不同,结合传统的营销方法,网上促销策略可分为:网上折价促销、变相折价促销、网上赠品促销、网上抽奖促销、积分促销、网上联合促销等。

1)网上折价促销。

折价亦称打折、折扣,是目前网上最常用的一种促销方式。因为目前网民在网上购物的热情远高于商场超市等传统购物场所,因此网上商品的价格一般都要比传统方式销售时要低,以吸引人们购买。由于网上销售商品不能给人全面、直观的印象,也不可试用、触摸等原因,再加上配送成本和付款方式的复杂性,造成网上购物和订货的积极性下降。而幅度比较大的折扣可以促使消费者进行网上购物的尝试并做出购买决定。目前大部分网上销售商品都有不同程度的价格折扣,如亚马逊、当当书店等。

折价券是直接价格打折的一种变化形式,有些商品因在网上直接销售有一定的困难性,便结合传统营销方式,可从网上下载、打印折价券或直接填写优惠表单,到指定地点购买商品时可享受一定优惠。

2)变相折价促销。

变相折价促销是指在不提高或稍微增加价格的前提下,提高产品或服务的质量,较大幅度地增加产品或服务的附加值,让消费者感到物有所值。由于网上直接价格折扣容易造成品质降低了的怀疑,利用增加商品附加值的促销方法会更容易获得消费者的信任。

3)网上赠品促销。

赠品促销目前在网上的应用不算太多,一般情况下,在新产品推出试用、产品更新、对抗竞争品牌、开辟新市场情况下利用赠品促销可以达到比较好的促销效果。

赠品促销的优点有以下几条:

①可以提升品牌和网站的知名度;

②鼓励人们经常访问网站以获得更多的优惠信息;

③能根据消费者索取赠品的热情程度而总结分析营销效果和产品本身的反应情况等。

另外,赠品促销应注意赠品的选择:

①选择次品、劣质品作为赠品,这样做只会起到适得其反的作用;

②明确促销目的,选择适当的、能够吸引消费者的产品或服务;

③注意时间和时机,注意赠品的时间性,如冬季不能赠送只在夏季才能用的物品,另外在危机公关等情况下也可考虑不计成本地赠送活动以挽回危机;

④注意预算市场需求,赠品要在能接受的预算内,不可过度赠送赠品而陷入营销困境。

4)网上抽奖促销。

抽奖促销是网上应用较广泛的促销形式之一,是大部分网站乐意采用的促销方式。抽奖促销是以一个人或数人获得超出参加活动成本的奖品为手段进行商品或服务的促销。网上抽奖活动主要附加于调查、产品销售、扩大用户群、庆典、推广某项活动等。消费者或访问者通过填写问卷、注册、购买产品或参加网上活动等方式获得抽奖机会。

网上抽奖促销活动应注意以下几点:

①奖品要有诱惑力,可考虑大额超值的产品吸引人们参加;

②活动参加方式要简单化，因为目前网络速度不够快，浏览者兴趣不同等原因影响抽奖活动，网上抽奖活动要策划得有趣味性和容易参加。太过复杂和难度太大的活动较难吸引网上匆匆的访客；

③要保证抽奖结果的公正公平性，由于网络的虚拟性和参加者的地域广泛性，对抽奖结果的真实性要有一定的保证，应该及时请公证人员进行全程公证，并通过 E-mail 公告等形式向参加者通告活动进度和结果。

5）积分促销。

积分促销在网络上的应用比起传统营销方式要简单和容易操作。网上积分活动很容易通过编程和数据库等来实现，并且结果可信度很高，操作起来相对较为简便。积分促销一般设置价值较高的奖品，消费者通过多次购买或多次参加某项活动来增加积分以获得奖品。

积分促销可以增加上网者访问网站和参加某项活动的次数，可以增加上网者对网站的忠诚度，可以提高活动的知名度等。现在不少电子商务网站"发行"的"虚拟货币"应该是积分促销的另一种体现，如腾讯"QQ"的"Q币"等。网站通过举办活动来使会员"挣钱"，同时可以用仅能在网站使用的"虚拟货币"来购买本站的商品，实际上是给会员购买者相应的优惠。

6）网上联合促销。

由不同商家联合进行的促销活动称为联合促销，联合促销的产品或服务可以起到一定的优势互补、互相提升自身价值等效应。如果应用得当，联合促销可起到相当好的促销效果，如网络公司可以和传统商家联合，以提供在网络上无法实现的服务，比如网上销售汽车和润滑油公司联合等。

以上是网上促销活动中比较常见和重要的方式，其他如节假日的促销、事件促销等都可在上面几种促销方式的基础上进行综合应用。但要想使促销活动达到良好的效果，必须事先进行市场分析、竞争对手分析以及网上活动实施的可行性分析，与整体营销计划结合，有创意地组织实施促销活动，使促销活动新奇、富有号召力和影响力。

（5）网络广告模式

在各类网络广告中，最常浏览汽车类网络广告的网民比例在所有行业中排名比较靠前。事实上，汽车网络广告受到普遍认可是因为网络与汽车行业有着很高的产业关联性。汽车产品作为高价值和复杂的产品，在购买中需要大量的资讯和比较，而互联网提供的海量信息和搜索功能、对比功能等能更好地帮助消费者在购买产品之前，以最快的速度获得相关的信息。另外，在使用过程中延伸的层面非常多，包括保险、维修、改装、自驾游等；虚拟社区、网上车友俱乐部等形式的网络互动满足了汽车的使用者在这些方面的交流和资讯需求。从更广的意义上来看，网络有能力成为汽车文化的传播者和载体。

在目前的中国网络营销行业中，汽车营销是规模较大、营销方式较为成熟的部分，它运用了几乎所有的网络广告形式，包括横幅式广告（horizontal banner）、竖式旗帜/网络门户（vertical banner/portals）、按钮式广告（buttons/icon）、文字链接（text link）、邮件列表广告（direct marketing）、弹出式广告（interstital ads）、图标广告（logo）、关键字广告（key words ads）和浮动标识（moving icon）等。网络广告具备先进的多媒体技术，拥有灵活多样的广告投放形式。

有人会将网络营销归结于网络广告，但是，谈及轿车品牌，网络广告不但在狭义上不能代替网络营销，在广义上来说，甚至只能作为网络营销中最为基础，甚至是薄弱的环节。奥迪公司在广告投放(软性、硬性广告)方面可谓"大手笔",自 2001 年以来,奥迪在中国市场每年都有上亿元的广告投放,网络广告上更是推陈出新,几乎国内最新形式的汽车广告均来自奥迪公司。2007 年 GM 公司计划投入 1 亿美元对 Chevrolet Malibu 这一新款车进行广告宣传,但实际上投入的产告费用并不止这些,可能达到 1.65 亿美元左右。这个称为"你无法忽略的汽车"的广告宣传计划包含了 3 个阶段,第 1 个阶段已经结束了。GM 公司希望投入在网络上的广告每天能够有 500 万的阅读浏览量,其中有一个广告词是"我们已经厌烦了在自己国土上驾驶外国汽车"。

在网络出现以前,企业主要通过各种社会关系和媒体广告来推销产品和扩大知名度,但是这些传统宣传的手段存在很大的局限性。这里所说的汽车网络广告的出发点是利用网络的特征实现与顾客的沟通。这种沟通方式不是传统促销中"推"的形式而是"拉"的形式,不是传统的"强势"营销而是"软"营销,具体表现以下 3 个方面。

1)出现了标题广告、电子赠券以及给阅读广告的"冲浪"者付费型的专营网络广告的站点等。

2)网络广告的空间限制消失,使广告由"印象型"向"信息型"转变。消费者作出购买决策的机制也产生了变化。网络广告主要是基于信息的理性说服机制,而传统广告则是基于印象的联想型劝诱机制。

3)网络广告是一种即时交互式广告,它的营销效果是可以测试的。在一定程度上克服了传统广告效果测试的困难。网络广告将以其特有的优势成为企业促销策略的一种新的重要选择,并且它将同其他的促销方式相结合,使促销手段更丰富。

(6)整合的策略"4C",与网络整合营销模式

传统的由麦卡锡教授提出的 4P 组合市场营销策略(product, price, place and promotion)的出发点是企业的利润;1990 年罗伯特·劳特朋(Robert Lauteerborn)教授首次提出"整合营销传播"理论(integrated marketing communications),即 4C 理论(customer, communications, cost and convenience)。因此网络营销的模式是从消费的需求出发,营销决策 4P 是在满足 4C 要求的前提下的企业利润最大化,最终实现的是消费者需求的满足和企业利润最大化。在这种全新的营销模式下,企业和客户之间的关系变得非常紧密,甚至牢不可破,这就形成了"一对一"的营销关系,这种营销框架称为网络整合营销,它始终体现了以客户为出发点及企业和客户不断交互的特点。

1)对产品的整合。传统产品概念认为完整的产品是由核心产品、形式产品和附加产品构成,即整体的产品概念。网络营销一方面继承了上述整体产品的概念,另一方面网络营销比以往任何时候都更加注重和依赖信息对消费者行为的引导,主张以更加细腻、更加周全的方式为顾客提供更完美的服务,将产品的定义由市场营销学中"需求的满足性"的产品定义,扩大为"引起注意、引发需要和消费"的定义。因此,网络营销扩大了产品的定义,进一步将市场营销学中完整的产品概念由核心产品、形式产品和附加产品细化为 5 个层次:核心产品、一般产品、期望产品、扩大产品和潜在产品。

核心产品、一般产品和期望产品由原来的形式产品细化而来。一般产品指同种产品通常具备的具体形式和特征;期望产品是指符合目标顾客一定期望和偏好的某些特征和属性;扩大产品可以使客户体会到特殊品牌的心理或精神的独特感受,还包括区别于其他竞争产品的附加利益和服务;潜在产品是指顾客购买产品后可能享受到的超乎顾客观有期望、具有崭新

价值的利益或服务，但在购买后的使用过程中，顾客会发现这些利益和服务中总会有一些内容对顾客有较大的吸引力，从而有选择地去享受其中的利益或服务。可见，潜在产品是一种完全意义上的服务创新。

2）营销组合的整合。产品、渠道和促销作为传统营销组合4P中的3个，在网络中摆脱了对传统物质载体的依赖，已经完全电子化和非物质化了。因此，就知识产品而言，网络营销中的产品、渠道和促销本身纯粹就是电子化的信息，它们之间的分界线已变得相当模糊，以至于三者密不可分。在网络营销中，市场营销组合本质上是无形的，是知识和信息的特定组合，是人力资源和信息技术综合的结果，在网络市场中，企业通过网络市场营销组合，向消费者提供良好的产品和企业形象，获得满意的回报和产生良好的企业影响。

在整合的网络营销组合中，企业网站是支持内容与脉络的骨骼，协作网站是联合作战的可靠同盟，即便不作为攻击对手的力量，也对品牌网络环境的优化起到不可低估的作用，同时给潜在客户以信心。但是，要想真正有效地抓住消费者，引导消费者的购买行为，则需要依靠附着于企业网站这一骨骼框架之上的筋络与皮肉（营销服务系统），赋予网络营销以盎然的生气。

思考与练习

1. 简述汽车销售的特点。
2. 说明汽车价格由哪几部分组成？
3. 简述汽车销售的影响因素有哪些？
4. 简述4S店的汽车销售流程。
5. 什么是PDI检查？PDI检查的项目有哪些方面？
6. 贷款的银行审批程序有哪些？
7. 什么是汽车消费信贷？我国汽车消费信贷存在哪些问题？
8. 汽车网络营销的主要特点有哪些？
9. 汽车网络营销主要有哪些模式？
10. 请介绍并评价一下你认为最精彩、给你印象最深的一则汽车广告。

第4章 汽车售后服务管理

教学提示：汽车售后服务管理涵盖的内容非常广泛，在本章中介绍了汽车售后服务的定义、特征及作用等，概述汽车售后服务流程，针对汽车服务企业配件管理及车间维修管理内容进行了介绍。

教学要求：本章主要介绍汽车售后服务管理的相应内容，要求学生理解汽车售后服务定义及流程，了解汽车售后服务的主要内容，掌握配件采购管理的方法，熟悉车间5S管理。

4.1 汽车售后服务概述

4.1.1 汽车售后服务定义

广义的售后服务包括与产品销售配套的包装服务、送货服务、安装服务、三包服务(包修、包换、包退)、排除技术故障、提供技术支持、寄发产品改进或升级信息、与客户保持经常性的联系、产品使用联系及建立客户档案、收集整理客户信息资料等服务。

汽车售后服务则是指汽车作为商品从客户购买开始直至车辆报废这一期间，由汽车制造企业、汽车维修企业、汽车服务企业和配件及销售企业等服务商为客户及其拥有的汽车提供的全过程、全方位的服务。汽车售后服务是汽车流通领域的一个重要环节，是一项非常繁杂的工程，它涵盖了汽车的质量保障、索赔、维修保养服务、汽车零部件供给、维修技术培训、技术咨询及指导、其他个人服务等与产品和市场有关的一系列内容。汽车生产企业可以通过它与客户的关系更加紧密，树立企业的形象，提高产品的信誉，扩大产品的影响，培养客户的忠诚度。汽车售后服务主要包括：维修保养、车内装饰(或改装)、金融服务、事故保险、索赔咨询、旧车转让、废车回收、事故救援、市场调查与信息反馈等内容。

汽车售后服务的过程，不仅关系到本公司产品本身的质量的完整性，更关系到在服务的过程中客户的满意程度。因此售后服务的过程参与者包括了汽车制造企业、汽车维修企业、汽车服务企业、配件供应商和消费者。

4.1.2 汽车售后服务的主要特征

汽车售后服务需要随时与消费者接触；因此，汽车售后服务往往服务网点众多，分布广泛，而且汽车售后服务内部分工细致，服务类型多样。汽车售后服务经过长时间发展，已经逐步形成了其自身应有的特点。

1. 系统完善性

汽车售后服务所涉及的主要内容由原材料和配件供应、物流配送、维修检测、美容装饰、智能交通和回收解体等相互关联组成一个有机的整体，因此它是一套完整的产业链，也是由一套完善的系统所组成。

2. 技术广泛性

汽车售后服务系统涉及的因素很多，涉及的学科领域较为广泛，例如行为科学、工程学、数学、环境学、法律学、管理学和经济学等。从逻辑学的层面上讲，涉及了系统设计、系统综合、系统优化和最优决策等方面；从时间关系看，包括了规划、拟定、分析和运筹等阶段。

3. 消费持续性

从国际汽车市场来看，汽车售后服务的利润很高。尤其在欧洲许多国家，汽车售后服务业已经成为汽车产业获利的主要来源。在我国，随着汽车保有量及汽车售后服务概念的深入，汽车售后服务已在人们的生活中得到广泛普及，而汽车售后服务具有可以被消费者重复、持续消费的特点，使得汽车售后服务业可以重复多次从消费者手中获取利润，保证了汽车售后服务拥有较可观和持续的市场利润。

4. 有较高的利润

正是由于汽车售后服务具有重复消费的特点，使服务供应者可以重复多次向汽车服务消费者索价，同时服务具有一定的差异性特征，服务提供者可以利用自己独特的服务，在与消费者的讨价还价中索取高价，正由于这一个特定的索价机制，保证了汽车服务售后业拥有较高的市场利润。

5. 对产业链影响巨大

汽车售后服务业一般处于汽车产业链的末端。作为联结汽车生产者与使用者的纽带，在信息沟通上具有一定的优势，保证汽车服务提供者既可以从生产者处获得利润反馈，又可向消费者索取高价，从而维持汽车售后服务业的价格。另外售后服务直接关系到品牌车型的市场销售业绩，是汽车制造商在激烈的市场竞争中制胜的关键。

4.1.3　售后服务在汽车企业营销中的作用

1. 售后服务是买方市场条件下汽车企业提高市场竞争力的重要手段

随着科学技术的飞速发展，汽车工业行业相继出现了生产能力过剩的现象，产品在功能与品质上极为相近，品牌竞争质量差异和产品的技术可比性也越来越小；同时，市场价格的比拼也使众多企业精疲力竭，推广力度的加大更使企业每年的营销费用不断增加。在这种情况下，企业只有寻找无形服务来进行差异化竞争，希望赢得客户的忠诚，以便在竞争市场上获得持续性的优势。因此优质的售后服务对企业来说，是确定市场定位和赢得市场竞争优势的重要手段。

2. 售后服务是保证顾客权益的最后一道防线

企业向消费者提供经济实用、优质、安全可靠的产品和售后服务是维护其本身生存和发展的前提条件。虽然汽车企业寻求差异化售后服务的策略越做越完善，但是要做到完美却无法保证。由于消费者的使用不当或服务细节的疏忽，各种问题或投诉不可避免，任何生产企业都不能够保证绝对没有错误发生或完全避免顾客的投诉，因而及时对服务失败进行补救，有效地处理客户的投诉等措施，成了保证消费者权益的最有效途径。因此，售后服务是保证消费者权益与利益的最后防线，同时也是解决服务失败和处理顾客投诉，提高满意度的最有效措施。

3. 售后服务是有效提升客户满意度与忠诚度的有效方法

消费者对产品和服务的利益追求包括需求和价值两个层面。前者更多地体现了消费者对产品功能和质量的需求；后者则更多地体现在精神、情感等心理方面的需求。随着社会经济的发展和消费者自身收入水平的提高，顾客对非功能性的价值层面的利益越来越重视，在很多情况下甚至超越了对功能性需求的关注。企业要想长期、持续地发展壮大，就须赢得长期合作的顾客，保持和提升顾客忠诚度，提高客户满意度。

4.1.4　汽车售后服务市场的现状

我国汽车服务业的水平与国际先进水平仍存在着一定的差距，中国汽车售后服务满意度调研报告显示，售后服务普遍存在不规范的竞争，将严重制约中国汽车行业的健康发展。93%的被调查者对"多次返修率"不满意；56%的被调查者担心，4S店或特约经销商在维修过程中"偷工减料"，提供劣质配件；51%的被调查者认为，服务观点淡薄是4S店或特约经销商存在的比较普遍的问题；68%的被调查者认为，顾客的反馈信息并未得到满意回应或解决；73%的被调查者表示，质量保修期后会选择社会修理厂；但是，对社会修理厂的维修质量表示担心的被调查者竟达62%。事实上，上述的汽车售后服务中出现的问题主要涵盖了以下几个方面的原因。

（1）售后服务理念淡薄

在我国，汽车售后服务企业自身的服务意识是相对落后的，国外售后服务的立足点是提高保质期，保证正常使用期，推行"保姆式"售后服务，而我国的售后服务的口号是："坏了保证修理"，许多工作人员在利益的驱动下，不是想方设法解决疑难问题，而是诱导顾客更换不必要换的零配件，从而增加消费者的使用成本。国外售后服务的项目多，咨询服务、对客户进行技术培训、配件供给、维修、保养是一条龙，国内则是维修服务单一；国外服务连锁化、网络化，而我国目前还处于单个企业独立经营，连锁、网络还处于喊口号阶段。

（2）从业人员综合水平较低

针对汽车这种技术密集型产品，对它的从业人员有着相当高的要求，特别是技术方面。在我国义事汽车维修行业的人员，很多都是以师傅带徒弟的方式传授技艺的，没有经过专门的培训、管理。尽管在近几年来，很多中高级技术学校开设了相应的汽车维修等专业课程，但是目前社会上汽车服务业的从业人员的技术水平还普遍偏低。另外，汽车配件经营者大量存在缺乏配件基本知识的现象，不能为用户提供专业咨询。对于高素质的专业人员也是极度缺乏。如旧车交易服务业内严重缺乏受过专业培训的具有资质的估价师，很多交易服务者都不能为顾客提供估价等深层次的服务。在服务企业的管理上，缺乏能够驾驭服务市场走势的领导者，管理手段依然是传统方式，现代信息技术的普及率极低。整个行业的综合素质偏低，是无法提供高水平服务的重要原因。

（3）技术水平有待提高

这里的技术指的是服务企业的硬件设施和技术设备，目前我国汽车服务业的技术水平无法完全跟上汽车技术的发展速度，缺乏各种先进的维修机械设备、电子诊断设备等，不能保证维修服务的质量，尤其在汽车美容装饰行业，"路边摊"还占有相当的数量，他们的主要设备仅是水桶、刷子、高压水枪等简单工具，其服务质量完全得不到保障。美国驰耐普北京汽车养护服务中心的王经理在一次采访中说："现在国内大多数汽车服务店还在采用胶条补胎法，而他们已采用了美国泰克冷硫化贴补技术。采用冷硫化贴补技术，被补的轮胎在原伤痕处永远不会再出现漏气，而胶条补胎法只能直补，如出现斜钉子，就很难保证质量了。"

（4）标准和法规体系不完善

为发展国内汽车工业，政府及相关部门出台了各项法规政策来推进汽车工业的发展，但相对于汽车制造业来说，汽车售后服务的发展明显滞后。长期以来，汽车售后服务业没有统一的服务标准和行业规范，在一定程度上造成了从事汽车售后服务业的服务水平低下，以及企业管理水平参差不齐，难以满足消费者需求。

（5）不重视信息反馈

目前流行的汽车销售方式是4S专卖店，也就是集"整车销售"、"零部件供给"、"修理"、"信息反馈"四大功能。信息是决策的基础，信息越具体，决策就越有"底气"。4S店处于市场竞争的最前线，每天直接接触用户，把握着市场的每个细微变化。在技术上，4S店每天都要接待用户进行检查、保养、维修、索赔等，这些信息对改进产品具有极大的价值。虽然现在的汽车4S店或汽车经销商也知道收集顾客的信息反馈，但顾客的反馈信息最终并未得到满意回应或解决。客户回访只是表面的一种形式，真正做到及时回访，认真做回访记录，建立客户档案的并不多。顾客的信息得不到及时的反馈，不能让顾满意，也不能为公司的竞争及战略决策提供依据。

（6）汽车零配件价格高，质量不稳定

轿车保有量的不断扩大，为配件和服务市场的发展提供了基础，也给大量的假冒配件企业和低质修理厂提供了生存空间。在大量的汽车维修投诉中，零配件的质量问题和零配件的价格不合理的案例较多。目前中国的零配件比较突出的问题是"劣质件"。客观地说，国家没有出台全面具体的零配件质量标准，也是劣质件问题长期以来难以解决的重要原因，除了43类与安全直接相关的核心零配件有国家质量标准，其他数以千计的零配件都无标准可依，质量很不稳定。

4.2　汽车售后服务流程

优质服务需要通过标准化和规范化的服务流程来保证。在以"客户为中心"下、在服务的全过程中，遵循服务核心流程中的每个环节中的服务标准，就能够实现客户对服务工作的最低限度的期望，甚至超越客户的期望，满足客户的要求，提升客户满意度和忠诚度。下面将按核心的十个流程的具体工作流程和标准来逐一介绍。

4.2.1　预约服务

预约服务是汽车维修服务流程的第一步，也是服务营销的一种有效手段。有效的服务预约，对服务企业来讲，能起到"削峰填谷"的作用，在提高了生产效率，增加售后服务产值的同时，也提高客户满意度。提高客户服务的预约率，除了可以增加进店服务的次数外，还能满足客户对服务时间灵活性的需求，减客户等待的时间，从而提高客户满意度。

在多数情况下，预约所指的是电话预约(也包括上门预约或因备件缺货的预约)，即先通过电话确定维修意向。预约对客户的好处主要体现在以下几个方面：

1)时间有保障，送车不用等待；

2)用户准备充分，带足必要资料；

3)知道接待自己的服务顾问姓名；

4)用户对价格提前有所了解；

5)用户可让服务企业提前做好充分准备；

6)电话初步诊断，用户心里有底；

7)清楚维修所花时间，自己可以提前合理安排日程；

8)使用户车辆尽量能够在短时间内完成；

9)可以得到更周到的关怀。

4.2.2　准备工作

每次接待工作之前，需要了解相关的工作准备是否就绪，有序的检查完全可以避免接待中的慌乱，大大提高工作效率和服务质量。

准备的工作内容包括：

1)提前一天确认内容。

①服务顾问的工作内容：查看《服务顾问/车间维修能力预约任务计划表》，并根据维修项目的难易程度合理安排维修人员；检查专用工具的准备情况，是否损坏，技术资料有无丢失，工位的使用状况是否完好；检查备件是否有货，是否已将预定备件单独存放于预约货架等，经确认后，相关人员分别在《预约登记表》"工具/资料管理员"、"备件人员"、"维修技工和维修工位"栏中签字确认；从服务系统的"用户车辆维修档案查询"中核对用户车辆维修档案，并对以往维修记录进行查询，如果是重复性维修或疑难维修项目，应在《预约登记表》进行标注，上报技术经理，会同技术攻关小组，制订技术方案或求得技术支持；如有上次维修时发现问题，但顾客拒绝维修的项目，应记录在《预约登记表》经销商建议栏中，注意用户到站时提醒用户；如果是外出服务，负责准备好服务车辆、安排外出人员和相应备件、工具等。此外，IT 信息员应编制预约任务委托书，服务顾问则查看制作的准确性。

②备件部的工作内容：接到《预约登记表》后，应将预约备件同《预约登记表》一并放置在预约货架上。准备好备件后或发现备件缺货时，应通知服务顾问，请其在《预约登记表》上签字确认。

2)提前 1 小时的工作内容。

服务顾问电话确认顾客姓名、车号、维修项目、是否如约而来，再次确认备件、工具、人员等，提前半小时将"预约工位"指示牌粘贴在预定工位上；如顾客预约维修时间在第二天早晨营业时间 1 小时前的，可在当天下班前与用户电话确认此次预约，并询问第二天是否需要再次提前提醒预约，根据顾客需求确认第二天再次提醒。

3)如准备情况出现问题或顾客取消或变更预约时间，预约不能如期进行，服务顾问应及时告知顾客。经顾客同意另行预约，在《预约登记表》上注明预约时间是否改变及新的预约时间，IT 信息员在服务系统中修改该车预约任务委托书中的预修时间即视为重新对预约任务委托书的评审。

4)若取消预约,则在《预约登记表》上注明预约失败原因,通知备件部、设备/资料管理员、维修技工,及时撤回《预约登记表》,交 IT 信息员,并由 IT 信息员及时更改预约欢迎板的信息。

4.2.3　顾客接待

客户到店所产生的第一印象是由业务接待开始,是客户对企业产生总体印象的开始,是客户最难以忘怀的。从客户的角度来说,热情、主动、亲切是客户基本的要求。

服务顾问应在预约维修时间前 15 min 在接待区等待客户到来。主要内容包括:

(1)门卫迎接客户

客户车辆到达销售服务店门口时,门卫应立即向客户车辆敬礼,并以标准动作引导客户车辆至相应的停车区(此时用对讲机联系业务接待做好准备)。

客户车辆停稳后,门卫应主动为客户开门,并向客户问好(雨天应备好雨伞)。

客户下车后,根据客户意愿,门卫引导客户进店或让客人在停车场稍等业务接待前来。

(2)业务接待迎接客户

1)接待准备。

业务接待在预约的前一天审核所有的预约客户服务信息,留意客户的特别需求,如召回、维修及客户类型,准备好配件、代步工具等。

2)迎接客户。

接到门卫通知后,业务接待应立即到停车场或在店门口(客户需要进店时)面带微笑上前迎接,并使用标准问候语。

3)引导客户进入指定服务通道。

带上记录板进入服务区,引导客户进入指定通道。未预约客户可引导至服务通道,预约客户可引导至预约通道,快修客户可引导至快修通道。

如果客户指定的业务接待不在服务区,则由另外一名具备资格的员工接待,如服务经理。

4)确认客户来意。

未预约客户:通过询问的方法与客户进行沟通,能够完全理解客户的来意,并记录清楚。

预约的客户:主动与客户沟通,复述预约的内容及具体的解决办法,得到确认,若有改变及时在登记表上修改。

5)车辆故障描述。

"5W1H"指的是询问客户的 Why,What,Where,When,Who,How,即对要解决的问题的目的、对象、地点、时间、人员及方法提出了一系列的询问,并寻求解决问题的答案。

沟通的要求:在沟通的过程中,业务接待应仔细倾听客户对车辆故障的描述,同时注意不要打断客户讲话,不清楚的地方,待客户叙述完毕后再问清楚。

4.2.4　互动检查

全面细致的互动检查工作:一方面明确客户对车辆故障的描述和维修意向,另一方面体现维修企业的标准化、规范化和专业化；同时，也使双方明确车辆维修前的各种初始状况，包括车身有无划痕、油箱里的油量和车上的贵重物品等。

互动检查的内容有：

（1）预检车辆

1）护具安装。

业务接待需将一次性车辆护具逐一安装好，用五件套将车辆内部罩起。

2）停放车辆。

业务接待礼貌与用户说明需停车位置，将车辆停放到预检停车位上预检。

3）与客户一起执行环车预检。

环车巡视检查，并填写《接车登记表》；登记里程数及汽油油量；检查内饰、关键部件功能；检查外观；向客户清楚解释在检查什么，为何要这样检查，对车有什么好处；提醒客户，超过质保期的车辆每年要深入检查一次。

4）车辆移交。

提供带品牌标志的手提袋给客户，请他们把需要从车内带走的东西装起来，并提供客户物品寄存服务；在接车登记表上记录（包括检查结果及客户没有意识到的车辆问题）。

（2）故障诊断

1）车辆故障预检。

服务顾问应根据客户描述情况对车辆进行预检，服务顾问确认预检结果（或故障信息），确定维修类别和项目：①正常维修；②返工；③保养。预检如有必要，则路试。如是事故车，服务顾问组织机修、钣金、喷漆人员进行拆检，填写《维修项目清单》与《备件清单》，确认工时费，备件部确认备件价格，向顾客（保险公司）报价。经顾客同意后制作任务委托书。

2）技术人员进行故障诊断。

车间技术人员在业务接待的陪同下，与客户进行沟通，对车辆故障进一步诊断，技术人员检查时应展现专业性，对客户的疑惑和问题进行清楚直接的回答。

3）与客户沟通诊断结果。

向客户解释车辆可能的故障原因以及相应的维修办法；对不能立即确定故障的车辆，应主动向客户解释，并告知客户留店检修的必要性，如客户仍不同意留店检修，应尊重客户的决定，做好配合工作。

4）告知质保问题。

如客户询问质保问题，业务接待应向客户说明保修政策，并告知质量担保范围等内容。

5）确定作业范围和更换零部件。

由维修人员确定作业范围、作业种类及需要更换的零部件名称、数量等信息；业务接待向客户告知维修相关信息，并向客户解释维修的重要性；对客户提出的疑问，业务接待应主动予以解答，对于无法解答的问题，则由技术人员协助解答。

（3）查询配件库存

配件库存状态查询；确认需更换零部件的名称、数量，用电脑查询配件的库存状态；与客户沟通缺件情况，如发现库存短缺，应立即向客户说明情况，并询问客户是否愿意待料维修。若客户不愿意待料维修，则应与客户沟通好，约定下次维修时间，并送别客户。

（4）费用和时间估计、开具派工单

1）费用和时间估计。

业务接待、维修人员根据维修的项目列出详细的材料费和工时费，以及店实际情况，估计完工的时间。

2）与客户沟通费用与时间估计结果。

3）开具派工单。

（5）安排客户休息或离店

询问客户是否愿意在销售服务店内等候，若客户愿意，则指引客户去休息室休息，为客户准备饮料和点心，请客户就座；若客户不愿等候，则与客户沟通联系时间，并进一步询问客户的其他要求，然后送客户到门口；询问客户是否需要服务接送车辆或者代用车辆。

4.2.5 维修派工

维修派工及时、高效，保证服务效率，是做好前台接待和车间工作衔接的重要纽带。维修派工的工作内容包括作业内容交接及作业管理与分配。

（1）作业内容交接

1）作业内容说明。

业务接待将《维修派工单》转交给班组长，并向班组长明确说明作业项目、故障性质、作业顺序、注意事项、完工时间及要更换的零部件等。班组长如对维修工单上的内容存在疑问的，应及时与业务接待联系。

2）作业前车辆管理。

班组长从快速通道、预约通道或维修通道上取车。班组长及派工人员在接收车辆后，应确保在开单后 10 min 内驶离接待车位。

3）完工时间控制。

班组长需清楚指示工作人员，并及时提醒工作人员，保证维修完工时间应控制在预交车时间前 10 min。班组长需确保防污四件套到位，保管好车辆钥匙。

（2）作业管理与分配

1）作业管理。

班组长对店内的维修工单进行管理，做好维修工作的安排，将具体的作业内容正确地传达给维修人员，确保各项作业能够按时完成。

2）作业分配。

有预约状态下，作业分配应遵照在预约时提前安排的状态进行。在无预约状态下，班组长根据店内维修人员的状况，将作业分配给组内人员，保证作业能够及时落实。

4.2.6 车辆维修

在维修过程中，准确的故障诊断和正确的维修是提高生产效率的关键，也是确保维修时间的前提。车辆维修的工作内容包括：

（1）维修准备

维修技师接到《任务委托书》后，首先对车辆进行防护（使用叶子板罩），并对维修项目、交车时间进行确认。

1）配件的领取与管理。

维修技师凭《任务委托书》到备件库领取备件，除三滤、油液之外备件交旧领新。备件库管员依《任务委托书》确认备件号、备件名称、数量后在 CRM 系统"领料出库"中发货，打印《出库单》，领料人在"领料人"栏中签字，备件库管员应按《出库单》发料。领料人接到备件后，应核对备件名称、数量是否与原车件相符，若一致将出库单与《任务委托书》合订。如备件有缺货，主修人应立即告知服务顾问，由服务顾问将车型、备件名称、车号、日期、里程、联系方式登记在《短缺备件登记表》，并与备件人员共同签字确认，由备件人员预计到货日期，到货后通知服务顾问，与顾客联系。

事故车应按验损单领料，领取未验损备件主修应通知服务顾问，备件价格超过公司规定金额由服务经理审批。主修在维修中发现备件有质量问题，通知技术经理判定是否应该索赔。

2）工具及维修手册的领取与管理。

维修技术人员需提前到工具库房领取维修工具，以备维修使用；维修工具的摆放和保管需符合销售服务店工具管理规定；维修技术人员需按时归还维修工具；维修技师根据维修需要向工具资料管理员借阅《维修手册》和专用工具，登记委托书号、工具、资料名称、借用人、借用日期，签字确认，使用后即时归还，并登记归还日期、工具、资料状况。若有直接从班组转借专用工具的情况，则由借用人到专用工具室重新登记。

（2）实施作业

领取备件和工具后，维修技工依照《维修手册》和相关作业指导书开始维修。维修现场环境要求按《基础设施和工作环境控制程序》执行。

1）作业实施

班组长依据派工单所列的项目，组织若干名维修技术人员组成团队，实施维修作业；维修技术人员在作业过程中，需严格按照技术规范进行作业；维修团队之间需加强沟通、交流，保证维修作业安全、按时完成；维修团队如遇到技术问题无法解决，应及时与班组长或者技术总监沟通，不可自作主张拆装车辆。

2）作业控制

车间主管在维修车间设立作业管理显示板，直观显示作业进度情况及各工位的工作负荷；班组长需及时将作业进度等情况通报给业务接待，方便业务接待与客户沟通；技术总监负责现场技术指导工作，并对维修技术人员在维修过程中存在的不规范行为进行纠正。

对于拆下总成备件，维修技师应将其放在总成修理间的工作台上或货架上，并做好标识。维修技师对拆下的故障备件按照《维修手册》进行检测和修理，检查部件外观有无破损和裂纹，需测量的备件必须使用专用测量设备进行测量，确定维修或更换，需更换备件时，主修人填写《备件清单》，服务顾问审核并界定旧件情况，签字同意后，主修人领料。

维修技术人员需保证车辆在交车时间前 10 min 完成。

3）索赔件管理

业务接待需对索赔车辆换下的旧件进行统一保管，并按要求及时地将索赔件寄返给生产厂家；业务接待需及时地记录索赔文件，更新索赔系统，以备检查。

如在索赔修理过程中，维修人发现损坏备件不是原厂备件时，不得先行拆下，应及时通知索赔员或服务顾问，由索赔员或服务顾问与顾客共同对该备件进行审定，顾客认可自费修理后，在《任务委托书》上签字方可施工。

（3）作业进度/项目调整

1）作业进度控制。

维修完工时间应控制在预交车时间前 10 min；班组长需在车辆维修的关键时间节点对维修状况进行检查，及早地发现问题；班组长需将作业进度汇报给业务接待，由业务接待告知客户，这样可以方便客户掌握车辆维修的进度。

2）作业项目变化的应对。

在维修过程中，维修技师发现需变更维修项目时，应及时报告服务顾问，新增维修项目，由服务顾问确定有无备件后告知顾客，在《任务委托书》中注明，顾客同意并签字后领料维修。如顾客不在现场，服务顾问电话通知顾客，告知顾客变更后的交车时间和维修费用。顾客确认后，在《任务委托书》上记录顾客确认信息，转维修人员继续修理；如属索赔范围，由服务顾问根据质量担保条例及索赔件的真假确定索赔性质后维修。如顾客不同意维修，应由服务顾问在《任务委托书》上记录，以便完工审核时录入 CRM 系统由用户签字。对于新增的维修项目维修技师应再次签字主修。

维修人员检查上次维修时发现但没有纠正的问题，并在《任务委托书》中做好记录。

3）进度/项目调整记录。

如果客户同意增加维修项目，维修技术人员需在维修工单上作详细的记录，这样可以方便客户全面地了解所进行的工作，记录内容包括：需运用定义—分析—展示成果的方式表达所需的所有信息；需包括所更换的配件的详细信息；需包括未来 6 个月内可能需要的维修详情。

4.2.7 完工检验

建立三级质检流程，通过有效的质检控制，及时发现维修质量问题，提高一次修复率和客户满意度。完成检验的工作内容包括：

（1）自检与作业质量验收

1）维修技术人员自检。

车辆维修作业完成后，维修技术人员需对负责工位进行自检，主要完成下列工作：检查作业项目有无漏项；有力矩要求的紧固件是否紧固；掌握橡胶件、易损件的磨损情况，并做好记录；工具、资料有无遗失；检查车上的收录机等电器设备；将换下的旧件包装好以便业务接待在交车时交给用户或返件；维修技术人员在派工单上记录下作业内容、完工时间及对车辆使用方面的意见并签字。

2）班组长工位二检。

待维修技术人员自检结束后，需将派工单交给班组长，由班组长对车辆进行二次检查，主要完成下列工作：依据派工单位所列项目逐项检查验收，并核实有无纰漏；依次检查几个主要紧固件是否已经紧固；核查橡胶件、易损件的磨损情况；检查车上的电器设备是否能正常工作；班组长根据维修经验，对车辆的各个细节进行检查，消除安全隐患，确保车辆完好；班组长在派工单上签名通过。

3）技术总监/质量检查员验收检查。

待班组长二次检查通过后，需将派工单交给技术总监或车辆主管，由技术总监或者车辆主管对维修作业进行质量验收，主要验收项目包括：依据派工单上所列项目逐项验收，并核实有无漏项；发现问题时，必须立即采取各种措施进行纠正，若有必要应进行返修作业；将检验结果反馈给班组长，以提高班组的技术水平，防止再次出现同样的问题；认真检查有力矩要求的紧固件是否紧固；如有必要应试车确认，以求万无一失；必须检查有无物品遗失，如工具、资料等；依据派工单上关于车辆状况的记录检查作业过程中有无人为损伤等；作业质量验收完毕后，质检人员在派工单上签字；对于重大作业的项目以及涉及安全性能方面的作业项目，技术总监或质量检查员必须多次进行仔细检查，查漏补缺，防止出现重大事故。

（2）质量控制

1）树立质量观念。

服务经理或者车间主管应该组织培训活动，帮助车间人员树立质量第一的观念，培养车间人员的质量意识；技术维修人员应该树立质量观念，在日常工作中，应将质量第一的观念贯彻到底，切不可马虎做事。

2）常规质量检查。

服务经理或者车间主管每个月都要对业务接待和维修技术的工作质量进行抽检，确保符合现有生产厂家规格的指导标准；对于抽检不合格的员工，服务经理或者车间主管应该组织相应的培训，提高车间员工的技术水平；对于抽检过程中发现的问题，服务经理或者车间主管需记录每次抽检出现的问题. 开展会议，与服务人员进行讨论，制订解决方法。

3）控制一次修复率。

服务经理或者车间主管需对一次修复率进行统计分析，找出返修的原因，并对服务流程进行改进；服务经理或者车间主管需组织培训会议，与车间员工沟通返修的原因，共同学习提高，促使车辆一次维修合格；技术总监及班组长应提高检查力度和仔细程度，提高车辆维修的一次修复率。

4）内部返工管理》

车间主管或者技术总监需对内部返工进行统计分析，找出返工的原因；技术总监或者班组长需对内部返工较多的维修人员进行指导，帮助纠正常规错误；车间主管应经常组织技术培训或者技术分享会，提高维修人员的技术水平。

4.2.8　交车

交车环节是服务流程中另一个重要环节，保证将清洗干净和故障彻底修复的车辆交给客户，并合理地解释维修项目、费用，提高客户满意度。交车的工作内容包括：

（1）车辆清洗

1）外观清洗。

洗车人员的工作服不许有金属制品等，以免在车辆清洗的时候划伤车身。

洗车人员洗车时需认真、仔细，对前、后风挡玻璃，主、副仪表板，左外、车内、右外后视镜等重点部位要认真清洗擦拭，确保不出现漆面划伤等情况。

2）内部清理。

洗车人员在车辆内部清理时，需重点清洗驾驶室、后备舱、发动机舱等部位。

3）清洗后处理。

车辆清洗完毕后，需由专人驾驶停放到竣工车停放区，车辆摆放要整齐，并盖上车罩、车头向外，便于交车时客户驶出停车场。

洗车人员需通知业务接待交车，并将车钥匙、派工单、包装好的旧件(非索赔且用户要求带走)交接给业务接待。

在交车的时候，业务接待需拿出盖在车上的车罩以及车内的四件套。

(2)交车准备

1)联系客户(客户不在休息区)。

若客户不在休息区等候，业务接待接到车辆后要立即与客户取得联系，约定交车的时间、方式及结账事宜等。

2)通知客户(客户在休息区)。

若客户在休息区等候区，业务接待需将打印出的结算单放在书写夹板上，找到在客户休息室的客户，通知客户在其方便的时间进行交车，并确认付款方式。

业务接待必须接受培训，确保客户满意。

3)上门交车(需送车服务情况)。

若需要上门交车的，业务接待需先联系客户，确认交车时间、地点。

业务接待需将资料准备齐全，派专人将车送到指定地点交车，路上一定要保证安全。

(3)验车、交车

1)引导客户验车。

业务接待需引导客户前往交车区，戴上白手套，拆除车罩与四件套，以便客户验车。

2)与客户一同验车，确认满意。

业务接待需与客户和服务技师一起试驾车辆，确保客户的问题已经圆满解决，让客户满意；业务接待需重复客户的要求，解释说明进行的维修服务细节和收费，并描述为客户或车辆带来的好处。

3)客服总监沟通。

客服总监(如果不在，其他客服人员)需和每个客户交谈，确认他们是否满意，并把名片递给客户，让他们有任何问题都可以打电话；客户总监还需告知客户，在24 h之内，会给客户打电话或发短信进行回访，确保客户的车辆可以正常使用。

(4)结算和费用说明

1)结算准备。

在用户验车完毕并表示对作业质量满意后，业务接待需打印费用结算清单，将所发生汽车售后服务管理材料费和工时费逐项列出。

2)费用说明。

业务接待需向客户说明每项费用，并回答客户提出的问题，消除用户的疑问；如果客户对费用不满或者不理解的，业务接待可以及时请服务经理协助向客户解释。

(5)完成结账

1)完成结账手续。

客户在结算单签字后，业务接待需陪同客户到结算处结账。

2)当面回访客户满意度。

服务经理在完成结账手续后，若用户有时间，应当面回访客户，首先进行简短的自我介绍，一句话说明回访的目的；询问客户对维修服务的满意程度，衡量标准；满意和不满意；对于不满意客户，服务经理需向客户询问，并帮助客户解决问题。

（6）交车与送别

1）交车。

业务接待将车辆钥匙交给用户，需向客户说明有关下次保养里程及今后车辆使用方面的建议；业务接待需将联系方式告诉客户，提醒客户可以享受 24 h 便利服务。

2）送别客户。

业务接待送客户到汽车旁，引导客户驶出停车位，目送客户车辆驶出店门；门卫需向客户敬礼，引导客户车辆驶入车道。

4.2.9　维修回访

较好的后续跟踪服务，一方面能够掌握销售服务店维修业务存在的不足，另一方面又能更好地了解客户的期望和需求，接受客户和社会监督，增强客户的信任度。后续跟踪服务是一项整体行为，服务经理应将其作为增强员工服务意识、改进工作作风、提高服务质量和水平的一项重要措施，要确保落实后续服务中所反映出来的问题的改进工作及事后改进的督促和检查，使其真正发挥后续跟踪服务的作用，才能促进服务和维修工作上一个新的台阶。

后续跟踪服务主要包括两部分：及时电话跟踪和定期上门拜访。

（1）跟踪、回访用户

1）回访对象选取与准备。

业务接待将前三日内的派工单整理出来，根据用户是否愿意接受回访的标记进行分类；业务接待需选出接受回访的派工单，按照派工单记录的内容与用户取得联系；业务接待需在合适的时间节点回访客户，比如下班时间。

2）联系客户。

业务接待打电话时应先报出本单位的名称及本人姓氏；业务接待要说明此次沟通的目的，并询问客户车辆使用情况；若联系不到客户，业务接待需在跟踪回访卡上注明记录，并在下次回访时尝试联系客户；业务接待需把回访的记录更新到 CRM 系统中。

3）问题处理。

如客户提出车辆存在问题，业务接待需根据自身的维修经验，向客户解释原因、解决问题；如果业务接待无法解决问题，可由服务经理或者车间主管协助解决；如果客户车辆存在问题，应建议客户来店检查或维修，并解释来店的重要性，此时要进行预约。

4）满意度和其他项目调查。

业务接待需对维修服务的满意度进行调查，并进行记录；业务接待需询问客户对本店服务和设备的要求，并做好记录；业务接待需整理客户反馈的信息，归纳客户投诉的原因以及本店存在的问题，组织会议与车间人员沟通；服务经理需根据业务接待的服务质量进行评选优秀服务人员，激励业务接待更好地工作。

5）感谢客户接受回访。

业务接待需诚挚地感谢客户接受回访，结束时要等客户先挂断电话才可以收线，并注意要轻放电话。

（2）解决问题，确保客户满意度

1）返修沟通。

对于返修客户，业务接待需保持与客户的联系，保证提供客户更优质的服务，确保客户的满意；对简单的返修工作，业务接待可以派快速维修人员上门进行维修；如果返修需要较长时间，业务接待可以告知客户提供上门取车服务；如果客户有抱怨，可由服务经理亲自打电话联系或者上门服务，并提供合适的小礼品，保证客户满意。

2）回访结果汇总分析。

业务接待要定期汇总跟踪，由总经理和其他部门经理共同分析用户不满意的原因，制订整改计划，并组织相关部门实施改进。

3）回访意见处理结果反馈。

业务接待需保证，在三日内进行处理意见反馈，如遇到自己无法解决的问题，可由服务经理协助处理；对提出有价值意见、建议的客户，业务接待需给以信息反馈，并赠送适当的礼品，表示感谢。

4.3 汽车服务企业配件管理

4.3.1 汽车配件管理概述

汽车配件是指能直接用于汽车装配或维修的零部件物品，是进行维修服务的重要物质条件。车辆配件管理是车辆维修业务管理的内容之一，车辆维修所使用的配件，直接影响车辆维修后的质量、安全、企业信誉和经济效益。因此，汽车4S店和车辆维修企业须加强对配件的管理，建立和健全包括采购、保管、使用等过程的质量管理体系，有效压缩库存量，降低成本，不断改进管理方法，提高企业信誉和经济效益。

1.汽车配件的分类与识别

（1）实用性分类

根据我国汽车配件市场供应的实用性原则，汽车配件分为易耗件、标准件、车身覆盖件和保安件四类。

1）易耗件。

在对汽车进行二级维护、总成大修和整车大修时，易损坏且消耗量大的零部件称为易耗件。包括发动机易耗件、底盘易耗件、电器设备及仪表的易耗件和密封件。

2）标准件。

按国家标准设计与制造的，并具有通用互换性的零部件称为标准件。汽车上属于标准件盖紧固螺栓及螺母、连杆螺栓及螺母、发动机悬挂装置中的螺栓及螺母、主销锁销及螺母、轮胎螺栓及螺母等。

3）车身覆盖件。

为使乘员及部分重要总成不受外界环境的干扰，并具有一定空气动力学特性的构成汽车表面的板件，如发动机罩、翼子板、散热器罩、车顶板、门板、行李厢盖等均属于车身覆盖件。

4）保安件。

汽车上不易损坏的零部件称为保安件，保安件有曲轴、启动爪、正时齿轮、扭转减振器、凸轮轴、汽油箱、汽油滤清器总成、柴油滤清器总成、汽油钢管、喷油泵、调速器、机油滤清器总成、机油硬管、发电机、启动电机、离合器压盘及盖总成、离合器硬油管、变速器壳体及上盖、操纵杆、前桥、桥壳、转向节、轮胎衬带、钢板弹簧总成及第四片以后的零件、载货汽车后桥副钢板总成及零件、转向摇臂、转向节臂等。

（2）标准化分类

汽车零部件总共分为发动机零部件、底盘零部件、车身及饰品零部件、电器电子产品和通用件共五大类。根据汽车的术语和定义，零部件包括总成、分总成、子总成、单元体和零件五种。

（3）按照汽车配件的功能分类

汽车配件按照功能的不同，可分为如下几类：

1）发动机配件：发动机、发动机总成、节气门体、气缸体、张紧轮等。

2）传动系配件：离合器、变速器、变速换挡操纵杆总成、减速器、磁性材料等。

3）制动系配件：制动总泵、制动分泵、制动器总成、制动踏板总成、压缩机、制动盘、制动鼓等。

4）转向系配件：主销、转向机、转向节、球头销等。

5）行驶系配件：后桥、空气悬架系统、平衡块、钢板等。

6）电器仪表系配件：传感器、汽车灯具、火花塞、蓄电池等。

7）汽车灯具：装饰灯、防雾灯、顶灯、前照灯、探照灯等。

8）汽车改装：轮胎打气泵、汽车顶箱、汽车顶架、电动绞盘等。

9）安全防盗：方向盘锁、车轮锁、安全带、摄像头等。

10）汽车内饰：汽车地毯（脚垫）、方向盘套、方向盘助力球、窗帘、太阳挡板等。

11）汽车外饰：轮毂盖、车身彩条贴纸、牌照架、晴雨挡板等。

12）综合配件：黏结剂、密封胶、随车工具、汽车弹簧、塑料件等。

13）影音电器：胎压监视系统、解码器、显示器、车载对讲机等。

14）化工护理：冷却液、制动液、防冻液、润滑油等。

15）车身及附件：雨刮器、汽车玻璃、安全带、安全气囊、仪表台板等。

16）维修设备：钣金设备、净化系统、拆胎机、校正仪等。

17）电动工具：电冲剪、热风枪、电动千斤顶、电动扳手。

（4）按照汽车配件的科技含量分类

1）高科技类。

发动机总成、齿形带、V形泵、消声器、风扇离合器、空调设备、后视镜、座椅、油封、中央接线盒、汽车仪表、汽车铸件、模具、软内饰、特种油品、安全玻璃等。

2）科技类。

变速器总成、保险杠（大型塑料）、活塞、活塞环、气门、连杆、轴瓦、油箱、空气滤清器、机泊滤清器、离合器、盘式制动器、转向器、刮水器、门锁、安全带、发电机与启动机、组合开关、分电器、等速万向节、紧固件、灯具、汽车锻件、轴承、音响设备与车载电视、特种带材（轴瓦、散热器用）等。

3）一般类。

高压油管、散热器、制动软管、转向器、传动轴、后桥齿轮、减震器、钢板弹簧、钢圈、玻璃升降器、风窗洗涤器、暖风机、点火线圈、火花塞、喇叭、电线束、灯泡、随车工具、蓄电池等。

2. 配件管理的流程

特性和规模不同的汽车4S店或汽车维修企业其配件管理的特点不完全相同，但大致可归纳出基本管理流程，如图4-1所示。

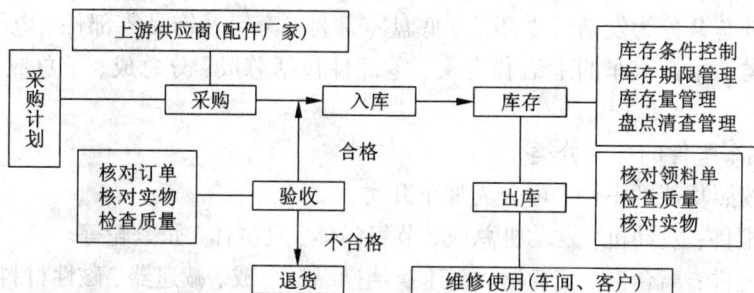

图4-1 配件管理流程

3. 配件管理人员的职责

1）认真验收入库汽车配件的包装和品名、规格、型号、单价、产地、数量及质量，看是否合乎规定要求，如发现问题，应及时与有关方面联系，以便进行处理。

2）对汽车配件按条理化管理的各项要求进行管理，做好保管、保养和出库发运工作，严格执行各项手续制度，做到收有据、发有凭，及时准确登账销账，手续完备，把好收、管、发三关。

3）汽车配件出库做到先进先出，品名、规格、型号、单价、产地、数量无误，包装完好，地点（即到站、收货单位、发货单位）清晰，发货及时。

对发货后的库存量，做到有运必对，卡物相符。

4）加强业务学习，不断提高物资保管业务水平，了解汽车的基本结构以及汽车材料的基础知识；能正确使用常用计算工具、量具和测试仪器；熟悉分管配件的质量标准，能识别配件质量的明显变化；懂得主要易损、易耗配件的使用性能、安装部位及使用寿命。

5）运用配件合理分区、分类管理办法，在库容使用上做到货位安排合理、利用率高、安全牢靠、进出畅通、收发方便，便于清数对账和检查。

6）根据分管配件的保管要求，不断提高保管、保养技术水平。

针对配件的特性和库房温度、湿度的变化，采取相应的密封、通风、降温、防潮、防腐、防霉变、防锈、防冻、防高温、防鼠、防虫蛀、防台风、防水涝等措施，创造安全卫生的保管环境，确保配件不受损失。

7）定期和经常盘点检查库存物资，做到数量准确，质量完好。

熟练准确地填表、记账、对账盘点，保证账、卡、物三者相符。

对于超保本期，特别是长期积压的滞销配件，按保本期管理办法，及时向有关部门和人员提出，催促其尽快处理。

8）负责保管好罩用品和包装物，以及生产用的各种工具。

做到合理使用、妥善保管，尽量延长物品使用寿命，节约费用开支，降低成本。

9）加强经济核算，改善经营管理。

经常分析库房的利用率、各项储存定额和出入库动态；研究分析造成配件损耗和发生盈余的原因，采取积极有效的办法，把损耗率降到最低限度。

10）时刻保持高度警惕，做好防火、防盗、防破坏的工作，防止各种灾害和人身事故的发生，确保人身、汽车配件及各种设备的安全。

11）树立热心为用户服务的思想，实事求是地处理好收、管、发中的问题，给用户提供及时、准确、保质、保量的优质服务。

4.3.2 配件采购管理

1.合理库存的确定

库存合理化是用最经济的办法实现库存的功能。库存的功能集中体现为对需要的满足，实现被储物的"时间价值"，这是库存合理化的前提或本质。如果不能保证库存功能的实现，其他问题便无从说起了。但是，库存的不合理又往往表现在对库存功能实现的过分强调，是过分投入储存力量和其他储存劳动所造成的。所以，合理库存的实质是，在保证库存功能实现前提下的尽量少地投入，也是一个投入产出的关系问题。

2.现代库存控制的方法

(1)汽车配件的 ABC 仓储管理法

ABC 分析法是经济活动中应用的一种基本方法，是改善企业经营管理的一项基础工作，是企业经营决策的必要依据。它是一种从错综复杂、名目繁多的事物中找出主要矛盾，抓住重点，兼顾一般的管理方法。ABC 分析法又称重点管理法或分类管理法，广泛应用于商品的销售、采购、储备、库存控制等各个环节，目的在于提高资金利用率和经济效益。

(2)ABC 分析法在仓库管理中的实际应用

汽车配件经营品种规格繁多，要做到库存商品既能及时保证销售的不间断，又尽可能少占用资金而保持适当的库存量，这就需要对仓库所储存的汽车配件，以品种规格及占用资金的多少进行排队，可分为 ABC 三类。

A 类配件品种少，占用资金大。

B 类配件品种比 A 类多，但占用资金比 A 类少。

C 类配件品种多，但资金占用少。

其中，A 类配件品种只占总品种的 10%左右，却占总资金的 70%左右；B 类配件品种占 20%左右，资金占用 20%左右；C 类配件品种占 70%左右，资金只占 10%左右。重要程度看，A 类最重要，B 类次之，C 类再次之。

1）A 类配件。

A 类配件一般是常用易损易耗配件，维修用量大，换件频率高，库存周转快，购买力稳定，是经营的重点品种，对这一类配件，一定要有较固定的进货渠道，订货比例较大、库存比例较高，在任何情况下，都不能脱销。

A 类配件的主要品种一般是活塞环、曲轴、发动机缸体、活塞、万向节、发动机缸垫、刹车片、钢圈、半轴、机油等。在管理上要选择进货批量，尽量缩短进货间隔时间，做到快进快出，加速周转。在保证销售的前提下，将库存储备压缩到最低水平。

2）B 类配件。

对 B 类配件只进行一般管理，管理措施主要是做到进销平衡，避免积压。

3)C类配件。

对于C类配件，由于品种繁多，资金占用又小，如果订货次数过于频繁，不仅工作量大，经济效益也不好，一般可根据经营条件，规定该类配件的最大及最小储备量，当储备量降到最小时，一次订货达到最大量，以后订货也照此办理，不必重新计算，这样有利于集中力量抓A、B两类配件的管理工作。

（3）如何进行ABC分类

1）计算每种配件在一定时期内（例如1年内）所花费的资金总额，其计算方法是以配件单价乘以需求量，列出品种和资金一览表。

2）根据一览表，把每一配件品种资金数按大小顺序排列，计算出各品种占总金额的百分比。

3）根据配件品种数和资金额占全部品种数和总金额的百分比，将配件分成A、B、C三类。

例如，某配件公司每年销售汽车配件3421个品种，年销售总额8390万元。通过计算每种配件资金数及各品种占总金额的百分比，列出占销售总额75%的配件各品种为A类，再划出占销售总金额15%~20%的配件品种为B类，其余为C类，如表4-1所示。

表4-1 A，B，C类配件品种划分

分类	品种数	占全部品种比例/%	销售金额累计/万元	占销售总额的比例/%
A（>5万元）	328	9	6300	75
B（<1万元）	672	20	1420	17
C（其余）	2421	71	670	8
累计	3421	100	8390	100

（4）ABC分析法在仓库管理中的作用

1）可使配件库存管理有条理、储备有重点、供应有主次、订货易选择、核算有基础，为配件核算和计划编制工作奠定了基础。

2）可以对配件合理分类，较准确地确定订货批量和储备周期。能克服不分主次储备的问题，使储备从定性分析上升为定量分析，做到配件储备定额合理。

3）以资金大小依次分类，可以使管理人员自觉形成对资金管理的重视，并且懂得管好A类配件，就能取得用好资金的主动权；可以改变管理人员"只管供、不管用、只管物、不管钱"的片面做法。

4）能有效地帮助仓库管理人员逐步摸索和分析配件进销及库存的数据和规律性，有助于避免配件库存积压，进行合理储备，有助于加速资金周转，便于仓库核算及企业经济效益的提高。

3.经济订货批量法

经济订货批量法（EOQ）通过费用分析求得在库存总费用为最小时的订货批量，用以解决独立需求物品的库存控制问题。

EOQ库存控制模型中的费用主要包括：

1）库存保管费用；

2）订货费；

3）缺货费。

EOQ 的控制原理在于控制订货批量，使年度总库存成本量小。其中

年度总库存成本 = 年度采购成本 + 库存保管费 + 订货费

假设商品需求量均衡、稳定，年需求量为固定常数，价格固定，年度采购成本（指所采购货物的价值，等于年需求量乘价格）为固定常数，且与订购批量无关。则年度总库存成本与订货批量的关系如图 4 - 2 所示。

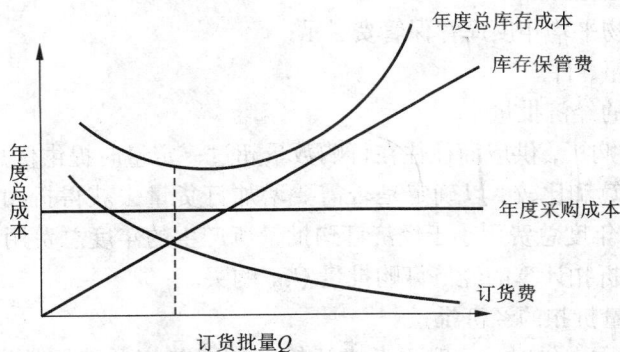

图 4 - 2 年度总库存成本与订货批量的关系

由图 4 - 2 可见，库存保管费随订货量增大而增大，订货费用随订购量增大而减少，而当两者费用相等时，总费用曲线处于最低点，这时的订货量为 Q_{EOQ}。

（1）理想的经济订货批量

$$TC = DP + \frac{DC}{Q} + \frac{QK}{2}$$

式中　TC——年库存总费用，元；

　　　D——年需求量，件；

　　　P——单位采购成本，元；

　　　Q——每次订货批量，件；

　　　K——每次货物平均年库存保管费用，元；

　　　$Q/2$——年平均存储量，件。

理想的经济订货批量指不考虑缺货，也不考虑数量折扣以及其他问题的经济订货批量。在不允许缺货，也没有数量折扣等因素的情况下，则

年度总库存成本 = 年度采购成本 + 库存保管费 + 订货费

要使 TC 最小，将上式对 Q 求导数，得到经济订购批量 Q_{EOQ} 的计算公式为

$$Q_{EOQ} = \sqrt{\frac{2CD}{K}} = \sqrt{\frac{2CD}{PF}}$$

式中　F——单件货物保管费用与单件货物单位采购成本之比，即年保管费率，%；

　　　C——单位订货费，元；

Q_{EOQ}——经济订货批量。

（2）允许缺货的经济订货批量

在实际生产活动中，订货到达时间或每日耗用量不可能稳定不变，因此有时不免会出现缺货。在允许缺货情况下，经济批量是指订货费、保管费和缺货费之和最小时的订货量，其计算公式为：

$$Q_{EOQ} = \sqrt{\frac{2CD}{K}} \cdot \sqrt{\frac{K + C_0}{C_0}}$$

式中　C——每次订货费，元；

　　　C_0——单位缺货费，元；

　　　K——单位货物平均年度库存保管费，元；

　　　D——年需求量，件。

（3）有数量折扣的经济批量

为了鼓励大批量购买，供应商往往在订购数量超过一定量时提供优惠的价格。在这种情况下，买方应进行计算和比较，以确定是否需要增加订货量去获得折扣。其判断的准侧是：若接受折扣所产生的年度总费用小于经济订购批量所产生的年度总费用，则应接受折扣；反之，应按不考虑数量折扣计算的经济订购批量 Q_{EOQ} 购买。

（4）考虑运输数量折扣的经济批量

当运输费用由卖方支付时，一般不考虑运输费用对年度总费用的影响。但若由买方支付，则会考虑对年度总费用的影响。此时，年度总费用需在公式的基础上再加上运输费用，即

年度总库存成本 = 年度采购成本 + 库存保管费 + 订货费 + 运输费

用公式表示为：

$$TC = DP + \frac{DC}{Q} + \frac{QK}{2} + Y$$

式中　Y——运输费，元。

简单的比较方法是将有无运价折扣的两种情况下的年度总费用进行对比，选择年度总费用最小的方案。

4. 定量订货法

（1）定量订货法原理

定量订货法是指当库存量下降到预定的最低库存量（订货点 R）时，按规定（数量一经济批量 Q_{EOQ} 为标准）进行订货补充的一种库存控制方法。它主要靠控制订货点和订货批量两个参数来控制订货进货，达到既好地满足库存需求，又能使总费用最低的目的。

库存量变化如图 4-3 所示。定量订货法的流程如图 4-4 所示。

（2）定量订货法控制参数的确定

实施定量订货法需要确定两个控制参数：一个是订货点，即订货点库存量；另一个是订货数量，即经济批量 Q_{EOQ}。

订货数量，即经济批量 Q_{EOQ} 的确定，可以按上述经济订货批量法确定。以下重点介绍订货点的确定。

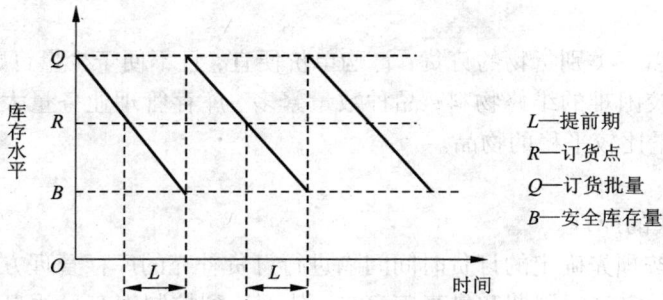

L—提前期
R—订货点
Q—订货批量
B—安全库存量

图4-3　定量订货法库存量变化

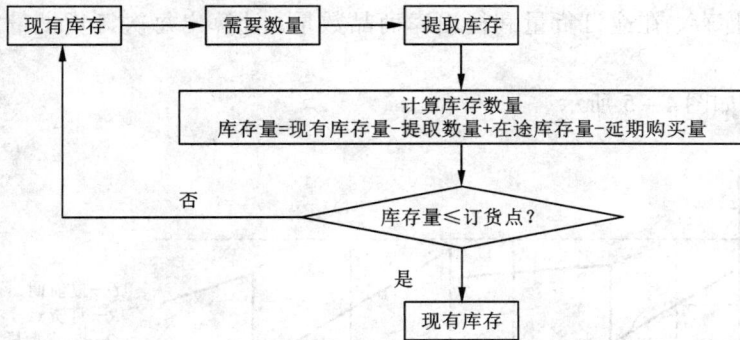

图4-4　定量订货法流程

影响订货点的因素有三个：订货提前期、平均需求量和安全库存。根据这三个因素可以简单地确定订货点。计算公式为：

订货点 = 平均每天的需要量 × 提前期 + 安全库存

安全库存 = (预计每天最大耗用量 – 每天正常耗用量) × 提前期

（3）定量订货法的优缺点

1）优点。

①若控制参数一经确定，则实际操作就变得非常简单了。实际中经常采用"双堆法"来处理。所谓双堆法，就是将某商品库存分为两堆，一堆为经常库存，另一堆为订货点库存，当消耗完就开始订货，平时用经常库存，不断重复操作。这样可减少经常盘点库存的次数，方便可靠。

②当订货量确定后，商品的验收、入库、保管和出库业务可以利用现有规格化器具和计算方式，可以有效地节约搬运、包装等方面的作业量。

③充分发挥经济批量的作用，可降低库存成本，节约费用，提高经济效益。

2）缺点。

①要随时掌握库存动态，严格控制安全库存和订货点库存，占用了一定的人力和物力。

②订货模式过于机械，不具有灵活性。

③订货时间不能预先确定，对于人员、资金、工作业务的计划安排不利。

④受单一订货的限制,对于实行多品种联合订货,采用此方法时还需要灵活掌握处理。

3)适用范围

这种方法适合以下类别货物的订货:订购单价便宜,且不便于少量订购的物品,如螺栓、螺母;需求预测比较困难的维修物料;品种数量繁多、库存管理业务量大的物品;计算清点复杂的物品;需求量比较平稳的物品。

5.定期订货法

(1)定期订货法的原理

定期订货法是按预先确定的订货时间间隔进行订货补充的库存管理方法。它是基于时间的订货控制方法,设定订货周期和最高库存量,从而达到控制库存量的目的。只要订货间隔期和最高库存量控制合理,就可能实现既保障需求、合理存货,又可以节省库存费用的目标。

定期订货法的原理:预先确定一个订货周期和最高库存量,周期性地检查库存,根据最高库存量、实际库存、在途订货量和待出库商品数量,计算出每次订货批量发出订货指令,组织订货。

其库存变化如图4-5所示。

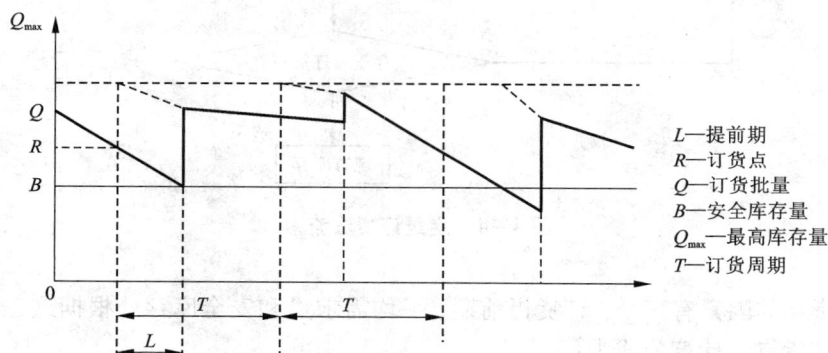

图4-5 定期订货法库存量变化

定期订货法的流程如图4-6所示。

(2)定期订货法控制参数的确定

1)订货周期的确定。

订货周期实际上就是定期订货的订货点,其间隔时间总是相等的。订货间隔期的长短直接决定最高库存量的大小,即库存水平的高低,进而也决定了库存成本的多少。所以,订货周期不能太长,否则会使库存成本上升;也不能太短,太短会增加订货次数,使得订货费用增加,进而增加库存总成本。从费用角度出发,如果要使总费用达到最低,可以采用经济订货周期的方法来确定订货周期,其公式为:

$$T = \sqrt{\frac{2C}{KM}}$$

式中 C——每次订货成本,元;

   K——单位货物的年保管费用,元;

   M——单位时间内库存商品需求量(销售量),件;

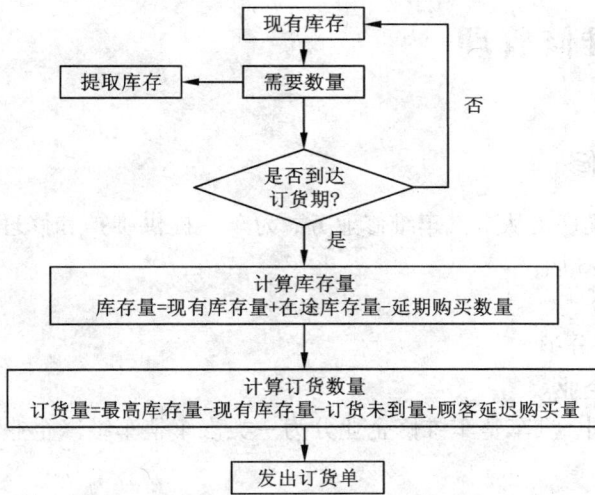

图 4 - 6　定期订货法的流程

T——经济订货周期，天。

在实际操作中，要经常结合供应商的生产周期来调整经济订货期，从而确定一个合理可行的订货周期。当然也可以结合人们比较习惯的时间单位，如周、旬、月、季、年等来确定经济订货周期，从而与企业的生产计划、工作计划相吻合。

2）订货量的确定

定期订货法的订货数量是不固定的，订货批量的多少都是由当时的实际库存量的大小决定的，考虑到订货点时的在途到货量和已发出出货指令尚未出货的待出货数量（称为订货余额），每次的订货量的计算公式为：

订货量 = 平均每天的需求量 ×（提前期 + 订购间隔）+ 安全库存 – 实际库存量

安全库存 =（预计每天最大耗用量 – 每天正常耗用量）× 提前期

（3）定期订货法的优缺点

1）优点。

①可以合并出货，减少订货费。

②周期盘点比较彻底、精确，避免了定量订货法每天盘存的做法，减少了工作量，提高了工作效率。

③库存管理的计划性强，有利于工作计划的安排，实行计划管理。

2）缺点。

①需要较大的安全库存量来保证库存需求。

②每次订货的批量不固定，无法计算出经济订货批量，因而运营成本较高，经济性较差。

③手续繁琐、每次订货都需检查储备量和订货合同，并要计算出订货量。

（4）使用范围

一般适用于企业需要严格管理的重要货物。

4.4　车间维修管理

4.4.1　汽车维修

汽车维修企业一般是指从事汽车维修业务，为车主提供维护和修理服务的经济组织，汽车维修企业包括汽车4S店。

1. 汽车维修企业分类

（1）按照行业管理分类

1）汽车整车维修企业。

按照规模大小不同，汽车整车维修企业分为一类汽车整车维修企业和二类汽车整车维修企业。

2）汽车专项维修业户。

通常称为三类汽车维修企业。

（2）按照经营形式分类

按照经营形式汽车维修企业可分为4S特约维修店、大型修理厂（综合修理厂）、快修店、专项维修店、小型修理部、汽车改装厂等多种。

2. 汽车维修制度

根据交通部《汽车运输业车辆技术管理规定》，汽车维修应贯彻"定期检测、强制维护、视情修理"的方针。

（1）定期检测

定期检测是指汽车必须按技术文件规定的运行间隔，在指定的专业检测站（点），对汽车、总成、零部件的技术状况进行检测，以确定汽车的技术状况或工作能力，并为汽车维护附加修理作业项目的确定提供依据。

（2）强制维护

强制维护是指汽车行驶到交通运输主管部门规定的维护周期（行驶里程或间隔里程）时，必须进行维护，不得拖延，用不准上路等强制手段，保证维修制度的贯彻执行。

（3）视情修理

视情修理是通过检测诊断手段和技术鉴定的结果，视情安排不同作业范围和深度的修理作业。这样，既可防止拖延修理造成的恶化，又避免了提前修理造成的浪费。

3. 汽车维护

（1）汽车维护的定义

汽车经使用一定的里程和时间间隔后，根据汽车维护技术标准，按规定的工艺流程、作业范围、作业项目和技术要求所进行的预防性作业即为汽车维护。

（2）汽车维护制度分级

汽车维护必须贯彻"定期检测，强制维护"的原则，我国目前执行的汽车维护制度划分为日常维护、一级维护和二级维护的三级汽车维护制度，并在二级维护前强制进行检测诊断和技术评定，根据诊断评定结果视情维修，确定附加作业或小修项目。

强制维护是一种计划预防制度，就是在汽车行驶到规定的维护周期时，必须按期强制进行维护。汽车维护作业必须保证维护质量，但维护作业时是不准对汽车主要总成进行大拆大卸的，只有在发生故障需要解体时，才允许解体。

日常维护是以清洁、补给和安全检视为作业中心内容，是由驾驶员负责执行的维护作业。

一级维护除包含日常维护作业内容外，以清洁、润滑、紧固作业为中心内容，并检查有关制动、操纵等安全部件，是由维修企业负责执行的车辆维护作业。

二级维护除包含一级维护作业内容外，以检查、调整转向节、转向摇臂、制动蹄片、悬架等经过一定时间的使用容易磨损或变形的安全部件为主，并拆卸轮胎，进行轮胎换位。检查调整发动机工作状况和排气污染控制装置等，是由维修企业负责执行的车辆维护作业。

（3）汽车维护周期

汽车维护周期是指汽车进行同级维护之间的间隔期（行驶里程或时间）。汽车维护周期和作业项目的确定，主要根据车辆结构性能、使用条件、故障规律、配件质量及经济效益等综合因素考虑。我国国家标准《汽车维护、检测、诊断技术规范》（GB/T 18344—2001）关于汽车维护周期的规定是：

日常维护的周期为出车前、行驶中和收车后。汽车一、二级维护周期的确定，应以汽车的行驶里程为基本依据：

1）一级维护周期一般为 2000 ~ 3000 km 或按车辆使用说明书的有关规定进行。

2）二级维护周期一般为 10000 ~ 18000 km 或按车辆使用说明书的有关规定进行。

对于不便使用行驶里程统计、考核的汽车，用行驶时间间隔确定一、二级维护周期。其时间（天）间隔可依据汽车使用强度和条件，参照汽车一、二级维护里程周期确定。

（4）汽车维护的中心作业内容

汽车维护作业以清洁、检查、紧固、润滑、调整和补给等六大作业为中心作业内容。

1）日常维护。

汽车日常维护也称例行保养，是各级维护的基础，是指驾驶员在每日出车前、行车中、收车后，针对车辆使用情况所做的一系列预防性为主的日常维护作业。中心内容是：清洁、补给和安全检视。日常维护为日常性作业，由驾驶员负责执行。

主要作业内容：清洁、补给和安全检视，做到坚持三检（出车前、行车中、收车后检查），保持四清（机油滤清器、空气滤清器、燃油滤清器和蓄电池清洁），防止四漏（漏水、漏气、漏在漏电）以及保持车容整洁。

2）一级维护。

汽车一级维护是指车辆行驶到一定里程（间隔里程因车型和使用条件而不同）后，除完成日常维护作业外，还需进行以清洁、润滑和紧固为中心作业内容的作业，并检查有关制动、操纵等安全部件，是由专业维修人员负责执行的车辆维护作业，称为一级保养。根据我国现行的维护制度，一级维护应由专业维修企业负责执行，即应进厂维护。

主要作业内容：除日常维护作业外，以清洁、润滑、紧固为中心作业内容，并检查有关制动、操纵等安全部件。

3）二级维护。

汽车二级维护是指车辆行驶到一定里程（间隔里程因车型和使用条件而不同）后，除完成一级维护作业外，以检查、调整转向节、转向摇臂和悬架等经过一定时间使用后容易磨损或变形的安全部件为主，并拆检轮胎，进行轮胎换位，检查调整发动机工况和排气污染装置等，由维修企业负责执行的车辆维护作业。

主要作业内容：除一级维护作业外，以检查、调整转向节、转向摇臂、制动蹄片、悬架等经过一定时间的使用后容易磨损或变形的安全部件为主，并拆检轮胎，进行轮胎换位，检查调整发动机工作状况和排气污染控制装置等。

4）汽车走合维护。

新车、大修车以及刚装用大修过发动机的汽车在初始一段里程内所进行的维护称为走合维护，过去称为磨合保养。

汽车的走合里程一般规定为 1500 ~ 2500 km，或按汽车使用说明书规定的里程执行。

汽车在走合期的各项维护作业，要按汽车使用说明书的规定执行，一般分为走合前、走合中与走合后三个阶段的维护。

5）汽车季节性维护。

季节、气候的变化，必然导致与汽车运行条件密切相关的气温、气压等参数的变化。为了使汽车在不同的地区、不同的季节里都能可靠地工作，在季节转换之前，结合定期维护，并附加一些相应的作业项目，使汽车能够顺利适应变化了的运行条件，这种附加性维护称为季节维护或换季保养。

季节维护分为换入夏季和换入冬季时的两种典型季节性维护。

4. 汽车修理

(1)汽车修理的定义

汽车修理是指为恢复汽车各部分规定的技术状况和工作能力所进行的活动的总称。修理是汽车有形损耗的补偿，它包括故障诊断、拆卸、鉴定、更换、修复、装配、磨合、试验等作业。

汽车修理应贯彻定期检测、视情修理的原则，即根据汽车检测诊断和技术鉴定的结果，视情况按不同作业范围和深度进行，既要防止拖延修理造成车况恶化，又要防止提前修理造成浪费。

(2)汽车修理的分类

汽车修理按作业内容分为：车辆大修、总成大修、车辆小修和零件修理。

1）车辆大修。

车辆大修是指新车或经过大修后的汽车在行驶一定里程（或时间）后，经检测诊断和技术鉴定，用修理或更换任何零部件的方法恢复其完好技术状况，使之完全或接近完全恢复汽车技术性能的恢复性修理。

2）总成大修。

总成大修是指汽车主要总成经过一定使用里程（或时间）后，用修理或更换总成中任何零部件（包括基础件）的方法，使之恢复其完好技术状况的恢复性修理。

3）车辆小修。

车辆小修是用修理或更换个别零件的方法，保证或恢复汽车工作能力的运行性修理。目的是为了消除汽车在运行中或维护作业中发生的临时故障或局部隐患。

4) 零件修理。

零件修理是指对因磨损、腐蚀、变形等而不能继续使用的零件，采用各种加工工艺以恢复其使用性能的有关修理作业。

(3) 汽车维修工种

1) 汽车维修工。

汽车维修工是从事汽车发动机、底盘系统的维护、修理和调试工作的工种，其工作内容包括汽车维护、修理的最重要的工作，并对汽车主要的技术状况和安全性提供保障，具有极其重要的作用。

汽车维修工应当熟悉汽车发动机、底盘的构造和工作原理及其修理标准和工艺规程，能正确使用常用维修设备、机具、仪表，独立完成汽车维护作业和总成修理作业，排除汽车故障。

2) 汽车维修电工。

汽车维修电工主要从事汽车电气设备的维护、修理和调试工作。一个熟练的汽车维修电工，必须具备汽车电气理论和电子学知识，掌握汽车电气装置的结构原理，有进行汽车电气、线路故障的判断和修理能力。此外，计算机等高新技术在现代轿车的应用对汽车维修电工提出了新的更高的要求。

3) 汽车维修钣金工。

钣金工的任务就是通过修补、整形和更新，恢复损伤部分的尺寸、形状和使用性能。

汽车驾驶室、客车车身的修理作业，不仅工作量大，而且质量要求高，其修理质量将在一定程度上影响汽车使用寿命和性能，将关系到驾驶员的劳动条件和安全生产，关系到汽车的外观质量。为此，要求钣金工应当具有较高的操作技能以满足汽车修理工作的需要。

4) 汽车维修喷漆工。

汽车维修漆工是从事汽车车身、车架、总成件涂漆工作的工种。

制造汽车的大部分材料是钢铁，其防蚀性能较差，容易被氧化或被其他介质所腐蚀。而且，由于受日晒雨淋、风沙、冰雪、严寒、酷暑这些多变环境条件的影响，车身更容易锈蚀。为了保护汽车基体不受腐蚀，通常使用相应的涂料使其与外界的腐蚀介质隔开，从而延长材料的使用寿命。

(4) 汽车修理基本方法

1) 就车修理法。

就车修理法是指从车上拆下的零件、合件、总成凡能修复的，经修复后仍装回原车，不进行互换的修理方法。这种修理方法，各总成、合件、零件的修复所需时间不等，影响汽车总装的连续进行，因此，汽车停车修理时间长，生产效率低，适用于承修车型种类多、生产量不大的小型汽车修理企业。

2) 总成互换修理法

总成互换修理法除车架和车身经修复仍装回原车外，其余需修的总成、合件、零件均换用储备件，而替换下来的总成、合件、零件修复后送入备品库作为储备件的修理方法。

这种修理方法，减少了因修理总成、合件、零件所耽搁的时间，保证了总装的连续性，缩短了停车修理时间，有利于组织流水作业，适用于车型少、生产量大、配件储备充足的大、中型汽车修理企业。

（5）汽车修理的作业方式

1）定位作业法。

定位作业法是将汽车拆散和装配的作业固定在一定的工作位置（即车架不变动位置）来完成，而拆散后的修理作业仍分散到各专业工组进行修理的作业方式。

优点：占地面积小，所需设备简单，拆装作业不受连续性限制，生产的调度与调整比较方便。

缺点：总成及笨重零件要来回运输，劳动强度大。

2）流水作业法。

流水作业法是将汽车的拆散和装配作业沿着流水顺序，分别在各个专业工组或工位上逐步完成全部拆装的修理作业方式。

流水作业法又可分为连续流水和间歇流水两种方式。连续流水作业是汽车车架沿拆装流水线有节奏地连续移动（可利用连续传送机构）的作业方式。间歇流水作业是汽车车架在流水线上移到每个工组（或工段）停歇一定时间，在该工组的作业完成后，再移到下一个工组的作业方式。

优点：专业化程度高，分工细致，修车质量好，同时总成和大件运输距离短，生产效率高。

缺点：必须具有完善的工艺、设备，要求承修车型单一和有足够的备用总成。

4.4.2　车间 5S 管理

1.5S 的含义

5S 是日文 seiri（整理）、seiton（整顿）、seiso（清扫）、seiketsu（清洁）、shitsuke（素养）这五个单词，因为五个单词的前面发音都是"S"，所以统称为"5S"。它的具体类型内容和典型的意思就是倒掉垃圾和仓库长期不用的东西。

（1）整理

整理是区分必需和非必需品，现场不放置非必需品。目的是将混乱的状态收拾成井然有序的状态，腾出空间，防止误用。

整理可以使现场无杂物，行道通畅，增大作业空间，提高工作效率；减少碰撞，保障生产安全，提高产品质量；消除混料差错；有利于减少库存，节约资金；使员工心情舒畅，工作热情高涨。

因缺乏整理会产生的常见浪费，包括空间的浪费；零件或产品因过期而不能使用，造成资金浪费；场所狭窄，物品不断移动的工时浪费；管理非必需品的场地和人力浪费；库存管理及盘点时间的浪费。

（2）整顿

整顿指的是要的东西依规定定位、定量摆放整齐，明确标识。目的是使工作场所一目了然，减少找寻物品的时间。

整顿的作用有：提高工作效率；异常情况（丢失，损坏等）能马上发现；将寻找时间减少为零；促使其他人也能明白要求和做法（示范作用）；不同的人去做，结果是一样的（已标准化）。

因没有整顿会造成寻找时间的浪费，认为没有而多余购买的浪费，停止和等待的浪费，计划变更而产生的浪费和交货期延迟而产生的浪费。

（3）清扫

清扫是将岗位保持在无垃圾、无灰尘、干净整洁的状态。清除工作场所内的脏污，设备异常马上修理，并防止污染的发生。

经过整理，整顿，必需物品处于立即能取出状态，但取出物品还必须完好可用。这是清扫的最大作用。清扫不仅只是打扫卫生，还要对生产设备仪器，进行点检和保养、维护工作，以利于保持设备良好的状态，及时发现故障隐患。

（4）清洁

清洁是将上面 3S 的实施制度化、规范化，并维持效果。目的是通过制度化来维持成果，并显现异常所在。

清扫的作用有两个，一是维持作用，将 5S 后所取得的作用维持下去，成为公司的制度；二是改善作用，对已取得的良好成绩，不断地进行改善，使之达到更高境界。

（5）素养

素养是人人依规定行事，养成好习惯。目的是提升人的品质，养成对任何工作都持认真态度的习惯。

素养的作用有：

1）重视教育培训，保证人员基本素质。

2）持续推动 5S 直至成为全员习惯。

3）使每位员工均严守标准，按标准作业。

4）净化员工心灵，形成温馨快乐的气氛。

5）培养优秀人才，铸造战斗型团队。

6）成为企业文化的起点与最终归属。

5 个 S 之间的关系如图 4 - 7 所示。

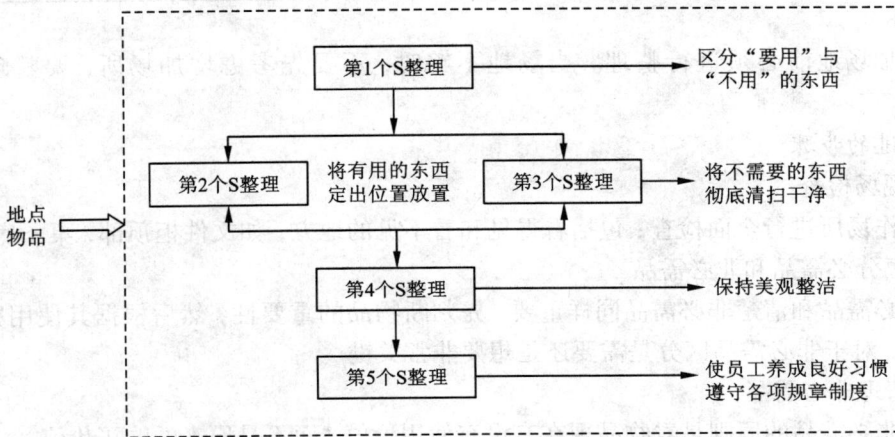

图 4 - 7　5S 之间的关系图

2.5S 的推进

（1）实施要领

1）马上要用的，暂时不用的，长期不用的要区分对待。

2）即便是必需品，也要适量，将必需品的数量降到最低程度。

3）在哪儿都可有可无的物品，不管有多昂贵，也要处理掉。

①明确什么是必需物品。所谓必需物品是指经常使用的物品，如果没有它，就必须购入替代品，否则影响正常工作的物品。非必需品则可分为两种，一种是使用周期较长的物品，如一个月、三个月，甚至一年才使用一次的物品；另一种是对目前工作无任何作用的，需要报废的物品，如已不生产产品的样品、图纸、零配件、设备等。一个月使用一两次的物品不能称之为经常使用物品，而称之为偶尔使用物品。

必需品和非必需品的区分和处理如表 4-2 所列。

表 4-2 必需品和非必需品的区分及处理

类别	使用额度		处理方法	备注
必需物品	每小时		放工作台上或随身携带	
	每天		现场存放（工作台附近）	
	每周		现场存放	
非必需物品	每月		仓库存储（易于找到）	
	三个月		仓库存储	定期检查
	半年		仓库存储	定期检查
	一年		仓库存储（封存）	定期检查
	未定	有用	仓库存储	定期检查
		不需要用	变卖/废弃	定期检查
	不能用		变卖/废弃	立刻废弃

②增加场地前必须进行整理。当场地不够时，不要先考虑增加场所，要整理现有的场地。

2. 推进的步骤

（1）现场检查

对工作场所进行全面检查，包括看得见和看不见的地方，如文件柜顶部，桌子底部等。

（2）区分必需品和非必需品

管理必需品和清楚非必需品同样重要，先判断物品的重要性，然后根据其使用频率决定管理方法，对于非必需品区分是需要还是想要非常关键。

（3）清理非必需品

清理非必需品的原则是看物品现在有没有使用价值，而不是原来的购买价值。

（4）非必需品的处理（表 4-3）

表 4 - 3　非必需品的处理

类别	特性	处理方法
无使用价值	—	折价变卖
	转为其他用途	另作他用
		作为训练工具展示教育
有使用价值	涉及机密专利	特别处理
	普通废弃物	折价变卖
	影响人身安全 污染环境物品	特别处理

(5) 每天循环整理

现场每天都在变化，昨天的必需品在今天可能是多余的，每天的要求可能有所不同，所以整理贵在天天做，时时做，偶尔突击就失去了意义。

2. 整顿

(1) 实施的要领

1) 彻底地进行整理。

彻底进行整理，只留下必需品在工作岗位，只能摆放最低限度的必需品，正确判断是个人所需品还是小组共需品。

2) 确定放置场所。

进行布局研究，可制作一个 (1/50) 模型，便于规划，经常使用的物品放在最近处，特殊物品、危险品设置专门场所进行保管，物品放置准确定位。

3) 规定摆放方法。

产品按机能或种类分区放置，摆放方法各种各样 (如架式、箱内、悬吊式等)，尽量立体放置，充分利用空间，便于拿取和先进先出，平行、直角在规定区域放置，堆放高度应有限制，一般不超过 1.2 m，容易损坏的物品要分隔或加防护垫保管，防止碰撞，做好防潮、防尘、防锈措施。

4) 进行标识。

采用不同的油漆、胶带、地板砖或栅栏划分区域。通道最低宽度为人行道：1 m 以上；单向车道：最大车宽 + 0.8 m；双向车道：最大车宽 × 2 + 1.0 m。

一般区分：

① 绿色：通行道/良品。

② 绿线：固定永久设置。

③ 黄线：临时/移动设置。

④ 红线：不良区/不良品。

⑤ 白线：作业区。

(2) 推进的步骤

1) 分析现状。

从物品的名称、分类、放置等方面的规范化情况进行调查分析，找出问题所在 (如不知道物品放在哪里，不知道要取的物品叫什么，存放的地点太远，存放地点太分散，物品太多难以找到，不知道别人是否用完或正在使用等），对症下药。

2）物品分类。

根据物品各自的特征，把具有相同特点、特性的物品划为一个类别，并制定标准和规范，为物品正确命名，标明物品的名称。

3）决定储存方法。

物品的存放，常采用"定置管理"。定置管理是根据物流运动的规律性，按照人的生理、心理、效率、安全的需求，科学地确定物品在工作场所的位置，实现人与物最佳结合的管理方法。

①定置管理的两种基本形式。

固定位置：场所固定，物品存放位置固定，物品的标识固定即"三固定"，此法适用于那些物流系统中周期性地回归原地，在下一生产活动中重复使用的物品，如仪器仪表、工艺装备、搬运工具等，这种方法可使人的行为习惯固定，从而提高工作效率。

自由位置：即相对地固定一个存放物品的区域，非绝对的存放位置，具体存放的位置可根据当时生产情况及一定规则决定。与上一种相比，物品存放有一定自由度，称为自由位置，此法适用于物流系统中那些不固定不重复使用的物品，如原材料、半成品。自由位置的定置标志可采用可移动的牌架，可更换的插牌标识，对不同物品加以区分。

②标识与定置管理。

引导类标识：引导信息可告诉人们物品放在哪里，便于人与物的结合，如仓库的台账，每类物品都有自己的编号，这种编号是按"四号定位"的原则来编码的，四号即库区架位。

确认类标识：是为了避免物品混乱和放错地方所需的信息，各种区域的标志线，标志牌和色彩标志告诉人们"这是什么场所"。废品存放区与合格品存放区的不同标志可避免混淆，各种物品的卡片和悬挂卡片的框架也是一种确认信息，在卡片上说明物品名称、规格、数量、质量等，相当于物品的核实信息。

良好的定置管理，要求标识达到五个方面的要求，即五种理想状态：

①场所标识清楚。

②区域定置有图。

③位置台账齐全。

④物品编号有序。

⑤全部信息规范。

4）实施。

按决定的储存方法把物品放在它留放的地方。

①工作场所的定置要求：首先要制定标准比例的定置图，工作场地、通道、检查区、物品存放区都要进行规划，明确各区域的管理责任人，零件、半成品、设备垃圾箱、消除设施、易燃的危险品用鲜明、直观的色彩或信息牌显示出来，凡与定置图要求不符的现场物品，一律清理撤除。

②生产现场各工序、工位的定置要求：首先必须要有各工序、工作定置图，要有相应的图纸、文件。硬件、工具、仪表、设备在工序、工位上停放应有明确的定置要求。材料、半成品及各种用具在工序、工位的摆放数量、方式也应有明确要求。附件箱、零件货架的编号必

须同账目相一致。

③工具箱的定置要求：工具箱应按标准的规定设计定置图。工具摆放要严格遵守定置图，不准随便摆放，定置图及工具卡片要贴在工具箱上，工具箱的摆放位置要标准化、规范化和统一化。

④仓库的定置要求：首先要设计库房定置图，按指定地点定置，有存储期限要求物品的定置，在库存报表、数据库管理上要有对时间期限的特定信号标志。库存账本应有序号和物品目录，注意账物相符，即实物、标志卡片、账本记录和计算机数据四种信息一致，对于易燃、易爆、易污染且存储期有要求的物品，要按要求实行物别定置。

⑤检查现场的定置要求：首先要检查现场定置图，并对检查现场划分不同的区域，以不同颜色加以标识区分，分为半成品待检区、成品待检区、合格品区、废品区、返修品区、待处理品区等，待检区以白色标志，合格品区以绿色标志，返修品区以红色标志，待处理区以黄色标志，废品区以黑色标志。

3．清扫

（1）实施的要领

1）领导以身作则。成功的关键在于领导，如果领导能够坚持这样做十天，员工就都会很认真对待这件事。

2）人人参与。公司所有部门，所有人员（含总经理）都应一起来执行这个工作。

3）一边清扫，一边改善设备状况，把设备的清扫与点检、保养，结合起来。

4）明确每个人应负责清洁的区域，分配区域时须绝对清楚地划清界限，不能留下没有人负责的区域（即死角）。

5）寻找并杜绝污染源，建立相应的清扫基准，促进清扫工作的标准化。

（2）推进的步骤

1）准备工作。

①安全教育：对员工做好清扫的安全教育，对可能发生的触电、碰伤、坠落砸伤、灼伤等不安全因素进行警示和预防。

②设备基本常识教育：对为什么老化及出现故障时如何减少损失进行教育，学习设备基本构造与工作原理，使员工对设备有一定了解。

③技术准备：指导及制订相关指导书，明确清扫工具位置，确定具体维护步骤等。

2）从工作岗位扫除一切垃圾灰尘。

作业人员动手清扫而非由清洁工代替，清除长期堆积的灰尘、污垢，不留死角。

3）清扫点检机器设备。

①仪器设备本是干干净净的，每天都要恢复到原来的状态，这一工作是从清扫开始的。

②不仅设备本身，连带其附属、辅助设备也要清扫。

③一边清理，一边改善设备状况，把设备的清扫与点检、保养、润滑结合起来。清扫就是点检、清扫，把污渍、灰尘清除掉，这样松动、变形等设备缺陷就会暴露出来，可以采取相应的措施加以弥补。

4）整修清扫中发现的问题。

修整凹凸不平的地板，紧固松动的螺丝，维修精度不准的仪器、仪表，更换绝缘层已老化或损坏的电线，清理堵塞的管道，更换破损的水管、气管、油管。

5）查明污垢发生源，从根本上解决问题。

查明污垢的发生源，制定详细的清单，按计划逐步改善，将污垢从根本上灭绝。

6）实施区域责任制。

对于清扫应该进行区域划分，实行区域责任制，责任到人，不可存在卫生死角。

4. 清洁

（1）实施的要领

1）贯彻5S意识。为了促进改善，必须想出各种激励办法让全体员工每天都保持正在进行5S评价的心情；充分利用各种办法，如张贴5S标语、5S宣传画等活动，让员工每天都感到新鲜、不厌倦。

2）一旦开始了实施就不能半途而废，否则公司会很快回到原来情形。

3）对长时间养成的坏习惯，要花长时间改正。

4）深刻领会5S含义，彻底贯彻5S，力图进一步提高。所谓彻底贯彻5S就是连续、反复不断地进行整理、整顿、清扫等活动。

（2）推进的步骤

1）对推进组织进行教育。

人的思维是复杂而多变的，必须统一思想，才能共同朝着同样的目标奋斗，所以必须将5S的基本思想向组员和全体员工进行必要的教育和宣传。

2）整理。

区分工作区的必需品和非必需品。带领组员到现场，将目前所有的物品整理一遍，并调查它们的使用周期，将这些物品记录起来，再区分必需品和非必需品。

3）向作业者进行确认说明。

只有该岗位的作业者最清楚他的岗位要求，知道某些设定的不完善或不适用的地方，所以在区分必需品与非必需品时，应向作业者询问确认清楚，并说明一些相关的事情。

4）撤走各岗位的非必需品。

迅速撤走各个岗位上的非必需品。

5）整顿，规定必需品的摆放场所。

现场必需品该怎样摆放，是否阻碍交通，是否阻碍作业者操作，拿取是否方便，必须根据实际条件、作业者的习惯和作业的要求，合理地规定摆放位置。

6）规定摆放方法。

必须确认摆放场所的摆放高度、宽度以及数量以便于管理，并将这些规定形成文件，便于日后改善，整体推进和总结。

7）进行标识。

必须做一些标志，标示规定的位置、高度、宽度和数量，方便员工识别，减少员工的记忆劳动。

8）将放置方法和识别方法对作业者说明。

将规定的放置方法和识别方法教会作业者，将工作从推进人员的手中移交给作业者日常维护，但必须说明作业者在实施过程中对认为不对的地方可提出意见，改善规定，但不能擅自取消或更改。清扫并规划出区域，明确各责任区和责任人。

5.修养

（1）实施的要领

1）持续推动 4S 直至成为全员习惯。通过 4S（整理、整顿、清扫、清洁）的手段，使人们达到工作的最基本要求修养，也可理解为：通过推动 4S 而达到最终精神上的"清洁"。

2）制定相关的规章制定。规章制定是员工的行为准则，使人们达成共识，形成企业文化的基础，制定相应的《语言礼仪》、《电话礼仪》及《员工守则》等能够保证员工达到修养的最低限度的要求。

3）对员工进行教育，培训是非常必要的。培养员工的责任感，激发其热情，需要改变员工消极的利己思想，培养对公司、部门及同事的热情和责任感。

（3）推进的步骤

修养的形成过程如图 4 – 8 所示。

4.推行 5S 的目的与作用

（1）推行 5S 的目的

做一件事情，有时非常顺利，然而有时却非常棘手，这就需要 5S 来帮助我们分析、判断、处理所存在的各种问题。实施 5S，能为公司带来巨大的好处，可以改善企业的品质，提高生产力，降低成本，确保准时交货，同时还能确保安全生产且能保持并不断增强员工们高昂的士气。

1）改善和提高企业形象。

整齐、整洁的工作环境，容易吸引顾客，让顾客心情舒畅；同时，由于口碑的相传，企业会成为其他公司的学习榜样，从而能大大提高企业的威望。

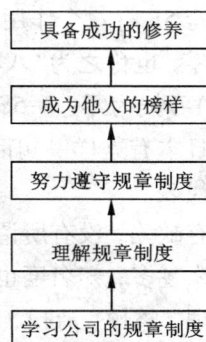

图 4 – 8　修养的形成过程

2）促成效率的提高。

良好的工作环境和工作氛围，加上很有修养的合作伙伴，员工们容易集中精神，认认真真地干好本职工作，必然就能大大地提高效率。如果员工们始终处于一个杂乱无序的工作环境中，情绪必然就会受到影响。推动 5S，是促成效率提高的有效途径之一。

3）改善零件在库周转率。

供需间物流通畅，需要时能立即取出有用的物品，就可以极大地减少找所需物品时，所滞留的时间。因此，能有效地改善零件在库房中的周转率。

4）减少直至消除故障，保障品质。

产品优良的品质来自优良的工作环境。工作环境，只有通过经常性的清扫、点检和检查，不断地净化，才能有效地避免污损东西或损坏机械，维持设备的高效率，提高生产品质。

5）保障企业安全生产。

整理、整顿、清扫，必须做到储存明确，东西摆在规定的位置上，工作场所内保持宽敞、明亮，通道随时都是畅通的，地上不能乱摆不该放置的东西，工厂有条不紊，意外事件的发生自然就会相应地减少，安全就会有保障。

6）降低生产成本。

一个企业通过实行或推行5S，就能极大地减少人员、设备、场所、时间等方面的浪费，从而降低生产成本。

7）改善员工的精神面貌，使组织活力化。

推行5S可以明显地改善员工的精神面貌，使组织焕发一种强大的活力。员工都有尊严和成就感，对自己的工作尽心尽力，并带动改善意识形态。

8）缩短作业周期，确保交货。

推行5S，通过实施整理、整顿、清扫、清洁来实现标准的管理，企业的管理就会一目了然，使异常的现象明显化，人员、设备、时间就不会造成浪费。企业生产能相应地非常顺畅，作业效率必然就会提高，作业周期必然相应地缩短，确保交货日期万无一失。

2. 推行5S的作用

推行5S有八个作用：亏损、不良、浪费、故障、切换产品时间、事故、投诉、缺陷八个方面都为零，也称之为"八零工厂"。

（1）亏损为零——5S是最佳的推销员

在日本有这样一句话：5S是最佳的推销员。这个企业至少在行业内，被称之为最干净和整洁的代表。

没有缺陷，没有所谓的不良，配合度非常好的声誉、口碑在客户之间相传，忠实的客户就会越来越多，知名度也会提高。人们都会抢着购买这家企业所生产的产品。

整理、整顿、清扫、清洁和修养维持得很好，相应地就会形成一种习惯。以整洁作为追求目标之一的企业具有更大的发展空间。

（2）不良为零——5S是品质零缺陷的护航者

产品严格地按标准要求进行生产。干净整洁的生产场所可以有效地提高员工的品质意识。机械设备的正常使用和保养，可以大幅减少次品的产生。员工应明确并做到事先就预防发生问题，而不能仅盯在出现问题后的处理上。

（3）浪费为零——5S是节约能手

5S的推行能减少库存量，排除过剩的生产，避免零件及半成品、成品的库存过多。若企业内没有5S，则势必因零件及半成品、成品的库存过多而造成积压，甚而致使销售和生产的循环过程流通不畅，最终企业的销售利润和经济效益的预期目标将难以实现。

（4）故障为零——5S是交货期的保证

车间无尘土、碎屑、屑块、油漆，经常擦拭和进行维护保养，机械使用率会提高。模具、工装夹具管理良好，调试寻找故障的时间会减少，设备才能稳定，综合效能就可以大幅度地提高。

（5）切换产品时间为零——5S是高效率的前提

模具、夹具、工具经过整顿随时都可以拿到，不需费时寻找，可以节省时间。当今，时间是金钱和高效率。整洁规范的工厂机器正常运作，作业效率就可以大幅度地提升。

（6）事故为零——5S是安全的软件设备

整理、整顿后，通道和休息场所都不会被占用。工作场所的宽敞明亮使物流一目了然，人车分流，道路通畅，可以减少事故。危险操作警示明确，员工能正确地使用保护器具，不会违规作业。所有的设备都进行清洁、检修、预防、能发现存在的问题，消除安全隐患。消防设施的齐备，灭火器放置定位，逃生路线明确，如果发生火灾或者地震，员工的生命安全必然会有所保障。

（7）投诉为零——5S 是标准化的推动者

员工能正确地执行各种规章制度，去任何岗位都能规范地作业，明白工作该怎么做。工作既方便又舒适，而且每天都有所改善，并有所进步。

（8）缺勤为零——5S 可以创造出快乐的工作岗位

一目了然的工作场所，没有浪费，岗位明确，干净、没有灰尘、垃圾。工作已成为一种乐趣，员工不会无缘无故地旷工。

实施 5S 活动，确实能给企业带来巨大的好处。一个实施了 5S 的企业，可以降低生产成本，提高工作效率，确保企业的生产安全并能鼓舞员工士气，还可以不断地改善和提高企业的整体形象，增强企业活力，提高企业在国内外市场的竞争力。因此，推行 5S 活动，进行规范化的管理经营活动，是企业存在、发展和壮大的有效途径之一。

5.5S 的检查与管理规范

（1）5S 的检查

5S 的检查分为定期检查和非定期检查。

1）定期检查。

定期检查又可分为日检、周检、月检三种。

①日检。

由各部门主管负责，组织班组长利用每天下班前的 10min，对辖区进行 5S 检查，重点是整理和清扫。

②周检。

由各部门经理负责，组织主管利用周末下班前的 30min，对辖区进行 5S 检查，重点是清洁。

③月检。

由总经理牵头，组织部门经理利用月底最后一个下午，对全厂进行 5S 检查。

2）非定期检查。

一般是企业中、上层在维修工作繁忙，或接到客户、员工投诉或下情上达的渠道受阻时，临时对基层进行的 5S 检查。

无论是定期检查还是非定期检查，都必须认真作好记录，及时上报和反馈，与 5S 标准比较，凡不合格项必须发出整改通知，限期整改验收。

（2）5S 管理规范

5S 管理的规范内容很多，如表 4－4 所列。

表 4 - 4 5S 管理规范表

序号	项目	规范内容
1	整理	工作现场物品(如旧件、垃圾)区分要用与不用的,定时清理
2		物料架、工具柜、工具台、工具车等正确使用与定时清理
3		办公桌面及抽屉定时清理
4		配件、废料、余料等放置准确
5		量具、工具等正确使用,摆放整齐
6		车间不摆放不必要的物品、工具
7		将不立即需要(三天以上)的资料、工具等放置好
1	整顿	物品摆放整齐
2		资料、档案分类整理入卷宗、储放柜、书桌
3		办公桌、会议桌、茶具等定位摆放
4		工具车、工作台、仪器、废油桶等定位摆放
5		短期生产不用的物品,收拾定位
6		作业场所予以划分,并加注场所名称,如工作区、待修区
7		抹布、手套、扫帚、拖把等定位摆放
8		通道、走廊保持畅通,通道内不得摆放任何物品
9		所有生产使用工具、零件定位摆放
10		划定位置收藏不良品、破损品及使用频率低的东西,并标识清楚
11		易燃物品定位摆放
12		计算机电缆绑扎良好、不凌乱
13		消防器材要容易拿取
1	清扫	地面、墙壁、天花板、门窗清扫干净、无灰尘
2		过期文件、档案定期销毁
3		公布栏、记事栏内容定时清理或更换
4		下班前,确实打扫和收拾物品
5		垃圾、纸屑、烟蒂、塑料袋、破布等扫除
6		工具车、工作台、仪器及时清洁
7		废料、余料、待料等随时清理
8		地上、作业区的油污及时清理
9		清除带油污的破布或棉纱等

序号	项目	规范内容
1		每天上下班前 5 min 做 5S 工作
2		工作环境随时保持整洁干净
3	清洁	设备、工具、工作桌、办公桌等保持干净无杂物
4		花盆、花坛保持清洁
5		地上、门窗、墙壁保持清洁
6		墙壁油漆剥落或地上划线油漆剥落需修补
1		遵守作息时间，不迟到、早退、无故缺席
2		工作态度端正
3		服装穿戴整齐，不穿拖鞋
4		工作场所不干与工作无关的事情
5	素养	员工时间观念强
6		使用公物时，用后保证能归位，并保持清洁
7		使用礼貌用语
8		礼貌待客
9		遵守厂规厂纪

思考与练习

1. 汽车售后的内涵是什么？包含哪些内容？
2. 简述汽车售后服务的主要特征以及在营销中的主要作用。
3. 汽车售后服务流程包含哪些内容？
4. 汽车配件的类别有哪些？如何有效地采购配件？
5. 汽车维护和修理主要有哪些工作？为什么要进行汽车维护工作？
6. 汽车维修企业是如何进行分类的？
7. 什么是车间 5S 管理？简述 5S 管理的作用。

第5章　汽车服务企业的人力资源管理

教学提示： 汽车服务是汽车产业活力的主要来源，同时企业需要通过有效的管理方法来提高竞争力。本章主要介绍企业人力资源管理的基础知识。

教学要求： 本章主要讲述汽车服务企业人力资源管理的概念、职能及发展，汽车服务企业岗位设置、工作分析及人力资源管理的内容。要求学生了解人力资源管理的含义及职能，熟悉汽车服务企业的员工招聘及培训管理，绩效管理和薪酬管理的定义、原则及方法等。

5.1　人力资源管理与工作分析

5.1.1　人力资源概述

1. 人力资源管理

人力资源管理，是指对人力资源的取得、开发、保持和利用等方面所进行的计划、组织、指挥、协调和控制的活动。它是研究并解决组织中人与人关系的调整、人与事的配合，以充分开发人力资源，挖掘人的潜力，调动人的生产主动积极性，提高工作效率，实现组织目标的理论、方法、工具和技术的总称。人力资源管理包括对人力资源进行质量与数量的管理两方面。对人力资源进行数量的管理，就是根据人力和物力及其变化，对人力进行恰当的培训、组织和协调，使二者经常保持最佳比例和有机的配合，从而使人和物都充分发挥出最佳效果。对人力资源质量的管理，是指采用科学的方法，对人的思想、心理和行为进行有效的管理(包括对个体和群体的思想、心理、行为的协调、控制与管理)，充分发挥人的主观能动性，以达到组织的目标。

总之，人力资源管理最重要的工作就是在适当的时间，把适当的人选(最经济的人力)安排在适当的工作岗位上，充分发挥人的主观能动性，使得人尽其才，事得其人，人事相宜。

2. 人力资源管理的职能

从人力资源管理的定义出发，人力资源管理的职能包括以下几个方面。

1)工作分析。是指通过一定的方法对特定岗位信息进行收集和分析，进而对工作职责、工作条件、工作环境以及任职者资格作出明确的规定，编写工作描述和工作说明的管理活动。工作分析是一切人力资源活动的平台，是人力资源管理的基础性工作。

2）人力资源规划。人力资源规划的主要内容是，根据企业的发展预测企业在未来较长一段时间对员工种类、数量和质量的需求，据此编制人力资源供给计划，通过内部培养和外部招聘的方式来进行人力资源供给，以满足企业的人力资源需求，确保企业发展战略的顺利实施。

3）人员招聘。是指组织选择合适的渠道和方法，吸引足够数量的人员加入组织，并选择和录用最适合组织和岗位要求的人员的过程。

4）培训。是指组织有计划地帮助员工提高与工作有关的综合能力而采取的努力。培训的目的不仅是要帮助员工学习完成工作所必需的技能、知识和行为，并把它们合理地运用到工作实践中，而且更是要通过培训将组织的价值观念和文化传递给员工。

5）员工职业生涯管理。是指组织和员工共同探讨员工职业成长计划并帮助其发展职业生涯的一系列活动。它可以满足个人成长的需求，也实现个人与组织的协调发展。

6）薪酬管理。是指针对不同的工作，制订合理公平的工资、奖金以及福利计划，以满足员工生存和发展的需求，也可以认为它是组织对员工的贡献的回报。

7）劳动关系管理。包括与员工签订劳动合同，处理员工与公司或员工之间可能出现的纠纷，规范员工的权利和义务，建立员工投诉制度，根据相关的法律法规处理员工管理的问题等。

8）绩效评价。是指衡量和评价员工在确定时期内的工作活动和工作成果的过程。它包括制定评价指标、实施评价、评价后处理等方面的工作。

人力资源管理不是简单的活动的集合，而是相互联系的整体。比如，组织设计和岗位研究是人力资源管理的基础，其他的很多职能活动，如薪酬管理、绩效考核、人力资源规划、招聘选拔和培训等都需要参考岗位信息；绩效考核的结果又是薪酬管理、培训和选拔的依据，因此，必须将人力资源的各项职能活动作为一个整体看待，这样才能真正发挥人力资源管理的功能，提高管理效率。

3.人力资源管理理论的发展

人力资源管理理论的发展大致可以划分为 4 个阶段，即早期的人事管理活动阶段、人事管理阶段、人力资源管理阶段和人力资本管理阶段。

（1）早期的人事管理活动

工业革命使劳动力出现了相对过剩，这种状况决定了早期的管理者将人力视为取之不尽、用之不竭的资源，因此，早期的管理并没有将人作为管理中的重要因素。19 世纪后半期"福利人事"概念的兴起应视为人力资源管理的雏形。它的主要起因是部分教派开始对工厂员工的人道主义关注，这样就促使工厂主不得不对劳动者的工作条件、福利状况表示关心，包括提供失业安置、带薪的病假以及住房补贴等。但这些早期的人事管理活动只是为了用福利性安排来替代真实工资的支付，并用以缓和劳资关系及遏制工会运动。

（2）人事管理阶段

一般认为，从第一次世界大战到第二次世界大战期间，人事管理渐渐成形，并逐渐成为企业管理的一个支持体系。公司组织规模的扩大是这一阶段的人事管理发展的主要原因。最初的人事管理主要关注的是人员招聘、上岗培训、工作记录、报酬支付体系、在岗培训及人事档案管理等。"二战"后到 20 世纪 50 年代，更多内容纳入人事管理，包括工资管理体系、基础培训和劳资关系咨询等，但仍局限在战术而非战略水平上。此阶段内，组织规模的扩张又促进了劳资关系的变化，如劳资交涉从行业层转向公司层，结果是在人事管理层中出现了劳资关系专家。在随后的 20 年中，越来越多的人介入人事工作，一批酬劳与福利专家、劳工关系专家以及培训与发展专家纷纷出现，说明此阶段人事管理的职能进一步强化。这部分归因于政府对人事立法的重视及人事立法数量的增加。所以，也有人称此阶段为人事管理的"政府职责"阶段。

(3) 人力资源管理阶段

20 世纪 80 年代，人事管理进入了创新阶段，人力资源管理替代人事管理成为主流。人事管理的重心由解决劳资冲突转向通过提高员工归属感来改善组织绩效。在这一阶段，通过日本企业人事管理的成功经验，包括企业工会、终身雇佣、质量管理小组活动等的深入研究，企业管理者开始认识到团队精神、人的管理水平及组织文化对提高生产率、达成企业目标的正面作用。人力资源管理对人事管理的替代，不仅仅是简单的名称的变换，也不仅仅局限于技术方法的优化、制度的改进，而是一种战略观念的转变。虽然人力资源管理与人事管理在内容上并无重大差异，但人力资源管理更强调人的价值、人所需要的关怀，其管理目标不仅在于实现企业收益最大化，还在于满足员工在组织内的心理和物质需要。

(4) 人力资本管理阶段

人力资本管理理论是人力资源管理理论的最新发展，日渐成为人力资源管理领域的研究热点。美国经济学家舒尔茨和贝克尔创立的人力资本理论突破了传统理论中的资本只是物质资本的束缚，将资本划分为人力资本和物质资本，该理论认为人力资本是体现在人身上的资本，即对生产者进行普通教育、职业培训等支出和其在接受教育的机会成本等价值在生产者身上的凝结，它表现在蕴含于人身中的各种生产知识、劳动与管理技能和健康素质的存量总和。

人力资本理论主要包括：

1) 人力资源是一切资源中最主要的资源，人力资本理论是经济学的核心问题。

2) 在经济增长中，人力资本的作用大于物质资本的作用。人力资本投资与国民收入成正比，比物质资源增长速度快。

3) 人力资本的核心是提高人口质量，教育投资是人力投资的主要部分。不应当把人力资本的再生产仅仅视为一种消费，而应视同为一种投资，这种投资的经济效益远大于物质投资的经济效益。教育是提高人力资本最基本的手段，所以也可以把人力投资视为教育投资问题。

4) 教育投资应以市场供求关系为依据，以人力价格的浮动为衡量符号。

5.1.2 岗位设置与工作分析

1. 汽车服务行业岗位设置

根据相关调查归类，汽车服务行业所涉及的经营活动范围，从不同的角度可划分为不同的类型，按消费过程可划分如下：

表 5 – 1 汽车销售企业中业务部门划分表

序号	岗位群	主要职位	典型工作任务
1	汽车销售	销售顾问	组织、实施汽车的销售计划，完成汽车销售客户接待、车辆介绍、客户洽谈及成交的整个业务过程；与相关人员进行业务沟通和技术交流
		销售助理	
		展厅经理	
		销售总监	
2	市场部	市场专员	制订汽车营业推广方案，联系厂家，进行资源管理、网络销售、组织广告和品牌推广活动
		计划员	
		市场总监	
3	客户服务	客服专员	接待客户，客户回访，进行客户关系管理，维护客户关系，促进一般客户发展为忠诚客户
		客服经理	
4	备件部	备件专员	了解客户需求，为客户推荐适宜的汽车零配件和汽车用品，正确解释零配件和用品的使用方法，准确结算并提交发票等票据
		备件经理	
5	二手车销售	销售专员	二手车评估、组织货源和销售
6	车险理赔部	保险专员	接受客户委托为客户设计车辆投保方案；接受客户报案，对事故车辆能够进行现场查勘，正确进行事故损失评估
		保险主管	
7	售后服务	维修顾问	维修保养接待，常见故障诊断工作，与客户保持服务跟踪

2. 工作分析

一个组织要有效地进行人力资源的开发与管理，一个重要的前提就是要了解组织中各种工作的特点以及能够胜任相应工作的人员的特点，这就是工作分析的主要内容。工作分析是人力资源管理活动的平台，人力资源管理的很多职能活动，都需要由工作分析为之提供准确的信息。

（1）工作分析的概念

对于未正式组建的企业，人力资源管理工作首先是人力资源规划工作，而对于已经存在的企业，人力资源规划仍然是一项重要的常规工作。人力资源规划就是企业的管理者在科学设计企业工作流程的基础上，通过工作分析确定职务数额与岗位责任，并通过管理与规划确保在恰当的时间，为各个职位配备恰当数量、质量与类型的工作人员，以保障企业目标顺利实现的工作。其中包括对企业现有工作岗位的评价及对企业未来发展的战略人才需要的预测。

工作分析就是全面地收集某一工作岗位的有关信息，对该工作从 6 个方面开展调查研究：工作内容（what），责任者（who），工作时间（when），工作岗位（where），怎样操作（how），以及为什么要这样做（why），然后再将该工作的任务要求和责任、权利等进行书面描述，整理成文，形成工作说明书的系统过程。其中，5W1H 的具体内涵是：

1）员工完成了什么样的体力和脑力劳动（what）；

2）由谁来完成上述劳动（who）；

3）工作将在什么时间内完成（when）；

4）工作将在哪里完成（where）；

5）工人如何完成此项工作（how）；

6）为什么要完成此项工作（why）。

以上6个问题涉及了一项工作的职责、内容、工作方式、环境以及要求5大方面的内容。工作分析也就是在调查研究的基础上，理顺一项工作在这5个方面的内在关系。所以，工作分析的过程，从某种意义上来说，也是一个工作流程分析与岗位设置分析的过程。

工作说明书主要包括以下两方面：

1）工作描述，对岗位的名称、职责、工作程序、工作条件与工作环境等方面进行一般说明。

2）岗位要求，说明担负该工作的员工所应具备的资格条件，如经验阅历、知识、技能、体格、心理素质等各项要求。工作说明书为人员招聘提供了具体的参考标准，工作分析则提供了需要招聘人员的工作岗位，之后，招聘与甄选到合适的人员成为企业人力资源管理的一项重要工作。

（2）工作分析所需的信息

工作分析是一个描述和记录工作的各个方面的过程，它主要收集和工作本身相关的各项信息。在一般情况下，进行工作分析的目的会对信息收集的种类产生影响。如果企业进行工作分析主要用于建立比较科学的薪酬体系，那么工作分析所涉及的信息主要是工作过程中的各项报酬因素以及影响这些报酬因素的其他信息，下面介绍一个有效的工作分析应该包括的内容。

1）工作职责范围和工作职责内容，包括：工作中所含的各项任务；每项任务的工作流程；工作流程与其他工作的关系；工作各个阶段成果的表现形式和保存形式。

2）人的活动包括：与工作相关的基本动作和行为；工作方式；沟通方式。

3）工作特征具体包括：工作的时间特征；工作条件；工作的空间环境特征；工作的人际关系特征；工作的技术性、创新性和复杂性。

4）所采用的工具、设备、机器和辅助设施，具体包括：使用的机器、工具、设备和辅助设施的清单；应用上述各项加上处理的材料；应用上述各项生产的产品或服务。

5）工作的任职要求，包括：个性特点；所需的学历和培训程度；工作经验；基本能力要求；基本知识要求；对身体条件的要求。

6）工作业绩，包括：工作目标；记录工作业绩的方式；业绩考核标准。

（3）工作分析实施过程

1）工作分析的实施步骤。

①成立工作分析的工作组。

一般包括数名人力资源专家和多名工作人员，它是进行工作分析的组织保证。工作组首先需要对工作人员进行工作分析技术的培训，制订工作计划，明确工作分析的范围和主要任务。同时，配合组织做好员工的思想工作，说明分析的目的和意义，建立友好的合作关系，使员工对工作分析有良好的心理准备。

其次，工作组还需要确定工作分析的目标和设计职位调查方案。在一开始就确定通过工作分析所获得信息的使用目的。信息的用途直接决定了需要收集哪些类型的信息，以及使用哪些方法来收集这些信息，在此基础上，对信息调查方案进行设计，不同的组织有其特定的具体情况，可以采用不同的调查方案和方法。当然，如果能够把工作分析的任务和程序分解为若干工作单元和环节，将更有利于工作分析的完成。

②收集与工作相关的背景信息。

工作分析一般应该得到的资料包括：劳动组织和生产组织的状况、企业组织机构和管理系统图、各部门工作流程图、各个岗位办事细则、岗位经济责任制度等。

很多组织都会有自己的"定岗、定编、定员"的具体规章制度，这些背景信息将会对下一步的调查和分析过程产生重要的作用。其中一个最重要的作用在于，它能帮助工作分析人员进行有效的清岗工作，即对组织当前所有部门的岗位进行清理。在背景信息的帮助下，通过与该组织的人事部门的工作人员进行讨论，分析人员能够清楚地了解组织各个部门的岗位以及各岗位上的人数和大致的工作职责，并可以用一个标准的职位名称来规范各岗位。

③收集工作分析的信息。

职位调查是调查收集和工作相关的资料，为正确地进行编写职位说明书提供依据。这个阶段的任务是根据调查方案，对组织的各个职位进行全方面的了解，收集有关工作活动、职责、工作特征、环境和任职要求等方面的信息。在信息收集中，一般可灵活运用访谈、问卷、实地观察等方法，来得到有关职位的各种数据和资料。职位调查是工作分析中十分必要的准备工作，它的真实程度以及准确性，直接关系到工作分析的质量。

④整理和分析所得到的工作信息。

工作分析并不是简单机械地积累工作的信息，而是要对各职位的特征和要求作出全面的说明，在深入分析和认真总结的基础上，创造性地揭示出各职位的主要内容和关键因素。整理和分析过程应该包括以下 3 种措施。

首先整理访谈结果和调查问卷，剔除无效的访谈信息和调查问卷，并按照编写职位说明书的要求对各个职位的工作信息进行分类；

其次把初步整理的信息让在职人员以及他们的直接主管进行核对，以减少可能出现的偏差，同时也有助于获得员工对上作分析结果的理解和接受。

最后修改并最终确定所收集的工作信息的准确性和全面性，作为编写职位说明书的基础。

⑤编写职位说明书。

职位说明书在企业管理中的作用非常重要，不但可以帮助任职人员了解其工作，明确其责任范围，还可为管理者的决策提供参考。一般而言，职位说明书由工作说明和工作规范两部分组成。工作说明是对有关工作职责、工作内容、工作条件以及工作环境等工作自身特征等方面所进行的书面描述。而工作规范则描述工作对人的知识、能力、品格、教育背景和工作经历等方面的要求。当然，工作说明和工作规范也可以分成两个文件来写。

2）职位说明书的编写与管理。

职位说明书要求准确、规范、清晰。在编写之前，需要确定职位说明书的规范用语、版面格式要求和各个栏目的具体内容要求。

职位说明书一般包括以下几项内容。

①职位基本信息。

职位基本信息也称为工作标识。包括职位名称、所在部门、直接上级、定员、部门编码、职位编码等。

②工作目标与职责。

重点描述从事该职位的工作所要完成或达到的工作目标，以及该职位的主要职责权限等。

③工作内容。

这是最主要的内容。此栏应详细描述该职位所从事的具体工作，应全面、详尽地写出完成工作目标所要做的每项工作，包括每项工作的综述、活动过程、工作联系和工作权限。同时，在这一项中还可以同时描述每项工作的环境和工作条件，以及在不同阶段所用到的不同的工具和设备。

④工作的时间特征。

反映该职位通常表现的工作时间特征，例如，在流水线可能需要三班倒；在高科技企业中需要经常加班；市场营销人员需要经常出差；一般管理人员则正常上下班等。

⑤工作完成结果及建议考核标准。

反映该职位完成的工作标准，以及如何根据工作完成情况进行考核，具体内容通常与该组织的考核制度结合起来。

⑥教育背景和工作经历。

教育背景反映从事该职位应具有的最低学历要求。在确定教育背景时应主要考虑新加员工的最低学历要求，而不考虑当前该岗位在职员工的学历。工作经历则反映从事该职位所具有的最起码的工作经验要求，一般包括两方面：一是专业经历要求，即相关的知识经验背景；二是可能需要本组织内部的工作经历要求，尤其针对组织中的一些中高层管理职位。

⑦专业技能、证书和其他能力。

此项反映从事该职位应具有的基本技能和能力。某些职位对专业技能要求较高，没有此项专业技能就无法开展工作，如财务主管，如果没有财务、金融等相关基础知识以及国家的相关基本法律知识，就根本无法开展此项工作。而另一些职位则可能对某些能力要求较高，如市场部主管这一职位，则要求具有较强的公关能力、沟通能力等。

⑧专门培训。

此项反映从事该职位前应进行的基本的专业培训，否则将不允许上任或不能胜任工作。具体是指员工具备了教育水平、工作经历、技能要求之后，还必须经过专业培训。

职位说明书一般由人力资源部统一归档并管理。然而，职位说明书的编写并不是一劳永逸的工作。实际工作中组织内经常出现职位增加、撤销的情况，更普遍的情形是某项工作的职责和内容也会出现变动。每次工作信息的变化都应该及时记录在案，并迅速反映到职位说明书的调整之中。在这种情况下，一般由职位所在部门的负责人向人力资源部提出申请，并填写标准的职位说明书修改表，由人力资源部进行信息收集并对职位说明书作出相应的修改。

5.2 汽车服务企业员工招聘与培训管理

5.2.1 人力资源招聘

1. 人力资源招聘的概念

所谓人力资源招聘，就是通过各种信息途径吸引应聘者，并从中选拔、录用企业所需人员的过程。"与其训练小狗爬树，不如一开始就选择松鼠"，英国的这句谚语形象地说明了人力资源招聘的重要性。

企业出现岗位空缺，人事部门根据工作说明书去寻找、确定、吸引、安置有能力的人到该岗位上去，就是招聘工作的任务。

2. 人力资源招聘的程序

人力资源招聘的过程一般包括以下步骤。

（1）确定人员的需求

根据企业人力资源规划、岗位说明书和企业文化确定企业人力资源需求，包括数量、素质要求以及需求时间。

在招聘中找到足够多的应聘者是一件重要的工作，因为如果企业需要三个人，就只有三个人来应聘，那么就没有选择的余地；同时还要考虑到一些应聘者即使是通过了组织的层层考察，最后还是有可能没到岗，所以招聘者必须处理好应聘者的数量、质量与来源等几个重要问题。

应聘者的数量应与岗位的空缺数额成一定比例，对于有经验的招聘者来说，从最初报名的应聘者到最后的雇用者，要经历一个层层选拔的过程，如同一个金字塔结构（见图 5 - 1）。

（2）确定招聘渠道

确定企业是从内部选拔，还是从外部招聘企业所需人员。

（3）实施征召活动

根据不同的招聘渠道实施征召活动的具

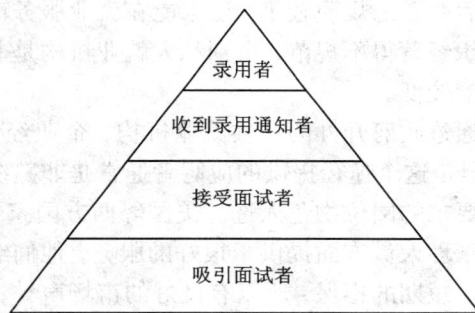

图 5 - 1　招聘金字塔

体方案，将以各种方式与企业招聘人员进行接触的人确定为工作候选人。

（4）初步筛选候选人

根据所获得的候选人的资料对候选人进行初步筛选，剔除明显不能满足企业需求的应聘者，留下来的候选人进入下一轮的测评甄选。

（5）测评甄选

采用笔试、面试、心理测试等方式对候选人进行严格测试，以确定最终录用人选。

（6）录用

企业与被录用者就工作条件、工作报酬等劳动关系进行谈判，签订劳动合同。

（7）招聘评价

对本次招聘活动进行总结，并从成本收益的角度进行评价。

3. 人员招聘的途径

人员招聘的途径不外乎两种：内部招聘和外部招聘。企业可以根据公司的战略、企业经营环境和岗位的重要程度以及招聘职位的紧急程度来确定具体的招聘途径。招聘途径的选择与企业的传统也有关，如通用电气公司数十年来一直都是从内部选拔总裁，而 IBM 和 HP 等大公司则倾向于从外部选聘总裁。内部招聘与外部招聘各有利弊。

企业寻求应聘者的途径有很多，主要的来源有以下几种。

（1）广告

广告招聘，可以借助不同媒体的宣传效果，进行辐射面广阔的信息发布，或者有目标性地针对某一个特定的群体，如想招聘本地户籍的劳动力，就可以只在本地发行的日报等媒介上刊登信息。但是广告招聘的缺点是可能带来许多不合格的应聘者，这就加大了招聘甄选第一步的工作量——仔细检查应聘书，将不合格的应聘者筛选掉。

在采用广告方式进行招聘时，必须考虑：选用何种媒体？如何构思广告？报纸、杂志、广播电视与大型招聘会现场派发或销售的岗位宣传资料等媒介方式，各有优缺点，在选择时要予以考虑。而构思广告就更为重要，广告内容要能够吸引求职者的注意，要能够引起求职者对工作岗位的兴趣，要引起求职者申请工作的意愿，要激励求职者采取积极的应聘活动，不能含有对某些人群的歧视。

（2）就业服务机构

在美国，就业服务机构有三种类型：由联邦政府、州政府及地方政府开办的就业服务机构；由非营利组织开办的就业服务机构；私人经营的就业服务机构。在中国，情况是类似的，只是后两者的规模较小，还未能在就业服务市场中发挥重要作用，并且由于一些私人就业服务组织经营得不规范，个别私人就业机构是非法的，靠骗取应聘者的钱财度日，使得其市场信誉度较低。

通过政府开办的公共就业机构，企业经常可以在正常费用或免费的情况下进行招聘工作，但是这个途径提供的应聘者通常是非熟练的或是受过很少职业训练的求职者，适合为低技术要求的岗位物色人选。美国等西方国家中的私人就业机构在为组织物色专门人才甚至是高层管理人员方面提供了很好的服务，他们经常性地进行广泛接触，仔细甄选，通常还给予候选人短期的担保，所以有良好的市场声誉，只是企业通过这种途径获取人才，花费往往要高一些。在西方一些国家，由于劳动力的缺乏，已经产生了一种新的就业服务机构——提供临时就业服务的机构。因为不少企业在经济不景气的情况下，将本企业的员工队伍压缩到很精简的状态，一旦有个别员工缺勤，就必须有人来临时顶替，或是某个短期项目的工作需要，这时通过这样的就业机构能够很好地解决燃眉之急。

总之，在利用就业服务机构获取求职者时，必须向就业服务机构提供一份精确、完整的工作说明书，限定就业服务机构在甄选过程中使用的程序或工具，最好与一两家就业机构形成良好的、稳定的、长期的合作关系。在录用临时工时，还应该明确工作时间表、福利与报酬、服装样式及由临时工转为正式工的条件等，以减少不必要的用人纠纷。

（3）学校分配

每年高等院校学生毕业的时间，是许多企业单位获得求职者最多最集中的时间。从各个层次的高等院校中，企业的确可以获得许多很有晋升潜力的应聘者。但是学生也有很大的自主选择余地，所以企业派出的招聘人员必须能够把自己的单位推荐给毕业生，否则毕业生之间的口头传播，可能会让企业的招聘工作的成本与努力付之东流。对于企业而言，选择到哪所院校去招聘，招聘哪些专业的学生，都应该在事前谨慎思考；并对派往学校的招聘人员进行培训，增强他们对大学生的甄选能力，并能够很好地塑造企业形象，提高企业的吸引力。因为这是企业获取大量高质量人才的重要途径，当然面对大学毕业生提供的岗位多是初级职位，企业招聘人员还要帮助大学生纠正其不切实际的高职位企盼，引导大学生形成正确的就业意识。

（4）员工推荐

员工推荐的方式可能是所有招聘方式中成本最低的，而且经相关研究证明是获取合格应聘者的最好途径。对于求职者，可以通过已经在企业工作的员工了解关于组织的情况；对于组织，可以通过自己的员工了解求职者的情况，并且推荐人出于对自身工作的考虑，往往推荐的都是高素质的候选人，也就是组织的老员工已经在人力资源部门之前对候选人进行了考察与筛选，因为推荐者本人不想因为推荐不当而影响自己在组织中的声望与前途。一些企业还制定了这方面的激励政策，对成功推荐新员工的老员工给予奖励。但是员工推荐的缺点在于可能不会增加员工的类别与改善员工结构，因为员工推荐的大多是与其自身情况相似的新人，如果管理层想改善员工结构，那么这种途径就不太可取。

（5）随机求职者

也会有求职者主动走进企业的人力资源部申请工作，或是递交求职信函申请岗位。对于这些人，许多企业常常予以忽视，认为主动送上门的候选人质量较差，这种认识往往是错误的，因为候选人通常是对企业有所了解后，才会主动递交申请，并且这类人的就职愿望比较强烈，被录用后对组织的忠诚度较高。同时企业是否能够礼貌地对待这些求职者，不仅是对应聘者自尊予以尊重的问题，而且还会影响到企业在社区的声誉。

（6）内部搜寻

尽管工资待遇、福利保险等实际支付都体现了组织对员工工作的认可，并且对许多人而言，进入一个组织最先的吸引条件就是薪酬，但是内部晋升，或是面向内部员工的、空缺岗位的公开招聘是增强员工对组织的奉献精神的中心举措，是增强组织内聚力的关键策略。

许多企业都有合理、科学的内部晋升规划，一些企业今天的高层管理者就是从就职于组织的最低层级的岗位做起，一步一步晋升到现在的位置。但是人力资源部门为能够进行有效、科学内部晋升，仍然需要全面做好人力资源管理的五项基本工作（SP 模型）：识人（perception）、选人（pick）、用人（placement）、育人（professional）、留人（preservation）。例如，在员工招聘时就能够发现与录用有发展潜力、对工作有积极性的人；录用之后做好有关员工各个时期的工作绩效评价及档案管理工作；为培养与发掘员工的能力，提供在职接受教育与培训的机会；在工作分析的基础之上为有潜质的员工制订个人职业发展规划；运用不断的内部晋升留住人才骨干。

4.人事测评

人事测评是人力资源招聘的重要工具。利用人事测评可以从应聘者中选出企业最需要的人。人事测评就是采用科学的方法，收集被测评者在主要活动领域中的信息，针对某一素质测评目标体系作出量值或价值判断的过程。

招聘中，应聘者都会填写企业要求的一份岗位申请表，其中包括姓名、年龄、性别、学业经历、成绩状况、实践经历、工作经历、个人特长、自我评价、联系方法等项目；有时候企业未提供统一的申请表格式，而是接收了应聘者个人制作的简历表。

对申请表或简历表的审核与分析，可以初步地帮助招聘者了解应聘者的基本情况如诚实度，以往的经历、学业工作表现，个人特点等。审核表格内容的真实性是一个重要工作，一些应聘者为了获得某个职位，伪造简历内容的事情是常有的。招聘者必须采用一些可信任的信息源进行内容查询，以验明真伪；被证明在简历中伪造较为重要的内容的应聘者会被记录在职业黑名单中，这种不良记录会影响到其未来的应聘。

之后，就是考察简历中与工作绩效表现相关的、硬性的、可证实的内容。如学习成绩、在班级中的名次、实践经历、获奖状况等，这些内容可以不同程度上体现应聘者的学习、工作能力与态度，对正确预期其未来的工作绩效有相当的作用。

（1）面试

面试是企业最常用的，也是必不可少的一种测评手段。它是一种评价者与被评价者双方面对面的观察、交流互动的一种测评形式。一项调查表明，99%的企业使用面试作为筛选工具。面试的主要任务是为录用决策解决疑问。通过面试，一般需要了解应聘者的以下内容：应聘动机；对本公司及其提供职位的了解程度；离开原来职位的具体原因；可以报到上班的时间；原来的收入水平以及期望的收入水平；工作经历、表现和感受；专业知识、技能以及接受的培训；业余生活和爱好；应聘者本人的优缺点；外在仪表和内在的心理倾向；反应与应变能力；表达能力和情绪控制能力等。

面试是如今招聘工作中必经的环节，不少人认为面试是一种不错的甄选工具，但是这种观点只在一种情况下成立：面谈是经过科学设计与安排的，面试者能够坚持始终一贯的提问方式与态度。通常情况下，面试者总是提出一些主题多变、随机性大的问题，其本人的态度也有波动，所以这样的面试没有太大的甄选价值。

面试中常见的偏见与障碍有：

1）先前对应聘者的认识可能影响面试者的公平评价。

2）面试者倾向于支持与其本人态度、价值观相同的应聘者。

3）应聘者接受面试的顺序会影响到对其的评价。

4）面试者对所谓的"合格的应聘者"有其先入为主的思考框架。

5）面试中消极信息不恰当地得到更多的重视。

6）面试者通常在面试开始时 4 ~ 5 min 作出判断。

7）面试者通常在面试结束后就会很快忘记面试的多数内容。

8）面试者本人不了解岗位的要求与工作需要。

9）当需要一次性招聘较多员工时，面试者会主动提高对应聘者的评价。

10）应聘者的非语言行为——着装、吸引力、眼神、表情、语调音量等因素都会影响面试者对应聘者的判断。

（2）笔试

笔试主要用来测试应聘者的知识和能力。现在有些企业也通过笔试来测试应聘者的性格和兴趣。对知识和能力的测验包括两个层次，即一般知识和能力与专业知识和能力。一般知识和能力包括一个人的社会文化知识、智商、语言理解能力、数字能力、推理能力、理解能力和记忆能力等。专业知识和能力即与应聘岗位相关的知识和能力，如财务会计知识、管理知识、人际关系能力、观察能力等。

笔试可以分为两大类：专业知识考试及一般理论知识考试。

这类考试主要是检测应聘者是否具有岗位所要求的一般理论知识、专业技术知识与实际操作能力，由企业提供的试卷更能考核出应聘者真实的知识储备情况，一些需要考核实际动手能力的专业，还可以在笔试的基础之上加上专业技能实操考试。不过对于国家已经设立了职业资格考试的职业领域，招聘单位就可以要求应聘者具备相应的职业资格证书，并检验其证书的真伪即可。

（3）能力测试

常用的能力测试方法包括：智力测试；语言能力测试；理解和想象能力测试；判断、逻辑推理和归纳能力测试；反应速度测试；操作与身体技能测试等。

1）认知能力测试。认知能力测试包括一般智力测试与特殊智力测试。

①一般智力测试一般智力测试考核的是个体智力结构中的一般因素，英国心理学家斯皮尔曼提出的能力二因素理论中指出：一般智力因素是人的基本心理潜能，是决定一个人能力高低的主要因素。美国心理学家加德纳认为：人的智力内涵是多元的，由 7 种相对独立的智力成分组成，即言语智力、逻辑 – 数学智力、空间智力、音乐智力、身体运动智力、社交智力、自知智力。运用现有的斯坦福 – 比奈测试量表或韦克斯勒测试量表就可以对应聘者进行一般智力测试。

②特殊智力测试如果岗位对于个体的某种或某几种特殊智力有较高要求，那么可以采用特殊智力测试以了解应聘者的能力是否达到岗位的需要。具体的有归纳与演绎推理能力测试、语言理解测试、记忆能力测试、数字处理能力测试、空间与机械能力测试、认知准确性测试等。

对于那些需要员工在工作中具备良好的运动及身体控制能力的岗位，运动与身体能力测验可以很好地预测应聘者的动作协调性、敏捷性、灵巧性、静态与动态力量、耐力、速度、反应时间等，常用的有斯特隆伯格敏捷性测试、克劳福德小零件灵巧性测试、明尼苏达操作速度、普度拼版测试。

2）人格测试。智力测试并不能很好地预测员工未来的工作绩效，一个重要的预测因子是人格测试，也就是个性测试。已有研究表明五大个性纬度：外向（外倾性）、情绪稳定（神经质）、愉快（宜人性）、真诚（责任心）、开放（开放性）对于未来工作绩效的预测有高度的准确性与预言性。例如：责任心与工作绩效有高度的一致性关系，外向性是预测经理、销售员等岗位工作绩效的有效因子，开放性、外向性能够预测所有职业的培训精通情况。

常用的人格测试工具有主体统觉测试、吉尔福德气质测试、明尼苏达多重人格测试、卡特尔 16 种人格分析等。吉尔福德气质测试测量情绪稳定与情绪反复、友好与批评等个性特征，明尼苏达多重人格测试可以很好地鉴别出多疑病症、偏执狂等特征。

3）职业兴趣测试。在对应聘者气质测试的基础上，对其进行职业兴趣测试，可以较为清楚地了解应聘者的职业兴趣倾向。对于应聘者本人而言，了解自己的职业兴趣倾向，可以更好地进行人生职业生涯规划，科学地选择自己感兴趣的工作，那么在工作中会更加轻松、愉快，做得也会更好；对于企业而言，选择职业兴趣与岗位需求相适应的人安排在职位空缺上，这样的候选人在未来工作中成功的可能性更大。

4）工作样本与情景模拟测试

工作样本是给申请者提供职位的工作缩样，让其完成岗位要求的一种或多种核心任务。通过对申请人在实际执行任务中的工作表现，判断应聘者是否具备岗位必需的才能。

工作情境模拟则是提供较为逼真的工作情境，通过观察，考量应聘者在工作情境中的表现，来判断未来的工作绩效。现今已经发展出一种复杂的方法——测评中心法，对选拔高层管理者效率很高。

（4）评价中心

评价中心是一种综合性的人事测评方法。评价中心技术综合使用了各种测评技术，其中也包括了我们前面介绍的能力测验和面试的方法等。但评价中心的主要组成部分以及它的最突出的特点就是它使用了情境性的测评方法对被试的特定行为进行观察和评价。这种方法通常就是将被测试者置于一个模拟的工作情境中，采用多种评价技术，由多个评价者观察和评价被测试者在这种模拟工作情境中的行为表现。

评价中心常用的情境性测评方法有：无领导小组讨论；公文处理练习；模拟面谈；演讲、书面的案例分析；角色游戏等。这些方法都可以用于揭示特定职位上所需的胜任特质，从而对被试者进行测评。评价中心采用的情境测试曾经由于其主观性较强而导致一些人对其有效性的怀疑。现在，有些人已经将情境性的测评转化成标准化的方式来呈现，使测验的结果能够得到客观的评价。例如，将模拟情境制成录像，根据情境的内容设计一些标准化的选择题，被试者边看录像边回答问题，再对他们作答的结果进行客观的计分，并且可以建立常规模型。这种方法可以使情境性测验变得更加容易实施。从组织的角度而言，人事测评可以帮助一个组织有效地选拔和合理地利用人才，做到人尽其才。另外，通过帮助每个员工了解他们自已的素质并帮助他们制定和实施职业生涯规划，从而为员工提供发展机会，这就意味着对员工的激励，从而有利于提高团队的凝聚力。

5.2.2　人力资源培训

人是生产力诸要素中最重要、最活跃的因素，一个国家、一个民族、一个企业的命运归根到底取决于其人员的素质。人的素质的提高，一方面需要个人在工作中的钻研和探索，更重要的是需要有计划、有组织的培训。

1. 培训的含义

组织中的人员培训，是指组织为了实现组织自身和员工个人的发展目标，有计划地对全体工作人员进行培养和训练。使之提高与工作相关的知识、技艺、能力以及态度等素质，以适应并胜任职位工作。这一定义有以下几层含义：

1) 培训的最终目的是为了实现组织和员工的个人发展目标。组织的发展目标具有多重性，对于企业来说，包括提高生产效率、提高经营效益、扩大企业规模、增强市场竞争力等。员工的个人发展目标包括满足个人志趣、增长知识、提高技能、晋升职务、实现自我价值等。

2) 培训的直接目的是为了提高员工的素质，使之适应和胜任职位工作。员工的工作绩效取决于其工作行为，而工作行为很大程度上又是由员工的素质决定的。员工的素质主要由若干要素构成，包括与工作相关的知识、技艺、能力及工作态度等。培训的直接目的就是为了提高员工这方面的素质，使他们的行为符合职位工作的要求，从而有效地履行工作职责和完成工作任务。

3) 培训是一项涉及个体员工的制度化的人力资源管理活动。培训并非只与组织中的部分人员相关，也并不是只涉及低学历者或技术职位的工作，而是涉及组织中所有层次和类别的员工。在企业，不管是总经理，部门经理，还是基层管理人员，或是一线生产员工，都应该接受不同层次不同类型的培训。培训也不应该被看做是随意性、权宜性的活动，而应该是计划性和经常性的活动。企业员工培训活动应该形成一种制度。

2. 培训过程

一般的培训过程由四个环节构成，如图5-2所示。"评估培训需要"就是在工作任务分析与工作绩效分析的基础上，确定哪些员工需要接受培训以及他们应该分别接受哪些方面技能的培训;"建立培训目标"就是要确定企业的长期、中期、短期培训计划,制定本次培训的项目与内容,选择培训方法,明确培训结果的量度标准等;"实施培训计划"就是具体完成培训计划,安排培训地点、时间、教师、资料等事宜;"评价培训成效"就是对受训者培训前后的技能差异进行比较,工作绩效变化进行分析,对培训的效益进行评价。评价培训成效通常考察四个方面内容:员工对此次培训计划的反应如何,员工是否学会了培训中教授的理论、技能、知识,员工的工作行为是否发生了期望的变化,工作绩效是否得到了提高。

3. 培训内容与方法

(1)培训内容

培训内容的确定,取决于对员工技能的判断与分类。通常可以将员工需要培训的技能领域分为技术的、人际关系的与创新的。

1)技术技能培训。

技术技能培训包括提高员工在阅读、写作、进行数学运算方面的能力,学会操作新的仪器设备,运用新的计算机程序,掌握新的工作流程与方法等。毕竟现今社会,科技与工作生活结合得越来越紧密,工作内容与方法日新月异,知识更新期缩短,对技能的要求越来越高。要想保持员工高的工作绩效,就必须不断给其充电,让员工能够跟得上时代发展的步伐。

美国管理协会的调查表明:已有的基本技术培训需求非常平均地分布在数学、阅读、写作三个领域。汽车服务企业招聘的员工多是大中专以上学历的人,基本的数学、阅读能力是有的,但是深层次的数学、阅读,尤其是写作能力可能不足,加之现代社会以口头语言沟通为主要途径,许多人对如何进行公文写作了解很少,在格式、语法、断句等方面错误百出。如果要求员工进行工作总结、工作报告,就可以发现员工在这个方面普遍能力欠佳,所以相关的培训是必不可少的。使员工学会操作新的仪器设备、运用新的计算机程序、掌握新的工作流程与方法等领域的培训是对学校教育的延伸,更是进一步发展专业技能的关键。

2)人际关系技能培训。

在相当程度上,一名员工的工作绩效的高低与其本人在企业中的人际关系的好坏有很大的关系。如果员工善于与上级同事、下级相处,能够很好地进行沟通、互动,那么该员工在工作中会得到更多的支持与认可,个人心情更加愉快,对批评意见更容易接受,工作更加容易获得成功。而那些未能掌握正确的人际交往技巧的员工常常与其他人发生不必要的冲突与摩擦,得到的支持更少,工作开展举步维艰。帮助这些员工改进人际交往,能够创造更多的组织内聚力,提高工作效率,减少人际问题与冲突。常见的培训形式有:沟通技巧训练、人际关系敏感度训练、社交礼仪、工作角色扮演、角色互换等。

价值观培训、职业道德培训、多样化培训、客户服务培训等是对员工人际关系技巧培训的重要补充,帮助员工确立正确的价值观、良好的职业道德、包容心与开放性、更为温暖的服务意识,对企业的经济、社会效益的增长有重要的贡献。团队精神与授权培训可以增强同事之间的相互信任、相互依赖与合作,改善上下级之间的理解与沟通,帮助上级更好地授权,为下属提供恰当的工作空间,也帮助下级理解上级,主动地担当一定的工作责任。

3)创新技能培训。

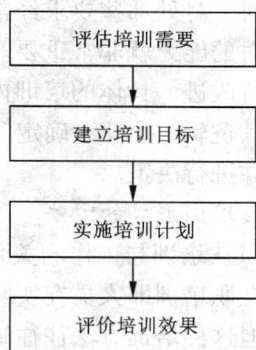

評估培训需要

建立培训目标

实施培训计划

评价培训效果

图 5 - 2　培训过程

对于身处那些要求经常处理非常规的、富于变化的问题的岗位上的人，其解决问题、创新应对的能力就非常重要。如果发现现有员工在此方面还不尽如人意，可以通过创新技能培训进行改进。具体的培训内容有：让员工完成一些数理、逻辑作业或面对冲突、剧变环境，强化其逻辑、推理和确定问题的能力，对因果关系作出评价，制定解决问题方案，分析备选方案并进行决策。

2. 培训形式的方法

1）从培训与工作的关系来划分，有在职培训、脱产培训和半脱产培训。

在职培训即人员在实际的工作中得到培训，培训对象不脱离岗位，可以不影响工作或生产。但这种培训方法往往缺乏良好的组织。不太规范，影响培训效果。

脱产培训即受训者脱离工作岗位，专门接受培训。组织可以把员工送到各类学校、商业培训机构或自办的培训基地接受培训，也可以选择本单位处的适宜场地自行组织培训。由于学员为脱产学习，没有工作压力，时间和精力较集中，其知识技能水平会提高较快，但这种形式的缺点是需要投入较多的资金。

半脱产培训介于上述两种形式之间，可在一定程度上克服两者的缺点，吸纳两者的优点，从而更好地兼顾费用和效果。

2）从培训的目的来划分，有文化补习、学历教育、岗位职务培训等。

文化补习的目的在于增加受训者的科学文化知识，提高其基本素质。这类培训的对象主要是学历较低、从事简单劳动的一般人员。

学历教育的目的是全面提高受训者的专业素质，以取得更高的学历。为了稳定学历较低的骨干乃至提高组织人员的整体素质，许多组织都制定措施鼓励员工提高学历，甚至直接筛选人员送到国内外的大学接受学历教育。

岗位职务培训是以工作的实际需要为出发点，围绕着职位的特点而进行的针对性培训。这种培训旨在传授个人对于行使职位职责、推动工作方面的特别技能，偏重于专业技术知识的灌输。

5.2.3　汽车服务企业人员的培训

汽车服务企业建立对内部员工的培训机制是稳定人才的主要手段和企业发展的必然措施与动力。制约企业成长的重要因素是企业内部人力资本的供给，企业能扩张多快，很大程度是要看内部管理人员的培养速度。在一定时期通过从外部招聘技术人员和管理人员是必要的，但经验表明，一个企业如果管理人员不能从外部招聘为主转向内部培养为主，就不能算是走上正轨的企业。在许多情况下，企业必须根据内部培养的程度决定其业务的扩张速度，而不是简单地由扩张速度来决定招聘人才的量，许多急剧扩张的企业后来失败的原因之一就是过多地从外部招聘人才。外部招聘的另一个危险是(尤其中高层管理人员、技术人员)可能吸纳了对企业不忠的人，因为经常跳槽的人有部分是属于对企业缺乏忠诚感的机会主义分子。我们看到许多外国大公司刚开始进入中国市场时到处挖人，除了母公司派来的总经理外，从普通员工到高层经理几乎所有岗位都对外开放，但一旦进入稳定发展阶段后就转向以内部提拔为主，这点值得我们借鉴。

据日本资料介绍，工人教育水平每提高一个等级，技术革新者的人数就增加6%。工人提出的革新建议，一般能降低成本5%；技术人员提出的革新建议，一般能降低成本10% ～

15%；受过良好教育与培训的管理人员，则能降低成本 30% 以上。由此可见，加强从业人员的技术业务培训是开发智力和培养人才的重要途径之一，是提高企业生产效率，取得最佳经济效益和有计划培养劳动后备力量的重要措施。

汽车服务企业在员工培训中要坚持以市场经济为导向与企业需求相结合的原则，统一安排，因材施教。时刻研究汽车服务市场发展规律、企业的需要、企业的发展目标，培养实用型人才。对不同对象要区别对待，提出不同的要求，同时采用灵活多样的培训形式。

（1）对维修人员的培训

维修服务工人分为初级、中级、高级及学徒工 4 个级别。

1）初级工培训。主要内容是：汽车结构原理、汽车维修的基本知识、常用原材料和零部件的分类、通用工具的使用与保管、维修的安全操作规程等，通过培训，使其达到能胜任车辆一级维护的工作，满足一般工人的技术要求。

2）中级工培训。在初级工培训考核合格的基础上进行的，其基本内容是：深入学习汽车结构原理，汽车性能，汽车故障与排除，汽车技术使用，零部件的配合要求，常修车型的技术参数，汽车维修的质量要求，汽车维修所用原材料的规格、性能、正确保管和使用方法，常用标准件的合格性鉴别，维修专用工具的保管和使用方法，常用机械的正确操作方法，安全生产规程等，并掌握机加工一个工种的操作技能，如车、铣、刨、磨、焊等。通过中级工的培训，使其能胜任汽车二级维护和一般小修工作，并能在工程技术人员的指导下承担某一总成的大修工作。

3）高级工培训。在中级工培训合格，并经过一定时期的实践锻炼后，在技术上进一步深造的培训，其主要内容是：常用汽车型号的构造原理、技术使用与维修要求，汽车故障原因分析和预防，公差与技术测量，零件磨损机理，汽车零部件质量鉴定，维修质量检验，汽车维修所用原材料的质量、性能鉴定，维修专用工具、卡具、器具的正确使用和保管，维修加工机具的操作与维护等，能绘制简单的零件图和阅读较复杂的装配图，并能指导他人从事维修和机加工工作。此外，还应掌握维修作业流程、有关定额的考核与计算等。通过培训，使其能胜任汽车大修工作和一般汽车零件的制造和配制能力，成为企业维修的技术骨干力量。

4）学徒工培训。应采取以适应性教育内容为主，操作技能为辅的培训计划，要坚持德、智、体全面发展的原则。学徒工在参加劳动生产时，要安排老工人当师傅，签订师徒合同，做到包教包会。虽然汽修业发展到今天已可以利用高新技术设备进行检测诊断维修，但由于汽车修理是一个对实践经验要求非常强的行业，尽管计算机控制在汽车上的应用越来越多，可其故障率很低，可靠性高，且可以借助仪器设备来进行故障诊断，而机械部分的故障还占很大比例，且复杂多样，所以在汽车维修中故障的判断，经验还是主要的，因而，经验积累是非常必要的。现代汽车服务企业学徒工应该是经过中高等专业教育的初到企业员工。学徒期满，要经过考核合格后才能转正。对于学习努力、成绩优秀、确实已达到本工作应知应会的学徒工，可以提前转正。

（2）对管理人员的培训

1）企业领导人员。

重点学习企业管理、政策法规、市场动向和发展趋势及先进企业的管理经验等，必要时组织他们在国内外进行实地参观考察，使其成为既懂政治又懂经济，既懂管理又懂经营，会按经济规律办事的专门人才。

2）企业管理人员。

应按人事、秘书、财会、统计、物资等不同的专业，有计划、有目标地培训，使其成为不仅能胜任本职工作，还能不断为企业管理提出好的改进意见的企业的好管家，领导的好助手、好参谋。

3）企业的工程技术人员。

企业中的工程技术人员在新技术、新设备、新材料、新工艺的引进和应用，生产中问题的解决，经营管理的改善等方面都起着非常重要的作用。因此，应着重加强对他们的再教育，尤其要抓紧对质量管理人员、检验人员的培训。一是要普遍加强理论技术教育，使其在二三年内，在技术水平上提高一个等级；二是对没有受过专业教育的人员，要有计划地进行本专业中专、大专课程的理论教育；三是对质检人员，要能及时进行新工艺、新标准、新车型及检测设备运用的培训，使其做到熟练掌握、运用自如。

在对员工进行培训的内容中，还必须加入态度的培训。员工工作态度是影响员工士气及企业绩效的重要因素。一般而言，每个企业都有自身特定的文化氛围及与之相适应的行为方式，如价值观、企业精神及企业风貌等。必须使全体员工认同并自觉融入这一氛围中，建立起企业与员工之间的相互信赖关系，培养员工对企业的忠诚及积极的工作态度，增强其企业观念和团队意识。

5.3 汽车服务企业的绩效管理

组织成功很大程度上取决于人力资源。这不仅意味着企业要关注其占有多少人力资源，更要重视人力资源的实际使用情况。绩效评估为衡量这种情况提供了理论和实践的依据。只有建立科学合理的绩效评估体系和激励措施，有效管理和控制员工的行为和结果，人力资源效用发挥最大化，组织才会实现和扩展人力资源带来的竞争优势。

5.3.1 绩效考核的含义和作用

（1）绩效考核的含义

绩效考核是指收集、分析、评价和传递某个员工在其工作岗位上的工作行为表现和工作结果方面信息的过程。绩效考核是评价每个员工的工作结果及其对组织贡献的大小的一种管理手段，所以每个组织都在事实上进行着绩效考核。由于人力资源管理已经越来越受到企业重视，因此，绩效考核也就成为企业在管理员工方面的一个核心职能。

（2）绩效考核的作用

绩效考核对于企业的作用主要表现在以下几方面：

1）有助于提高企业的生产率和竞争力。

衡量生产力的传统方式是考察员工工作成果的数量和质量，即考察员工有没有按工作程序办事、出勤率和事故率等指标。人力资源管理则认为，衡量生产力的主要因素应该是员工的招聘、培训、作用、激励和绩效评价，并以绩效评价为核心。根据一项针对美国所有上市公司的研究表明：具有绩效管理系统的公司在利润率、现金流量、股票市场绩效、股票价值以及生产率方面，明显优于那些没有绩效管理系统的公司。

2）为员工的薪酬管理提供依据。

员工的实际业绩决定了其报酬水平的高低，根据人员业绩的变化情况来确定是否应予以加薪。绩效考核结果最直接的应用，就是为企业制定员工的报酬方案提供客观依据。可以说，没有考核结果为依据的报酬，不是真正的劳动报酬。

3）为人员调配和职务调整提供依据。

人员调配之前，必须了解人员使用的状况，人事配合的程度，了解的有效手段是绩效考核。人员职务的升降也必须有足够的依据，这也必须有科学的绩效考核作保证。而不能只凭领导人的好恶轻率地决定。通过全面、严格的考核，发现一些人的素质和能力已超过所在职位的要求，适合担任更具挑战性的职位，则可对其进行晋升；反之，则可对其降职处理。这样就为管理人员的能上能下提供了客观的依据。

4）为员工培训提供方向。

培训是人力资源开发的重要方式。培训必须有的放矢，才能收到事半功倍的效果。通过绩效考核，可以发现员工的长处与不足、优势与劣势，从而根据员工培训的需要制订具体的培训措施和计划。

5）有助于员工的自我提升。

绩效考核强化了工作要求，能增强员工的责任意识，从而使员工明确了自己怎样做才能更符合组织期望。通过考核发掘员工的潜能，可以让员工明白自己最适合的工作和岗位。同时，通过绩效考核，可以使员工明确工作中的成绩与不足，这样就促使他在以后的工作中发挥长处，努力改善不足，使整体工作绩效进一步提高。

5.3.2　绩效考核的原则

（1）客观、公正原则

考核前要公布考核评价细则，让员工知道考核的条件与过程，以对考核工作产生信任感，对考核结果抱理解、接受的态度。在制订绩效考核标准时，应从客观、公正的原则出发，坚持定量与定性相结合的方法，建立科学适用的绩效指标评价体系。这就要求制定绩效考核标准时要尽量减少个人主观臆断的影响，要用事实说话，切忌主观武断。

（2）具体可衡量原则

即考核指标要具体明确，绝不含糊。绩效管理的各项指标应该是一个个可以度量的指标。比如，对销售人员进行考核时，考核"销售成果"显然不如考核客户回访次数、新客户接待率和回款率等这些指标更具体和明确。

（3）反馈原则

考核与员工的薪酬水平挂钩，更重要的是改善员工的工作绩效，使员工认识到工作的不足，并加以改善。所以，结果应直接反馈给员工，以明确其努力方向。

5.3.3　绩效考核的程序和方法

（1）绩效考核的程序

1）制订绩效考核标准。

绩效考核要发挥作用，首先要有合理的绩效标准。这种标准必须得到考核者和被考核者的共同认可，标准的内容必须准确化、具体化和定量化。为此，制订标准时应注意两个方面：

一是以职务分析中制订的职务规范和职务说明为依据，因为那是对员工的岗位职责的组织要求；二是管理者与被考核者沟通，以使标准能够被共同认可。

2）评定绩效。

将员工实际工作绩效与组织期望进行对比和衡量，然后依据对比的结果来评定员工的工作绩效。绩效考核指标可以分为许多类别，比如，业绩绩效考核指标和行为考核指标等，考核工作也需从不同方面取得事实材料。

3）绩效考核反馈。

这一环节是指将考核的结果反馈给被考核者。首先，考核者将书面的考核意见反馈给被考核者。由被考核者予以同意认可；其次，通过绩效考核的反馈面谈，考核者与被考核者之间可以就考核结果、考核过程的不明确或不理解之处进行解释，这样有助于被考核者接受绩效考核结果。

（2）绩效考核的方法

1）排列法。

排列法是根据某一考核指标，如销售回款率，将全体考核对象的绩效从最好到最差依次进行排列的一种方法。这是一种较简单的考核方法，这种方法所需要的时间成本很少，简单易行，一般适合于员工数量较少的评价需求。

2）成对比较法。

成对比较法是考核者根据某一标准将每一员工与其他员工逐一进行比较，并将每一次比较中的优胜者选出的一种考核办法。这一方法的比较标准往往不是具体的工作成果，而是考核者对被考核者的一个整体印象。由于这种方法需要对每次比较进行强制排序，可以避免考核中易出现的趋中现象。但当比较的人员很多时，采用这种方法进行考核，需要进行相当多次的比较，会耗费很大的时间成本。

3）等级评估法。

等级评估法的一般做法是：根据工作分析，将被考核岗位的工作内容划分为相互独立的几个模块。在每个模块中用明确的语言描述完成该模块工作需要达到的工作标准。然后，将标准分为几个等级选项，如"优秀、良好、合格、不合格"等。根据被考核者的实际工作表现，对几个模块的完成情况进行评定。等级评估法的优点是考核内容全面、实用，并且开发成本小。它的缺点在于考核者的主观因素影响较大。

4）关键事件法。

关键事件法是客观评价体系中最简单的一种形式。在应用这种评价方法时，负责评价的主管人员把员工在完成工作任务时所表现出来的特别有效的行为记录下来，形成一份书面报告。每隔一段时间，主管人员和其下属面谈一次。根据所记录的特殊事件来讨论后者的工作业绩。使用这种方法时，可以将其与工作计划、目标及工作规范结合起来。

5）行为锚定评价法。

行为锚定评价法是将传统业绩评定表和关键事件相结合形成规范化评价表格的方法。这种方法以等级分值量表为工具，配之以关键行为描述或事例，然后分级逐一对人员绩效进行评价。由于这些典型行为描述语句的数量有限，不可能涵盖千变万化的员工的实际工作表现，而且被考核者的实际表现很难与描述语句所描述的内容完全吻合，但有了量表上的这些典型行为锚定点，考核者打分时便有了分寸。这些代表了从最劣至最佳的典型绩效的、有具体行为描述的锚定点,不但能使被考核者较深刻而信服地了解自身的现状,还可找到具体的改进目标。

6)360 度考核。

所谓 360 度考核,就是在组织结构图上,由位于每一员工上下左右的公司内部其他员工、被考核的员工本人以及顾客。一起来考核该员工的绩效的一种方法。360 度考核特别注重通过反馈来提高员工的绩效,因此,把 360 度考核中的反馈称为 360 度反馈。

一项调查表明,目前已经有超过 10% 的美国企业使用 360 度考核,更多的企业使用了 360 度考核的某些方面,即从上述这些所有与这个员工相关的人群中找出最有相关性、最能了解其绩效的人,一起来参加对其的绩效考核。从全球的范围来看:《财富》杂志评出的前 1000 家大企业中,有 90 家以上的企业应用了 360 度考核的部分或全部内容。

为了避免不必要的人际冲突,保证反馈过程的顺利进行和反馈结果的有效性,360 度考核大多是以匿名的形式进行的。目前这种考核主要用于管理人员的开发方面,它的设计价值也在于开发上。各种形式的反馈的对比使管理人员对自己的优缺点能有更为现实且全面的认识,促进管理人员的行为改变,并将此改变与组织的变革与改善紧密联系起来。这种相关群体共同参与的考核形式无疑会导致信任水平的提高,也能促使管理者和他们身边的人进行更多的沟通,从而能减少员工的抱怨和不满,提高顾客的满意度和培养组织的合作精神。

5.4　汽车服务企业薪酬管理

5.4.1　汽车服务企业的薪酬

汽车服务企业的薪酬是用人单位为获得劳动者提供的劳动而支付给劳动者的劳动报酬,这种劳动报酬可以是实物形态的,也可以是非实物形态的。一般而言,薪酬包括:以工资、奖金和红利等形式支付的直接货币报酬;以保险、休假等各种间接货币形式支付的福利。

(1)工资

工资包括基本工资和津贴。基本工资是员工收入的基本组成部分,是根据员工的绩效、能力给付的基本报酬形式,如计时工资、计件工资、职务工资、职能工资等。基本工资比较稳定,是确定退休金的主要依据。津贴是对员工在特殊劳动条件下工作时额外劳动的消耗、额外的生活费用,以及对员工生理或心理带来的损害而进行的物质补偿,津贴分地域性津贴、生活性津贴、劳动性津贴等。

(2)奖金

奖金是对员工有效超额劳动的报酬,是基本工资的补充形式,根据员工的业绩和公司经济效益状况给予。奖金分考勤奖金、效益奖金、项目奖金、季度奖金、年终奖金、红包等。

(3)福利

福利是汽车服务企业通过购置集体生活设施、提供劳务和建立补贴制度等方式,以解决员工在物质与精神生活上的普遍性需求或特殊困难而建立的公益性事业。福利分社会保险福利和用人单位集体福利等,有失业保险、人寿保险、遣散费、带薪休假、健康保障、工伤补偿、退休福利等。

5.4.2 汽车服务企业的薪酬作用与意义

（1）决定人力资源的合理配置与使用

薪酬一方面代表着劳动者可以提供的不同劳动能力的数量与质量，反映了劳动力供给方面的基本特征，另一方面代表着用人单位对人力资源需要的种类、数量和程度，反映了劳动力需求方面的特征。薪酬体系就是要运用薪酬这个人力资源中最重要的经济参数，来引导人力资源向合理的方向运动，从而实现企业目标的最大化。

（2）影响员工的汽车服务效率

薪酬是激励员工提高劳动效率的主要杠杆，在汽车服务企业中，应将其视为影响员工汽车服务效率的主要杠杆，要利用工资、奖金、福利等物质报酬激励劳动者。劳动者通过个人努力，获得高薪，是对其汽车服务价值的肯定，从而提高其汽车服务的积极性和创造性，提高汽车服务企业中员工汽车服务的效率。

（3）有利于稳定员工队伍

如果薪酬标准过低，劳动者的基本生活就会受到影响，劳动力的耗费就不能得到完全的补偿。会造成员工离开企业，影响员工队伍稳定；如果薪酬标准过高，又会对汽车服务成本造成较大影响。因此，合适的员工工资标准，才有利于保证汽车服务企业员工队伍稳定。

5.4.3 汽车服务企业的薪酬机制

（1）政府主导型

政府主导型机制主要是通过行政的、指令的、计划的方法来直接确定不同种类、不间质量的各类劳动者的薪酬水平、薪酬结构，从而引导人力资源的配置，如：政府给出当地最低工资标准。

（2）市场主导型

市场主导型机制实质上是一种效率机制，它主要是通过劳动力的流动和汽车服务市场竞争，在供求平衡中所形成的薪酬水平和薪酬差别来引导人力资源的配置，用人单位根据汽车服务市场、员工的能力和贡献、企业需求等确定员工的工资。

5.4.4 汽车服务企业的薪酬体系建立

（1）薪酬体系设计的基本程序

汽车服务企业的薪酬体系是企业从人力投资和激励机制的角度出发，为员工提供有形的与无形的酬劳的总和。薪酬体系的建立是一项复杂而庞大的工程，不能只靠文字的堆砌和闭门造车式的思考来完成薪酬体系的设计。设计汽车服务企业的薪酬体系应该遵循以下几个基本程序。

1）合理而详尽的汽车服务岗位分析。岗位分析也可称为工作分析或岗位描述，即根据汽车服务企业发展战略的要求，采用问卷法、观察法、访谈法、日志法等，对汽车服务企业所设的各类岗位的汽车服务工作内容、工作方法、工作环境以及工作执行者应该具备的知识、能力、技能。经验等进行详细的描述、分析，最后形成汽车服务岗位说明书和工作规范。岗位分析是汽车服务企业薪酬体系的基础，分析活动需要汽车服务企业人力资源部、员工及其主管上级通过共同努力和合作来完成。员工的工资都是与自己的工作岗位所要求的工作内容、工作责任、任职要求等紧密相连的。因此，科学而合理地分配薪酬必须同员工所从事工作岗位的内容、责任、权利、任职要求与在汽车服务企业中的价值相适应。这个价值是通过科学的方法和工具分析得来的，它能够保证薪酬的公平性和科学性，也是破除平均主义的必要手段。

2）公平合理的汽车服务岗位评价。岗位评价是在对汽车服务企业中存在的所有岗位的相对价值进行科学分析的基础上，通过分类法、排序法、要素比较法等方法对岗位进行排序的过程。要充分发挥薪酬机制的激励和约束作用，最大限度地调动员工的工作主动性、积极性和创造性，在设计汽车服务企业的薪酬体系时就必须进行岗位评价。

3）汽车服务企业的薪酬市场调查。薪酬市场调查就是通过各种正常的手段获取相关汽车服务企业各职务的薪资水平及相关信息。对薪酬市场调查的结果，会成为汽车服务企业的薪资体系决策的有效依据。

4）汽车服务企业薪酬体系方案的草拟。在完成了上述三个阶段的工作，掌握了详尽的资料之后，才能进行汽车服务企业薪酬方案的草拟工作。薪酬体系方案的草拟就是要在对各项资料及情况进行深入分析的基础上，运用人力资源体系的知识，完成汽车服务企业薪酬体系的书面设计工作。

5）汽车服务企业的薪酬体系方案的测评。汽车服务企业的薪酬体系方案草拟结束后，不能立刻实施，必须对草案进行认真的测评。测评的主要目的是通过模拟运行的方式来检验草案的可行性、可操作性，预测薪酬体系草案的双刃剑作用是否能够很好地发挥。

6）汽车服务企业的薪酬体系方案的宣传和执行。经过认真测评以后，应对测评中发现的汽车服务企业薪酬体系草案中存在的问题和不足进行调整，并最终确定为薪酬体系方案。然后就可以对薪酬体系方案进行必要的宣传。薪酬体系方案不仅要得到汽车服务企业上中层管理者的支持，更应该得到广大员工的认同。经过充分的宣传、沟通和培训，薪酬体系立案即可进入执行阶段。

7）汽车服务企业的薪酬反馈及修正。汽车服务企业薪酬体系方案在执行过程中的反馈和修正是必要的，这样才能保证薪酬制度长期、有效地实施。另外，对薪酬体系和薪酬水平进行定期的调整也是十分必要的。

（2）汽车服务企业的薪酬体系设计过程中应该注意的问题

1）公平性。合理的薪酬制度首先必须是公平的，只有公平的薪酬才是有激励作用的薪酬。但公平不是平均，真正公平的薪酬应该体现在个人公平、内部公平和外部公平三个方面。

个人公平就是员工对自己的贡献和得到的薪酬感到满意。从某种程度上讲，薪酬即是汽车服务企业对员工工作和贡献的一种承认，员工对薪酬的满意度也是员工对汽车服务企业忠诚度的一种决定因素。

内部公平主要表现在两个方面：一是同等贡献度及同等工作绩效的员工无论他们的身份如何（无论是正式工还是聘用工），他们的薪酬应该对等，不能有歧视性的差别；二是不同贡献度岗位的薪酬差异应与其贡献度的差异相对应，不能刻意地制造岗位等级差异。

外部公平是指汽车服务企业的薪酬水平相对于本地区、同行业在劳动力市场的公平性。外部公平要求公司的整体工资水平保持在一个合理的程度上，同时对于汽车服务市场紧缺人才实行特殊的激励政策，并关注汽车服务岗位技能在人才市场上的通用性。

2）薪酬不等，福利平等。在处理薪酬各部分的时候，要区别对待。各类工资、奖金、职务消费应该按汽车服务岗位和贡献的不同拉开差距，而各类福利应该平等，不能在汽车服务企业内部人为地制造森严的等级。

3）薪酬的设计要处理好老员工与新员工的关系。汽车服务企业的发展是一个长期积累的过程，在这个过程中，老员工是做出了很大的贡献的。同时，不断地引进汽车服务企业所需要的各类人才也是人力资源体系的重要工作。因此，在设计汽车服务企业薪酬体系时，既要体现对老员工历史贡献的认同，又要注意避免过分加大新老员工的薪酬差异。造成新员工的心理不平衡和人才的流失。要能留住老员工，吸引新员工，尤其是刚毕业的能够满足本企业需求的大学生等青年人才，他们是企业的未来，给予他们适当高一点的薪酬，厚待他们，有利于留住他们为企业提供长期汽车服务。

4）薪酬制度调整要在维护稳定的前提下进行。汽车服务企业的薪酬制度调整要在维护稳定的前提下进行，薪酬分配的过程及其结果所传递的信息有可能会导致员工有更高的工作热情、更强烈的学习与创新愿望，也有可能导致员工工作懒散、缺乏学习与进取的动力。因此，对汽车服务企业的薪酬制度进行调整必须以维护员工队伍稳定为前提，要注意维护大多数员工的利益和积极性。损害大多数员工的利益和挫伤了大多数员工的积极性的薪酬改革是不可取的。

思考与练习

1. 简述人力资源管理的职能？
2. 汽车服务企业工作分析包含哪些内容？
3. 人力资源招聘的途径有哪些？
4. 加强员工培训对企业有什么重要意义？
5. 汽车服务企业管理人员与一般维修人员的培训有什么不同？
6. 简述如何制定汽车服务企业的薪酬体系？

第6章 汽车服务企业设备管理

教学提示：汽车服务企业具备一套完善的设备管理体系，有助于确立企业的独特品牌形象、提升自身的竞争力、满足不同消费者的需求。

教学要求：本章主要讲述汽车服务企业设备管理的概况及工作要求。要求学生了解汽车服务企业设备管理的概念、分类，熟悉汽车服务企业设备管理内容及工作要求。

6.1 汽车服务企业设备管理概述

6.1.1 汽车服务企业设备管理的概念

1. 汽车服务企业设备的概念

汽车服务企业设备是指在汽车经营服务过程中，所需要的机械及仪器等，是企业的有形固定资产，是可供企业长期使用，并在使用过程中基本保持原有的实物形态，且价值在一定限额以上的劳动资料的总称，是汽车服务企业生产经营中必不可少的物质基础。

2. 汽车服务企业设备管理的概念

汽车服务企业设备管理是指从设备的选择、规划、使用、维修、改造、更新，直到报废全过程的决策、计划、组织、协调和控制等一系列活动进行的管理。

设备是一种具有独特性质的物体：一方面，设备以其功能参与产品的形成，而不是设备的实体转移到产品中去；另一方面，设备具有一定的使用寿命，在使用过程中会发生使用费用，其自身价值会逐渐降低。因此，设备管理是一项系统工程，是对设备运动全过程进行的全方位管理。

6.1.2 汽车服务企业设备的分类

设备的分类主要是依据设备的结构、性能和工艺特征进行的。凡设备性能基本相同，又属于各行业通用的，列为通用设备；设备结构、性能只适用于某一行业专用的，列为专用设备。汽车服务企业设备管理主要以汽车维修设备为主，具体可分为汽车维修通用设备和汽车维修专用设备。

1. 汽车维修通用设备

汽车维修通用设备，主要是通用于汽车维修行业的金属切削机床、锻压设备、空气压缩机、起重设备等。

按照国家标准《汽车维修开业条件》要求,汽车维修企业应配备的通构设备有:钻床、空气压缩机、电气焊设备、普通车床、砂轮机等。二类维修企业根据生产规模必备的设备有钻床、镗床、普通车床、砂轮机等。

2.汽车维修专用设备

汽车维修专用设备,根据设备的功能和作业部位可分为:汽车清洗设备、汽车补给设备、汽车拆装整形设备、汽车加工设备、汽车举升运移设备和汽车检测设备等。

(1)汽车清洗设备

汽车清洗设备主要用于汽车车身、底盘和汽车零部件的清洗。根据清洗设备的用途可分为汽车外部清洗设备和汽车零件清洗设备。

1)汽车外部清洗设备。主要用于汽车日常维护和维修前的清洗,完成汽车车身和底盘的清洗工作。按清洗方式不同,又分为喷射冲洗式和滚刷刷洗式。喷射冲洗式清洗机主要依靠高压水来清洗汽车车身和底盘污垢,例如 PQ-40 型喷射式清洗机,喷水压力达 4 MPa,其特点是出水压力高、用水量小、清洗效率高,适用于汽车外部清洗作业。滚刷刷洗式清洗设备一般是指由滚刷、驱动装置、门架、电动机、水泵和控制系统等组成的全自动汽车外部清洗机,其特点是清洗效果好,自动化程度高,适用于轿车和客车外部清洗。例如意大利生产的雅洁牌 AE-27 型全自动洗车机,可清洗车辆高度低于 2.7 m 的轿车和中型客车。由于近年来水资源的紧张,无水洗车技术推广迅速。

2)汽车零件清洗设备。汽车零件清洗设备,主要用清洗剂对零件表面进行喷洗,以达到清除油污的目的。目前,汽车零件清洗已经实现机械化和自动化。按清洗室的结构分为通过式和封闭式。通过式清洗室主要用于维修量较大的一类维修企业,二类维修企业一舶适用封闭式汽车零件清洗设备。

(2)汽车补给设备

在汽车维修作业中,需要对车辆润滑部位加油,蓄电池补充电力,汽车轮胎补充气体。为改善维修工人劳动条件,提高添加剂量的准确性,减少浪费,需要用补给设备完成此项工作。汽车补给设备,按用途可分为加油设备、充电设备和充气设备。

1)汽车加油设备。按加注的油料种类分为汽、柴油加油泵、润滑脂加注器、润滑油加注器。按动力方式可分为手动、电动、气动。

2)汽车充电设备。主要用于汽车蓄电池充电。根据用途和完成充电时间又可分为普通充电器、快速充电器和多用充电器。普通充电器主要适用于蓄电池的常规充电,最大电流在 15 A 左右,可控硅充电器适用于各类蓄电池的快速充电和常规充电,最大电流在 100 A 左右。多用充电器可作为汽车启动电源、蓄电池充电电源并可作电焊机使用等。

3)汽车充气设备。主要用于汽车轮胎的定压充气,含空气压缩机、轮胎气压检测设备等。二类维修企业一般配备 0.6 V/T 型小型空气压缩机。

(3)汽车拆装整形设备

主要用于汽车维修生产作业中,对总成和零部件的拆装和车身变形后的恢复,以减轻劳动强度,保证维修质量,提高劳动生产率。其主要设备有:电动扳手、气动扳手、轮胎螺母拆装机、骑马螺栓螺母拆装机、液压机、半轴套管拉压器、车身矫正器、齿轮轴承拉拆器、专用零件拆装工具等。

（4）汽车维修专用加工设备

在汽车维修过程中，对零件进行加工，是恢复零部件技术状况的一种方法。目前加工设备的种类比较多，通用加工设备已成为国家的定型产品，如车床、刨床、磨床等。专用加工设备大部分是非标准产品，只有少部分是国家定型产品。根据对零件加工部位的不同又可分为：缸体加工设备，曲轴、连杆及轴瓦加工设备，配气机构加工设备，制动系统加工设备，如镗鼓机，光盘机等。

1）缸体加工设备。发动机在运转过程中，缸套与活塞发生摩擦，由于缸套磨损后形状和尺寸发生了变化，需要进行整修，通常需要镗缸、磨缸。常用的镗缸、磨缸设备有移动式和固定式两种。

2）曲轴、连杆及轴瓦加工设备。曲轴、连杆及轴瓦加工设备有曲轴磨床、曲轴修磨机、镗瓦机等。

3）配气机构加工设备。配气机构加工设备主要对配气机构中的气门座、气门挺杆进行加工，使其达到技术标准。

4）制动系统加工设备。汽车制动系统修理是汽车维修作业经常性工作之一。汽车在运行中经常使用制动器，使得制动鼓和制动蹄发生磨损，为保证行车安全必须对制动鼓和制动蹄进行加工（更换），使其达到技术标准。

（5）汽车举升运移设备

汽车举升运移设备，主要用于汽车维修生产中整车或零部件的垂直、水平位移，以便进行拆装、修理和存放。其主要设备有龙门起重机、单臂液压起重机、二柱举升器、四柱举升器、埋入式液压举升机、液压千斤顶、前桥作业小车、后桥作业小车、变速器拆装小车、发动机翻转架等。

（6）汽车检测设备

汽车检测设备主要用于汽车维修前的故障诊断，维修过程中零部件的检验，修竣后的性能检测和汽车使用中的定期技术状况检测。目前汽车检测设备种类很多，分为发动机检测设备、底盘检测设备、零部件检测设备等。

1）发动机检测设备。主要用于发动机的性能和故障的检测诊断。常用的设备有综合性能检测仪和单项检测仪两种。例如，发动机综合性能检测仪、解码器、示波器等，主要检测汽、柴油发动机的起动系、点火系、供油提前角、转速、功率、单缸动力性、喷油状况及配气相位和发动机异响等。单项检测设备有汽缸压力表、真空表、油压表、异响听诊仪、尾气分析仪、不透光烟度计等。

2）底盘检测设备。主要指用于检测汽车底盘性能和工作状况的设备，有汽车侧滑检测台、汽车五轮仪、汽车制动检测台、汽车速度表检测台、汽车底盘测功机、前照灯检测仪、轮胎动平衡机、减振器性能检测仪、无级变速器性能检测装置、ABS 检测装置等。

3）零部件检测设备。主要用于单一零部件的检测，例如专门调校柴油喷油泵的喷油泵试验台；用于发电机、起动机及所有电气检测的汽车电气万能试验台。

6.1.3　汽车服务企业设备管理的内容与意义

1.汽车服务企业设备管理的内容

设备管理工作的具体内容主要有以下几个方面。

1）建立健全设备管理机构。企业领导要分工负责设备管理，并要根据企业规模，配备一定数量的专职和兼职设备管理人员，负责设备的规划、选购、日常管理、维护修理以及操作人员技术培训工作。

2）建立健全汽车维修设备管理制度。汽车服务企业应当根据国家的法律法规要求，以及行业主管部门的具体规定，结合本企业的特点制定企业的设备管理制度，规定设备安装、使用、维修等技术操作的规程，明确设备配置、领用、变更、报废等活动的管理程序，明确设备使用与管理的岗位责任制度与奖罚规定等，使设备管理有章可循，全员参与，各负其责。

3）认真做好汽车维修设备管理的基础工作。设备管理的基础工作主要包括设备的调入、调出登记，建档、立账，维修保养，报废及事故处理等，保证设备完好，不断提高设备的利用率。

4）认真进行汽车维修设备的规划、配置与选购。根据企业的级别规模和发展前景，合理规划企业设备的配置，要在充分进行技术、经济论证的基础上，认真制订维修设备配置计划，并按照配置计划组织设备选购，要做到技术上能够满足使用要求，并保持一定的先进性，经济上合理核算，保证良好的投资效益。

5）加强设备日常使用、保养及维修管理。保证严格执行操作规程，保证设备安全使用。要加强设备日常维护，要求操作人员每日班前对设备进行检查、润滑，下班前对设备进行认真清洁擦拭。定期对设备进行紧固、调整、换油和检修作业，保证设备处于良好技术状态，充分发挥设备的利用效率。

6）适时做好汽车维修设备的报废和更新改造工作。为适应新型车辆的维修工作，必须对设备技术上的先进性与经济上的合理性，做到全面考虑，权衡利弊，以提高设备更新改造的经济效益。

2. 汽车服务企业设备管理的任务

企业设备综合管理的目标是通过设备综合管理，保持设备完好，提高企业技术装备素质，充分发挥设备效能，达到取得良好投资效益的目的。

汽车服务企业设备管理的主要任务是为实现企业的经营目标，完成生产经营任务提供良好的设备技术装备，并在此基础上进行技术创新活动，通过一系列技术经济组织措施，对设备实行全过程的综合管理，以期达到设备寿命周期费用最经济、设备综合效益最高的要求。具体内容主要包括以下几点。

1）按照技术先进、经济合理、服务优良的原则，正确选购设备，为企业提供优良的技术装备。

2）在经济节省的基础上，加强设备管理和维修的管理，保证设备始终处于良好的技术状态。

3）以设备的寿命周期为研究对象，力求设备整个寿命周期费用的最小和设备综合效益最高。

4）搞好设备的更新改造，提高设备的现代化水平，使企业的生产活动建立在最佳的物质技术基础上。

5）改变传统的设备管理观念和方法，提高企业职工使用、维护、修理和管理设备的技术素质。

3. 汽车维修设备管理的意义

汽车维修设备管理是以汽车维修企业生产经营目标为依据，通过一系列的技术、经济和组织措施，对设备的设计制造、购置、安装、使用、维护、修理、改造、更新直至报废的全过程进行的管理。它包括设备的物质运动和价值运动两个方面。

1）提高汽车维修工作质量和效率。合理的配置和正确使用维修设备是保证维修质量和提高工作效率的重要条件。

2）设备及其管理的现代化，是拓展维修业务的重要手段。随着汽车构造、性能、种类、使用要求和科技含量的迅速提高，对汽车维修设备的现代化要求也越来越高。合理配置的先进维修设备是维修企业技术进步的物质基础。不断更新设备、配置先进设备、不断提高设备管理和使用水平是汽车维修企业技术进步的表现，也是汽车维修企业提高服务水平、拓展业务范围的重要手段。

6.2　设备的选择与评价

6.2.1　设备的选择

1. 设备购置的类型

企业在选择设备时，应根据不同的目的，确定选择设备的类型。

1）业务项目开发型。为开发新的服务项目而选择设备。进行此类设备选型时，往往是企业现有的参考资料较少，设备选型决策风险较大，但是这类选型购置，能在开发企业新业务的带动过程中，实现企业的技术进步。

2）生产能力扩张型。为扩大现有生产能力而选购设备，目的是使同样的服务以扩大生产规模的方式进行，来增加企业利润。这种购置并不能给企业带来技术进步，创造市场竞争中的技术优势，因此，选择这种类型时，必须认真考虑市场需求和整个市场的变化趋势。

3）设备更新型。这是以同类设备替换实现企业设备性能、效率、效益的改变。这类选型购置的目的，是通过提高生产效率、服务质量和降低消耗，最终实现企业成本的降低和利润的增加。它是汽车服务企业实现技术进步的主要途径。这类设备选型必须有计划、分步骤、有重点地进行。

4）经营发展综合型。这类设备选型购置的收益不局限于某一方面，例如：科研、管理设备，防止公害、有利于环境保护的设备选型购置等。这类设备的选型购置应当有充分的依据。

2. 设备的选择

汽车服务企业设备、工具、仪器的选择应当遵循的基本原则是：符合有关法规、生产上领先、技术上先进、经济上合理。一般情况下，这 4 个原则是基本统一的，但由于企业的规模、使用条件、主修车型、工艺布局等因素，也会出现一些矛盾。例如，有的设备技术上虽然先进，适用广泛，但不太适应本企业的主修车型，不能发挥其效能，采用时经济上不合理。再如，某汽车维修企业品牌维修站，专修某些特定的车型，需要大量专用设备、工具和检测仪器，技术很先进，但又比较昂贵，需要投资较多等。具体来说，选择设备时应综合考虑以下几方面的因素。

1）应符合国家规定的汽车服务企业开业条件中规定的有关设备、工具、仪器的配置要求。

在设备条件中明确规定：企业配备设备型号、规格和数量应与其生产纲领、生产工艺相适应。

2）根据主要维修车型的技术特点和技术发展趋势，合理选配维修设备、工具和检测仪器，以保证在技术上、质量上满足维修要求，并具备一定的超前性。对于品牌汽车维修企业，还应遵守品牌厂家的有关要求或技术规定。

3）设备的生产效率。设备的生产效率是指单位时间内完成的维修汽车作业量或与工作有关的技术参数。选购设备时，根据生产流程和作业量，尽量选购工艺流程自动化程度高、工作速度快、效率高的维修设备。应结合维修车间的维修能力规划和平面布局，做好购置计划。

4）设备的可靠性与耐用性。设备的可靠性是指设备在规定的时间内，在正常使用条件下，无故障地发挥其效能。设备的耐用性是指设备的使用寿命，这是选购设备的一个重要因素。

5）设备的安全性。设备的安全性是指在使用过程中对操作人员、维修车辆以及设备本身的安全保证程度。汽车维修设备在生产使用过程中由于技术、经济、质量、环境等原因，有可能会存在一些不安全因素，因此，选购设备时应考虑是否配置自动控制安全保护装置，如自动断电、自动停车、自动锁机构、自动报警等，以提高设备预防事故的能力。

6）设备的配套性。汽车维修设备的配套性是指设备本身之间相互配套的水平或密切程度。在选购汽车设备时，应根据车型特点、维修工艺要求，使有关设备在技术性能、维修能力方面相互协调，以达到每台维修设备的能力都能充分发挥。

7）设备的维修性。汽车维修设备的维修性主要应考虑汽车维修设备的结构先进简单、装配合理，能迅速拆卸、易于检查。设备供应方能持续提供有关资料、技术支持和维修备件，有较强的服务能力等。

8）设备的经济性。汽车维修设备的经济性是指在选购维修设备时，不仅考虑设备初期投资费用大小，而且还要考虑设备投资回报期限和投入后的维修费用。设备购置计划应与投资能力相适应，制定的计划应量力而行，有可操作性。选购设备之前要进行经济评价，要对几种设备在经济上比较优劣。在进行设备购置时所选择的供应商不应过多，否则将来售后服务不方便，应选择那些实力强、信誉好、售后服务好的供应商。

6.2.2　设备的评价

1.设备选择的经济评价

（1）设备选型经济评价的主要内容

企业在选购设备的过程中，除了要考虑上述因素外，还应对设备进行经济性评价。进行经济性评价的目的，是要对几种设备选择方案的投资费用、使用费用、预期收益等进行对比、分析，从中选择技术性最好、经济性最佳的方案。

1）投资费用（又称原始费、购置费）。投资费用是指一次性支出或集中在短时间内支出的费用。企业自制的设备包括研究、设计、制造等费用；外购的设备则是指设备的价格、运输费、安装调试费等费用支出。

2）使用费（又称维持费）。使用费是指在整个设备寿命周期内，为了保证设备正常运行而定期支付的费用，主要包括维修费、能源消耗费、保险费、直接作业人员的工资等。

（2）设备经济评价方法

常用的方法有投资回收期法、年费用法、现值法。

1)投资回收期法。先分别计算各备选方案的投资总额,并考虑由于采用该方案而带来的费用节约额,并依据投资费用与节约额分别计算各备选方案的投资回收期,然后进行方案比较。其计算公式为:

$$投资回收期(年) = \frac{设备投资费用总额(元)}{设备使用后的年净收益(元/年)}$$

其中,设备投资费用总额由设备原始费用和使用费用组成。原始费用包括外购设备原价、设备及材料的运杂费、成套设备业务费、备品备件购置费、安装调试费等;对于自制设备,包括研究、设计、制造、安装调试费等。使用费用是指设备在整个寿命周期内所支付的能源消耗费、维修费、操作工人工资及固定资产占用费、保险费等。

计算出来的设备投资回收期越短,说明设备投资效果越好。在相同的条件下,选择投资回收期最短的设备为最佳设备。在某些情况下,可以考虑资金的时间价值,采用动态投资回收期法进行分析、权衡。投资回收期法适用于单台设备购置和多台设备的对比评价。

2)年费用比较法。年费用比较法是从设备的寿命周期角度来评价和选择设备。采用这种方法是在设备寿命周期不同的条件下,把不同方案的设备购置费用,根据设备的寿命周期,按一定的利率换算成相当于每年的平均费用支出,然后再加上每年的平均使用费,得出各方案设备寿命周期内平均每年支出的总费用。其计算公式为:

设备的年度总费用 = 设备购置费×资金回收系数 + 年维持费

计算出不同设备的年总费用,从中选择年总费用最低的设备为最优设备。

3)现值比较法。现值比较法是把设备寿命周期平均每年支付的维持费和残值,按现值系数换算成相当于设备的初期费用,然后再和设备的原始投资费用相加,进行总费用现值的比较,从中选择寿命周期总费用最低的设备为最优设备。其计算公式为:

设备寿命周期的费用现值 = 设备购置费 + 年维持费×年金现值系数

现值比较法与年费用比较法相反,后者是把投资成本化为年值后与每年维持费用相加组成设备的年度总费用,再进行比较;而前者则是在每年的维持费用转化后与当初的投资费相加,组成总现值,再进行比较。现值比较法与年费用比较法可以互相验证,过程不同,但计算后得出的结论是一致的。

6.3　设备的使用、维护和修理

6.3.1　设备的合理使用与维护保养

1.设备的合理使用

设备使用寿命的长短、生产效率的高低,虽然取决于设备本身的设计结构特性、制造水平和各种参数,但在很大程度上也受制于设备的使用是否合理、正确。正确使用设备,可以在节省费用的条件下减轻设备的磨损、保持其良好的性能和应用的精度,延长设备的使用寿命,充分发挥设备的效率和效益。

设备的正确使用,是设备管理中的一个重要环节。具体地应抓好以下几项工作。

1)做好设备的安装、调试工作。设备在正式投入使用前,应严格按质量标准和技术说明安装、调试设备，安装、调试后要经试验运转验收合格后才能使用，这是正确使用设备的前提和基础。

2）合理安排生产任务。使用设备时，必须根据工作对象的特点和设备的结构、性能特点来合理安排生产任务，防止和消除设备无效运转。使用时，既严禁设备超负荷工作，也要避免"大马拉小车"现象，造成设备和能源的浪费。

3）切实做好机械操作人员的技术培训工作。操作人员在上机操作之前，须做好上岗前培训，认真学习有关设备的性能、结构和维护保养等知识，掌握操作技能和安全技术规程等知识及技能，经过考核合格后，方可上岗。要严禁无证上岗。

4）建立健全一套科学的管理制度。企业要针对设备的不同特点和要求，建立各项管理制度、规章制度和责任制度等，如持证上岗制度、安全操作规程、操作人员岗位责任制、定人定机制度、定期检查维护制度、交接班制度及设备档案制度等。

5）创造使用设备的良好工作条件和环境。保持设备作业条件和环境的整齐、清洁，并根据设备本身的结构、性能等特点，安装必要的防护、防潮、防尘、防腐、防冻、防锈等装置。有条件的企业还应该配备必要的测量、检验、控制、分析以及保险用的仪器、仪表、安全保护装置。这对精密、复杂、贵重的设备尤为重要。

2．设备的维护保养

设备的维护保养应遵循设备自身运动的客观要求。其主要内容包括：清洁、润滑、紧固、调整、防腐等。目前，实行的比较普遍的维护是"三级保养制"，即日常保养（简称"日保"）、一级保养（简称"一保"）和二级保养（简称"二保"）。

1）日常保养。日常保养重点进行清洗、润滑、紧固易松动的部位，检查零件的状况，大部分工作在设备的表面进行。这是一种由操作人员负责执行的经常性的工作。

2）一级保养。一级保养除普遍地对设备进行紧固、清洗、润滑和检查外，还要部分地进行调整。它是在专职维修工人的指导下，由操作工人承担定期进行保养的职责。

3）二级保养。二级保养主要是对设备内部进行清洁、润滑、局部解体检查和调整，以及修复和更换易损零件。这项工作应由专职检修人员承担，操作人员协作配合。二级保养也是定期进行的。

6.3.2　设备的检查与修理

设备的维修工作是减少和补偿物质磨损，使设备处于完好状态，保证生产正常进行的一项重要工作。

1．设备磨损及其规律

设备在使用或闲置过程中，会发生两种形式的磨损：一种是有形磨损，亦称物质磨损或物质损耗；另一种是无形磨损，亦称精神磨损或经济磨损。这两种磨损都会造成经济损失。为了减少设备磨损和在设备磨损后及时进行补偿，首先必须弄清产生磨损的原因和磨损规律，以便采取相应的技术、组织与经济措施。

1）设备有形磨损产生的原因及其规律。设备有形磨损是设备在使用（或闲置）过程中发生的实体磨损。有形磨损又分为机械磨损（也称第Ⅰ种磨损）和自然磨损（也称第Ⅱ种磨损）。机械磨损是指设备在使用过程中，由于设备零部件的摩擦、振动、疲劳和腐蚀，致使设备发生磨损或损坏。通常表现为零部件原始尺寸和形状的改变、公差配合性质的改变、效率下降、障碍增多等，它主要与设备的使用时间和强度有关系。自然磨损是设备在闲置过程中，由于自然环境的作用及管理维护不善而造成的。通常表现为设备锈蚀、材料老化、功能下降等，它在一定程度上与设备闲置时间长短和设备的维护好坏有关。设备的有形磨损会降低其使用价值。

机器设备的有形磨损规律大致可以分为三个阶段，其磨损曲线如图 6 - 1 所示。第一阶段是初期磨损阶段，一般发生在设备制造、修理、总装调试或投入使用期的调试和设备的初期使用阶段。在这个阶段，设备各零部件表面的几何形状和表面粗糙度都要发生明显的变化。主要原因是零件在加工、制造过程中，表面有一定粗糙度。当互相配合作相对运动时，粗糙表面由于摩擦产生磨损。第二阶段是正常磨损阶段，在这一阶段内，

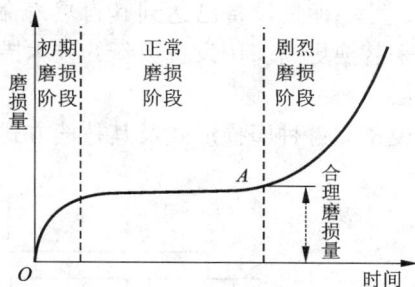

图 6 - 1　设备有形磨损曲线

如果零部件的工作条件不变或变化很小时，磨损量基本随时间匀速增加，零部件的磨损速度非常缓慢。第三阶段称为剧烈磨损阶段，这一阶段的出现，往往是由于零件已到达它的寿命期仍继续使用，磨损量急剧上升，造成机器设备的精度、技术性能、生产效率明显下降。

了解了磨损的规律，我们就可以知道初期磨损阶段越短越好，正常磨损阶段越长越好，避免出现剧烈磨损。

2）设备无形磨损产生的原因及其规律。设备投入生产以后，在产生有形磨损的同时，还存在无形磨损。所谓无形磨损，是指设备在有效使用期内（即其自然寿命），生产同样结构的设备，由于劳动生产率提高，其重置价值不断降低，而引起原有设备的贬值；或者由于科学技术进步而出现性能更完善、生产效率更高的设备，以致原有设备价值降低。无形磨损由两种原因引起，因而有两种不同的形式，前者为第 I 种无形磨损，后者为第 II 种无形磨损。

在第 I 种无形磨损情况下，设备技术结构和经济性能并未改变，但由于技术进步的影响，生产工艺不断改进，成本不断降低，劳动生产率不断提高，使生产这种设备的社会必要劳动耗费相应降低，从而使原有设备发生贬值。

在第 II 种无形磨损情况下，由于出现了具有更高生产率和经济性的设备，不仅原设备的价值会相应降低，而且，如果继续使用旧设备还会相对降低生产经济效率（即原设备所生产产品的品种、质量不及新设备，以及生产中耗用的原材料、燃料、动力工资等比新设备多）。这种经济效果的降低，实际上反映了原设备使用价值的局部或全部丧失，这就产生了用新设备代替现有旧设备的必要性，不过这种更换的经济合理性取决于现有设备的贬值程度，以及在生产中继续使用旧设备的经济效益下降的幅度。

3）设备磨损的补偿。从以上分析可知，两种磨损的相同点是都会引起原始价值的降低，不同之处是有形磨损的设备，特别是有形磨损严重的设备，在进行修理之前，常常不能正常运转使用。而任何无形磨损都不影响设备的继续使用，因为它本身的技术性能和功能并不因无形磨损而受到影响，设备的使用价值没有多大降低。其补偿方式有以下两种。

①对运行和闲置中的设备，应加强使用维护及保养管理，做到正确使用、精心维护、合理润滑，减缓有形磨损的发生速度。

②根据设备不同的磨损形式，采取不同的措施和补偿磨损的形式。设备产生有形磨损

后，有一部分可以通过维修来消除，这类磨损属可消除性的有形磨损，其补偿形式，一般称为磨损的局部补偿。另一部分是不能通过维修消除的，这类磨损属不可消除性的有形磨损。不可消除性的有形磨损又可分为两种：一种是因为可消除性有形磨损不及时或没有进行局部补偿，形成磨损的积累，导致提前丧失工作能力，修理代价大而不经济，需重置新的设备来替代；另一种是设备已达到其自然寿命，继续使用、修理又不经济时，需要用同样用途的新设备来替换更新。用设备更新的技术措施进行有形磨损补偿，称为有形磨损的完全补偿或整体补偿。

设备的各种磨损形式及其补偿方式之间的关系，如图6-2所示。

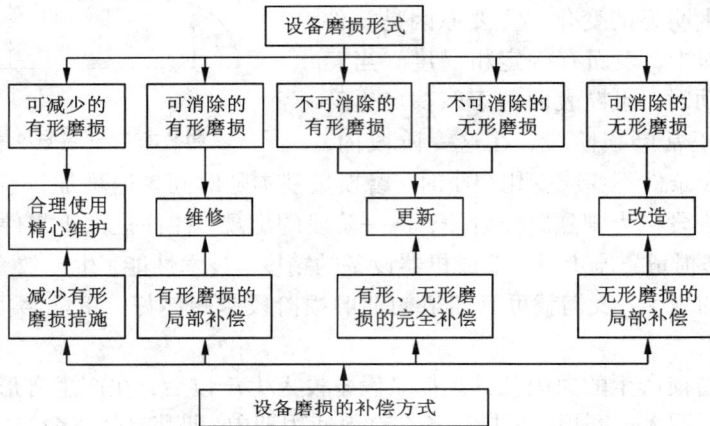

图6-2　设备磨损形式及其补偿方式

2. 设备的检查

设备的检查是指在掌握设备磨损规律的条件下，对设备的运行情况、技术状态和工作稳定性等进行检查和校验。进行设备检查，就是对设备的精度、性能及磨损情况等进行检查，了解设备运行的技术状况，及时发现和消除设备隐患，防止突发故障和事故。设备检查的方法很多，具体分为：

1) 日常检查。日常检查是由操作工人利用人的感官、简单的工具或安装在设备上的仪表或信号标志，每天对设备进行的全面检查。日常检查的作用在于及时发现设备运行的不正常情况并予以排除。日常检查是预防维修的基础工作之一，贵在坚持。

2) 定期检查。定期检查是以专业维修人员为主，操作人员参加的定期对设备进行的全面检查。定期检查的目的在于发现和记录设备异常、损坏及设备磨损情况，以便确定修理的部位、更换的零件、修理的种类和时间，以便制定维修计划。

3) 精度检查。精度检查是对设备的实际加工精度有计划地进行定期检查和测定，以便确定设备的实际精度，精度检查的目的在于为设备的调整、修理、验收和更新提供依据。

4) 机能检查。即对设备的各项机能进行检查和测定，如零件耐高温、高压、高速的性能等。

3. 设备的修理

设备的维护检查是"防"的问题，设备的修理是"治"的问题。设备的修理指修复由于正常或不正常原因而引起的设备损坏，通过修理和更换已磨损、腐蚀、损坏的零部件，使设备的效能得到恢复。

（1）设备修理的种类

按照设备修理对设备性能恢复的程度、修理范围、修理间隔期以及修理费用等，可以分为大修、中修、小修三类。

1）大修。大修是一种对设备整体进行恢复性定期计划修理的方法。修理时应将设备大部或全部解体，修复基准件，更换或修复全部不合格的零件，同时检查、修理、调整设备的仪表电气系统，全面消除故障和缺陷，并进行外部喷漆，以恢复设备规定的精度、性能和外观。

2）中修。根据设备的实际情况，对状态劣化已难以达到生产工艺要求的部件进行针对性维修。中修时，一般要进行部分拆卸，检查，更换或修复失效的零件，必要时对基准件进行局部维修和调整精度，从而恢复所修部分的精度和性能。目前我国许多企业已较广泛地开展了中修工作，并取得了良好的效益。

3）小修。针对日常点检、定期检查和状态监测诊断发现的问题，拆卸有关部件、进行检查、调整、更换或修复失效的零件，以恢复设备的正常功能。对于实行定期维修的设备，小修的主要内容是根据掌握的磨损规律，更换或修复在维修间隔期内即将失效的零件，以保证设备的正常功能。

（2）设备维修制度

设备维修制度，是指在设备的维护保养、检查、修理中，为保持、恢复设备良好的性能而采取的一系列技术组织措施的总称。目前，我国实行的设备维修制度主要是计划预防维修制度和计划保养维修制度。

1）计划预防维修制度。计划预防维修制度，是根据设备的一般磨损规律和技术状态，按预定修理周期及其结构，对设备进行维护、检查和修理，以保证设备经常处于良好的技术状态的设备维修制度。计划预防维修的方法有检查后修理法、定期修理法和强制修理法三种。

检查后修理法，是事先只规定设备的检查计划，根据检查的结果和以前的修理资料，确定修理日期、类别和内容的方法。

定期修理法。是指根据设备的实际使用情况，参考有关机件磨损程度资料，制订设备修理工作的计划日期和大修工作量的方法。

强制修理法。是指一种强制性的计划预修方法，主要根据设备零件的使用寿命，预先编制具体修理计划，明确规定修理日期、类别和内容，不管设备的实际技术状态及零部件的磨损情况如何，都应严格按计划规定进行强制修理。

2）计划保养维修制度。计划保养维修制度是在总结计划预修制度的经验和教训的基础上建立起来的一种以预防为主、防修结合的设备维修制度。所谓计划保养维修制度，就是有计划地进行设备三级保养和大修理的体制和方法，即在搞好三级保养的同时有计划地进行大修。但是，要真正发挥计划保养维修制度的作用，必须做好以下几项工作：

第一，根据各类设备的磨损规律、工作条件和技术状态，分别制定不同的保养间隔期，严格按规定的保养间隔进行计划保养；

第二，根据设备特点、操作人员的技术水平及生产情况，明确划分操作人员和维修人员应负责检查的保养内容；

第三，积极组织和开展群众性设备维修活动；

第四，建立设备保养记录和故障分析报告制度。

（3）设备大修理经济界限的确定

设备修理是为了保持设备在寿命周期内的完好使用状态而进行的局部更换或修复工作，其中，大修理是维修工作中规模最大，花钱最多的一种设备维修方式，它是通过对设备的全部解体，修理耐用的部分，更换全部损坏的零件，修复所有不符合要求的零部件，全面消除缺陷，以便设备在大修理之后，在生产效率、精确度、运转速度等方面达到或基本达到原设备的出厂标准，设备大修理是在原有实物形态上的一种局部更新。

设备平均寿命期满前所必需的维修费用总额可能是个相当可观的数字，有时可能超过设备原值的若干倍。同时，这个费用总额又随规定的平均寿命期而变化，平均寿命期规定的越长，维修费用越高。那么，在什么条件下，进行大修理在经济上才是合理的呢？

1）某次大修理费用不能超过同种设备的重置价值，这样的大修理在经济上才是合理的。通常把这一标准称为设备大修理的最低经济界限。

2）设备大修理后，使用设备完成单位工作量的成本，在任何情况下，都不能超过使用新设备完成单位工作量的成本，这时，设备大修理在经济上才是合理的。

只有同时满足上述两个条件的大修理，在经济上才是合理的。对技术进步较快，无形磨损期较短的设备来说，很可能用新设备完成单位工作任务的单位费用较低，这时，第二个条件为经济界限，则更为重要。

（4）设备维修与管理的评价指标

企业为评价和促进设备的经济效益和综合管理水平，必须建立健全设备维修和管理的考核指标体系。

1）反映设备技术状态的指标。该指标主要包括设备完好率、设备故障率、设备待修率等。计算公式为：

$$设备完好率 = \frac{完好设备总台数}{设备总台数}$$

$$设备故障率 = \frac{故障停机时间}{生产运转时间}$$

$$设备待修率 = \frac{平均待修设备台数}{平均实有设备台数}$$

2）表示设备维修与管理的经济性的指标。该指标主要包括维修费用效率、单台设备费用效率、单位工作量（或产值）维修费用及维修人数等。计算公式分别为：

$$维修费用效率 = \frac{作业工作量}{维修费用总额}$$

$$单位工作量（产值）维修费用 = \frac{维修费用总额}{总工作量（产值）}$$

3）反映设备利用情况的指标。该指标主要包括设备台数利用率、设备时间利用率和设备能力利用率。计算公式分别为：

$$设备台数利用率 = \frac{使用设备总台数}{在册设备总台数}$$

$$设备时间利用率 = \frac{设备实际工作总台时数}{设备日历总台时数}$$

$$设备能力利用率 = \frac{单位台时的实际工作量}{单位台时额定工作量}$$

6.4　汽车服务企业设备的更新与改造

设备是汽车服务企业生产经营活动的重要物质基础和技术基础,企业设备从购置后投入使用一直到最后报废,通常要经历一段较长的时间,在这段时间内,设备会逐渐磨损,当设备因损坏或落后等原因而不能或不宜继续使用时,就需要进行设备改造或更新。

6.4.1　设备的寿命

在设备改造与更新分析过程中,存在着一个如何确定合理的设备寿命问题。设备寿命指设备从开始投入使用时起,一直到因设备功能完全丧失而最终退出使用的总的时间长度。衡量设备最终退出使用的一个重要指标是可靠性。可靠性是指设备在规定条件下和规定时间内,完成规定功能的能力。

设备的寿命通常是设备进行更新和改造的重要决策依据。设备更新改造通常是为提高产品质量,促进产品升级换代,节约能源而进行的。其中,设备更新也可以是从设备经济寿命来考虑,设备改造有时也是从延长设备的技术寿命、经济寿命的目的出发的。

设备的寿命有物质寿命、技术寿命和经济寿命。

1.设备的物质寿命(自然寿命)

由于有形磨损达到一定程度会使设备丧失技术性能和使用性能,且又无修复价值。我们把这种从设备投入使用领域开始到报废退出使用领域为止所经历的时间,称为设备的物质寿命,又称自然寿命。

2.设备的技术寿命

技术寿命是指从技术角度确定设备最合理的使用年限。由于科学技术的迅速发展,在设备使用过程中出现了技术上更先进、经济上更合理的新型设备,使原有设备发生无形磨损而产生效能和效率的低劣化,继续使用该设备在经济上不合算而且又没有改造价值。我们把这种从设备投入使用开始,直至因技术落后而淘汰为止所经历的时间,称为设备的技术寿命。

3.设备的经济寿命

设备的经济寿命是指从安置投入使用开始,到因继续使用在经济上已不合理而被更新所经历的时间。一般是指由设备开始使用到其年平均使用成本最低年份的延续时间。设备使用一定时间后,综合有形磨损和无形磨损造成其经济效益的低劣化,继续使用在经济上不合算,又无大修和改造的价值。设备的经济寿命即从经济角度分析设备最合理的使用期限,它与设备的有形磨损和无形磨损有关。

6.4.2　设备更新

1.设备更新的概念

设备更新,从广义上讲应包括设备修理、设备更换、设备更新和设备现代化改装;从狭义上讲,是指以结构更加先进、技术更加完善、生产效率更高的新设备代替不能继续使用及经济上不宜继续使用的旧设备。

设备更新有两种类型：一种是原型更新，这种更新只考虑有形磨损而不考虑无形磨损，在设备的整个使用期内没有更先进的设备出现，仍以原型设备更新。另一种是新型设备更新，在科学技术进步的条件下，由于无形磨损的作用，设备经营费用尚未升到应该用原型设备代替现有设备之前，就出现了工作效率更高和经济上更好的设备，这时就要对继续使用旧设备还是购买新型设备进行比较。

2.设备更新分析的比较原则

1)只分析费用。不管是购置新设备，还是改造旧设备，在设备经济分析中一律只分析其费用。

2)不同的设备，其服务寿命不同。在对设备进行更新分析时，分析期必须一致，在实际工作中，通常采用年费用法来进行方案比较。

3)不考虑沉没成本。沉没成本是既有企业过去投资决策发生的、非现在决策能改变（或不受现在决策影响）、已经计入过去投资费用回收计划的费用。由于沉没成本是已经发生的费用，不管企业生产什么和生产多少，这项费用都不可避免地要发生。因此现在决策对它不起作用。在进行设备更新方案比选时，原设备的价值应按目前实际价值计算，而不考虑其沉没成本。

4)旧设备应以目前可实现的价格与新设备的购置价格相比。

3.设备更新决策

适时更新设备，既能促进企业技术进步，加速经济增长，又能节约资源，提高经济效益。下面将分别介绍设备的两种不同更新类型的决策方法。

(1)设备原型更新的经济分析

有些设备，在整个服务期间，没有更先进的同类设备出现，即不存在无形磨损的影响，只有有形磨损使设备的维修费用，特别是大修理费用以及运行费用不断增加。当继续使用旧设备还不如再购置一台原型新设备合算时，就应该及时更新，这就是原型更新问题。设备原型更新的经济分析原则是：使平均分摊到各个使用年限中的设备购置费用和年经营费用（设备的日常使用和维修费用）总和最小。其分析方法主要有低劣化数值法、最小年费用法。

1)低劣化数值法。设备在使用中随着时间的增加，有形磨损会越来越严重，导致维护与修理费用越来越大，并且无形磨损的影响也越来越明显，这就是设备的低劣化。用低劣化的数值来表示设备损耗的方法，称之为低劣化数值法。采用这种方法时，按照对资金的时间价值是否予以考虑可分为静态分析法与动态分析法。

①低劣化数值法的静态分析法（即不考虑资金的时间价值）。设 K_0 代表设备原始价值，S 代表设备残值，n 代表设备使用年限，则设备每年平均分摊的资金费用为 $(K_0 - S)/n$，随着设备使用年限 n 的增加，按年平均的设备费用不断减少，但设备的维护费用及燃料、动力消耗增加，即设备性能出现了低劣化。假设设备第一年的经营费用为 Q，以后逐年增加一个低劣化值为 λ，第 n 年增加 $(n-1)\lambda$，则设备年经营费用的平均值为 $Q + (n-1)\lambda/2$，所以设备的年平均总费用 C 为：

$$C = \frac{K_0 - S}{n} + Q + \frac{n-1}{2}\lambda$$

若不计残值，则：

$$C = \frac{K_0}{n} + Q + \frac{n-1}{2}\lambda$$

②低劣化数值法的动态分析法。这一方法就是在分析时要考虑资金的时间价值。因为设备的原值通过折旧逐年获得补偿，还有设备的残值以及每年的经营费用都是变化着的资金，就像是把一笔资金投入生产或存入银行，它们由于占用时间的不同会产生不同的效益。因此必须考虑资金所占用的时间价值，这就是动态的概念。

2）最小年费用法。对于设备的低劣化值每年不以等值增加而是变化着增加时，应采用最小年费用法计算设备的最佳更新期，其计算公式为：

$$\overline{C_t} = \frac{\sum_{t=1}^{n} C_{pt} + (K_0 - S)}{t}$$

式中　$\overline{C_t}$——t 年份的年平均费用；

C_{pt}——t 年维修费用；

K_0——设备原值；

S——设备残值；

t——某一确定年份。

决策原则：年平均费用最小的年份即为最优更新期。

（2）设备新型更新的最佳时机选择。当市场上出现同类功能的新型设备时，选择旧设备的合理使用年限的原则是：当旧设备再继续使用一年的年费用（即旧设备的年边际成本）超过新型设备的最小年费用时，就应该立即更新。

6.4.3　设备的改造

设备改造与更新工作既有深厚的技术内涵，又是一项重要的投资活动。在物质、技术条件允许的条件下，在确定实行改造或更新时，更要注意其经济界限。

1. 设备改造的含义

所谓设备的改造，就是指应用现有的技术成果和先进经验，为适应生产的需要，改变现有设备的结构，给旧设备装上新部件、新装置、新附件，以改善现有设备的技术性能，使之达到或局部达到新设备的水平。设备技术改造是克服现有设备的陈旧，消除第 Ⅱ 种无形磨损，更新设备的方法之一。设备技术改造主要有如下优点：

1）具有很大的针对性和适应性。企业的设备技术改造，一般是由设备使用单位与设备管理部门协同配合，确定技术方案，进行设计、制造的。这种做法有利于充分发挥他们熟悉生产要求和设备实际情况的长处，使设备技术改造密切结合企业生产的实际需求，所获得的技术性能往往比选用同类新设备具有更强的针对性和适用性。

2）经济性好。设备技术改造可以充分利用原有设备的基础部件，比采用设备更新的方案节省时间和费用。此外，进行设备技术改造常常可以替代设备进口，节约外汇，取得良好的经济效益。

3）现实性大。一个国家所拥有的某种设备总量，总是远大于年产这种设备的能力。比如我国拥有的金属切削机床的总量约为 400 万台，而全国每年机床的产量不过是 15 万～20 万台。即使把每年生产的新机床全部用来更换原有的机器，轮完一遍也需要 20 年。也就是说，不待原有设备全部更换完毕，初期更新的设备又早已陈旧不堪了。可见，单靠设备更新这种方式显然难以满足企业发展生产的要求。因此，采用设备技术改造具有很大的现实性。

由此可知，应用先进的科学技术成果对原有设备进行技术改造。并非一种权宜之计，而是与设备更新同等重要的补偿设备无形磨损并提高装备技术水平的重要途径。

2. 设备改造的原则

企业在搞设备改造时，必须充分考虑改造的必要性、技术上的可能性和经济上的合理性。具体应遵守以下几点原则：

1) 针对性原则。从实际出发，按照生产工艺要求，针对生产中的薄弱环节，采取有效的新技术，结合设备在生产过程中所处地位及其技术状态，决定设备的技术改造。

2) 技术先进适用性原则。由于生产工艺和生产批量不同，设备的技术状态不一样，采用的技术标准应有区别。要重视先进适用，不要盲目追求高指标，防止功能过剩。

3) 经济性原则。在制订技改方案时，要仔细进行技术经济分析，力求以较少的投入获得较大的产出，回收期要适宜。

4) 可能性原则。在实施技术改造时，应尽量由本单位技术人员和技术工人完成。若技术难度较大，本单位不能单独实施时，亦可请有关生产厂方、科研院所协助完成，但本单位技术人员应能掌握，以便以后的管理与检修。

3. 设备改造的目标

企业进行设备改造主要是为提高设备的技术水平，以满足生产要求，在注意经济效益的同时还必须注意社会效益。为此，企业设备改造的目标应注重以下四个方面：

1) 提高加工效率和产品质量。设备经过改造后，要使原设备的技术性能得到改善，提高精度和增加功能，使之达到或局部达到新设备的水平，满足产品生产的要求。

2) 提高设备运行安全性。对影响人身安全的设备，应进行针对性改造，防止人身伤亡事故的发生，确保安全生产。

3) 节约能源。通过设备的技术改造提高能源的利用率，大幅度地节电、节煤、节水，在短期内收回设备改造投入的资金。

4) 保护环境。有些设备对生产环境乃至社会环境造成较大污染，如烟尘污染、噪声污染以及工业水的污染。要积极进行设备改造消除或减少污染，改善生存环境。

此外，对进口设备的国产化改造和对闲置设备的技术改造，也有利于降低修理费用和提高资产利用率。

思考与练习

1. 设备管理工作的内容有哪些？
2. 简述设备购置的类型。
3. 简述设备经济评价方法。
4. 设备的合理使用应抓好哪几项工作？
5. 简述设备有形磨损产生的原因及其规律。
6. 设备更新决策的方法有哪些？
7. 设备改造的目标及应遵循的原则有哪些？

第 7 章　汽车服务企业财务成本管理

教学提示：在社会主义市场经济条件下，企业管理的核心是财务管理；财务管理的核心是资金管理。掌握汽车服务企业的资金筹集、资产管理以及财务分析与评价方法，具备汽车服务企业财务管理工作的初步能力。

教学要求：本章主要介绍汽车服务企业财务成本管理内容。要求学生了解财务管理的概念、内容、目标、原则等基本理论；熟悉企业筹资管理目标和原则及相关概念；掌握筹资渠道与筹资方式；掌握汽车服务企业资产的管理；熟悉汽车服务企业财务分析与评价；了解成本费用的概念、分类及确定原则；熟悉成本预测和成本计划、成本控制的意义、途径以及成本控制与分析方法。

7.1　汽车服务企业财务管理

7.1.1　汽车服务企业财务管理概述

1. 财务管理的概念、要求及目标

财务管理是有关资金的获得和有效使用的管理工作。财务管理的目标取决于企业的总目标，并且受财务管理自身特点的制约。

(1) 企业的目标及其对财务管理的要求

汽车服务企业是营利性组织，其出发点和归宿点是获利。企业一旦成立，就会面临竞争，并始终处于生存和倒闭、发展与萎缩的矛盾之中。企业必须生存下去，才可能获利，只有不断发展才能求得生存。因此，汽车服务企业管理的目标是生存、发展和获利。

1) 生存。企业生存的基本条件是以收抵支，如果企业长期亏损，扭亏无望，就失去了存在的意义，则企业不能生存。企业生存的另一个条件是到期偿债，如果企业到期不能偿债，就可能被债权人接管或被法院宣告破产。因此，力求保持以收抵支和到期偿债的能力，减少破产的风险，使企业能够长期、稳定地生存下去，是对财务管理的第一个要求。

2) 发展。在科技不断发展的今天，在竞争日益激烈的市场中，一个企业如果不能发展，不断地提高企业产品和服务的质量，不能扩大企业的市场份额，就会被其他企业排挤出去甚至被市场淘汰。

汽车服务企业的发展集中表现为扩大收入，扩大收入的根本途径在于提高服务的质量、扩大维修和配件销售的数量，这就要求根据市场的需求，不断地更新设备，不断地提高技术，不断地提高企业服务人员的素质。而这些要求，都必须由企业付出大量的货币资金，企业的发展离不开资金。因此，筹集企业发展所需的资金，是对财务管理的第二个要求。

3）获利。企业必须能够获利，才有存在的价值。建立汽车服务企业的目的是获利，增加盈利是汽车服务企业最具综合能力的目标。盈利不仅体现了企业的出发点和归宿点，而且可以概括其他目标的实现程度，有利于其他目标的实现。

从财务上看，赢利是使资产获得超过其投资的回报。在市场经济中，每项资金的来源都是有成本的，每项资产都是一项投资，都是要求有回报的，企业的财务人员应当使资金得到最大限度的使用。因此，通过合理有效的手段使企业盈利，是对财务管理的第三个要求。

综上所述，汽车服务企业的目标是生存、发展和获利，企业的这个目标要求财务管理能完成筹措资金，并有效地加以投放和使用。企业的成功和生存，在很大程度上取决于它过去和现在的财务政策。财务管理不仅与资产的获得及合理使用有关，而且与企业的生产、销售管理发生直接联系。

（2）企业财务管理的目标

企业财务管理目标是理财活动所希望实现的结果，是评价理财活动是否合理的基本标准。不同的财务管理目标，应采用不同的财务管理运行机制。

1）利润最大化目标。利润最大化目标是指通过对企业财务活动的管理，不断增加企业利润，使企业利润达到最大。企业财务管理人员在进行管理的过程中，将以此原则进行决策和管理。以利润最大化作为企业财务管理目标有合理的一面，即有利于企业经济效益的提高，但也存在以下问题：没有考虑利润的取得时间、资金的时间价值，企业在追求利润时容易产生短期行为；没有科学地考虑获取利润和所承担风险的关系；没有考虑所取得的利润与投资额之间的比例关系。

2）每股盈余最大化目标。这种观点把企业的净利润和股东投入的资本联系起来考察。以每股盈余最大化作为企业财务管理目标，可以避免"利润最大化"的缺点，但也存在如下问题：没有考虑风险因素；没有考虑每股盈余取得的时间。

3）股东财富最大化目标。股东财富最大化目标是指通过财务上的合理经营，使企业股东的财富达到最大。股东财富最大化，可演化为股票价格最大化，这是因为股东财富是由其所拥有的股票价格决定的，即股票价格达到最高时，股东财富也达到最大。股东财富最大化目标与利润最大化目标相比，具有以下优点：股东财富最大化目标便于计量、考核和奖惩；股东财富最大化目标能够克服企业在追求利润上的短期行为；股东财富最大化目标能够科学地考虑风险因素。但是，股东财富最大化目标仍存在一些问题：适用范围小，只适合上市公司；考虑问题的范围窄，忽视了股东以外的企业其他关系人的利益。

4）企业价值最大化目标。企业价值最大化目标是指通过企业财务上的合理经营，采用最优的财务政策，充分考虑资金的时间价值和风险与报酬的关系，以谋求企业整体价值到最大。以企业价值最大化作为财务管理目标的优点是：扩大了考虑问题的范围，并且注重在企业发展中考虑各方利益关系；科学地考虑了风险和报酬的关系；考虑了取得报酬的时间，并能用时间价值原理进行计量；能够克服企业在追求利润上的短期行为。

企业进行财务管理，就是要正确比较报酬与风险之间的得失，努力实现二者之间的最佳平衡，使企业价值达到最大。所以，企业价值最大化目标体现了对经济效益的深层次认识，成为现代财务管理的最优目标。

2. 企业财务管理的内容

财务管理是对企业财务活动及所涉及的资产、负债、所有者权益、收入、费用、利润等进行的管理。它包括了从企业开办到企业终止与清算的全部财务活动。

1) 筹资和投资管理。企业应按照社会主义市场经济的要求，建立企业资本金制度，确保资本金保全和完整。要采用科学的方法进行筹资和投资决策，选择有利的筹资渠道和投资收益。

2) 资产管理。它包括流动资产管理、固定资产管理、无形资产管理、递延资产管理和其他资产的管理。资产管理的目标是合理配置各类资产，充分发挥资产的效能，最大限度地加速资产的周转。

3) 成本费用管理。它是指对企业生产经营过程中生产经营费用的发生和产品成本的形成所进行的预测、计划、控制、分析和考核等一系列管理工作。加强成本、费用管理是扩大生产、增加利润和提高企业竞争能力的重要手段。

4) 综合管理。它包括财务指标管理体系、销售收入和盈利管理、企业终止与清算的管理、企业内部经济核算的管理和企业资产评估。

3. 影响企业财务管理目标的因素

研究企业财务管理环境的目的，在于使企业财务管理人员懂得，在进行各种财务活动时，应充分考虑各种环境因素的变化，做出相应的财务管理措施，以达到财务管理的预定目标。

(1) 外部环境因素

企业财务管理的外部环境是指存在于企业外部的，对企业财务活动具有影响的客观因素的综合。在市场经济条件下，企业财务管理的外部环境包括以下几个方面：

1) 法律环境。财务管理的法律环境是指企业和外部发生经济关系时，所应遵守的各种法律、法规和规章。主要包括：

① 企业组织法律规范。企业必须依法成立，组建不同的企业要按照不同的法律规范，这些法律规范包括《中华人民共和国公司法》、《中华人民共和国全民所有制企业法》等。

② 税务法律规范。任何企业都有法定的纳税义务，任何企业都必须按照税法纳税。税法包括《中华人民共和国增值税法》等，可分为3类：所得税、流转税以及其他地方税法规范。

③ 财务法律规范。财务法律规范指企业进行财务处理时应遵循的法律规范，包括《中华人民共和国会计法》《企业财务通则》等。

2) 金融环境。金融环境是企业重要的环境因素。金融机构、金融市场和利息率等因素是影响财务管理的主要金融环境因素。金融机构包括银行和非银行金融机构；金融市场主要包括外汇市场、资金市场、黄金市场等，是企业进行筹资和投资的场所。

3) 经济环境。宏观经济环境是指国家各项经济政策、经济发展水平及经济体制对财务管理工作的影响。经济政策包括财政、税收、物价、金融等各个方面的政策。这些政策都将对企业的经营和财务管理工作产生重要影响。企业在制定财务决策时，必须充分考虑有关经济政策对企业本身的影响。经济发展水平越低，财务管理水平也越低。经济体制是指对有限资源进行配置而制定并执行决策的各种机制。在社会主义市场经济体制下，我国企业筹资、投资的权利归企业所有，企业必须根据自身条件和外部环境作出各种各样的财务决策并实施。

（2）企业内部环境

企业财务管理的内部环境是指企业内部客观存在的，对企业的财务活动能施加影响的所有因素的综合。企业财务管理的内部环境包括许多内容，其中对财务管理有重大影响的有企业管理体制和经营方式、市场环境、采购环境和生产环境等。在不同的企业内部环境约束下，企业应采取不同的财务政策和财务管理办法。

7.1.2　汽车服务企业筹资管理

资金是汽车服务企业进行生产经营活动的必要条件。企业筹集资金，是指企业根据生产经营、对外投资和调整资金结构的需要，通过筹资渠道和资金市场，运用筹资方式，经济有效地筹措资金的过程。

1.筹资管理的目标

（1）企业筹资的目的和要求

企业进行资金筹措的基本目的是为了自身的生存和发展，通常受一定动机的驱使，主要有业务扩展性动机、偿债动机和混合性动机。

企业筹集资金总的要求是要分析评价影响筹资的各种因素，讲究筹资的综合效果。主要包括确定资金需要量、控制资金投放时间、选择资金来源渠道、确定合理资金结构等。

（2）筹资管理的目标

筹资管理的目标，是在满足生产经营需求的情况下，不断降低资金成本和财务风险。汽车服务企业，为了保证服务活动的正常进行或扩大经营服务范围，必须具有一定数量的资金。企业的资金可以从多种渠道，用多种方式来筹集，而不同来源的资金，其可使用时间的长短、附加条款的限制、财务风险的大小、资金成本的高低都不一样。企业应该以筹集企业必需的资金为前提，以较低的筹资成本和较小的筹资风险获取较多的资金，满足企业生产经营需求。

2.企业筹资管理中的相关概念

（1）权益资本与负债资本

1）权益资本。权益资本是企业依法长期拥有、自主调配使用的资金，主要包括资本公积金、盈余公积金、实收资本和未分配利润等。权益资本主要通过吸取直接投资和发行股票等方式筹集，其所有权归投资者所有，又称自有资金。

2）负债资本。负债资本是企业依法筹集并依约使用，按期偿还的资金，包括银行及其他金融机构的各种贷款、应付债券、应付票据等，又称借入资金或债务资金。负债资本主要通过银行贷款发行债券、商业信用、融资合作等方式筹集。它体现了企业与债权人之间的债权债务关系。

（2）资金成本与资金结构

1）资金成本。为筹集和使用资金而付出的代价就是资金成本，主要包括筹资费用和资金使用费用两部分。前者，如向银行借款时需要支付的手续费、发行股票债券等而支付的发行费用等；后者，如向股东支付的股利、向银行支付的利息、向债券持有者支付的债息等。

资金成本是比较筹资方式、选择筹资方案的依据，资金成本是评价投资项目。比较投资方案和追加投资决策的主要经济标准，资金成本还可以作为评价企业经营成果的依据。

2）资金结构。广义的资金结构是指企业各种资金的构成及其比例关系。短期债务资金占用时间短，对企业资金结构影响小，而长期债务资金是企业资金的主要部分，所以通常情况下，企业的资金结构指的是长期债务资金和权益资本的比例关系。

3. 筹资渠道与筹资方式

企业资金可以从多种渠道，用多种方式来筹集。筹资渠道是筹措资金来源的方向与通道。筹资方式是指企业筹集资金采用的具体形式。研究筹资渠道与方式就是为了明确企业资金的来源并选择科学的筹资方式，经济有效地筹集到企业所需资金。

(1)筹资渠道

1)国家财政资金。国家财政资金进入企业有两种方式：一是国家以所有者的身份直接向企业投入的资金，这部分资金在企业中形成国家的所有者权益；二是国家通过银行以贷款的方式向企业投资，形成企业的负债。国家财政资金虽有利率优惠、期限较长等优点，但国家贷款的申请程序复杂，并且规定了用途。

2)银行信贷资金。银行贷款是指银行以贷款的形式向企业投入资金，形成企业的负债（在特定情况下，银行也可以直接持有企业的股份）。银行贷款是我国目前各类企业最主要的资金来源渠道。

3)非银行金融机构资金。非银行金融机构资金主要是指信托投资公司、保险公司、证券公司、租赁公司、企业集团、财务公司提供的信贷资金及物资融通等。

4)其他企业资金。其他企业资金主要是指企业间的相互投资以及在企业间的购销业务中通过商业信用方式取得的短期信用资金占用。

5)居民个人资金。居民个人资金是指在银行及非银行金融机构之外的居民个人的闲散资金。

6)企业内部形成资金。企业内部形成资金是指所有者通过资本公积、余公积和未分配利润等形式留在企业内部的资金，是所有者对企业追加投资的一种形式，并成为所有者权益的组成部分。

7)外商资金。外商资金是指外国投资者以及我国香港、澳门和台湾地区的投资者投入的资金。

(2)企业资金筹集的方式

目前，企业在国内筹资方式主要有吸收直接投资、发行股票、长期借款、发行债券、租赁筹资、商业信用、短期借款等。

1)吸收直接投资。吸收直接投资是指企业在生产经营过程中，投资者或发起人直接投入企业的资金，包括固定资产、流动资产和无形资产。这部分资金一经投入，便构成企业的权益资本。这种筹资方式是非股份制企业筹集权益资本的最重要的方式。

2)发行股票筹资。发行股票是股份制企业筹集权益资本的最重要的方式。股票是股份制企业为筹集自有资本而发行的有价证券，是股东按其所持股份享有权利和承担义务的书面凭证，它代表持股人对股份公司的所有权。根据股东承担风险和享有权利的不同，股票可分为优先股和普通股两大类。

①发行优先股筹资。优先股是企业为筹集资金而发行的一种混合性证券，兼有股票和债券的双重属性，在企业盈利和剩余财产分配上享有优先权。优先股具有如下特点：第一，优先股的股息率是事先约定而且固定的，不随企业经营状况的变化而波动，并且企业对优先股的付息在普通股付息之前；第二，当企业破产清算时，优先股的索取权位于债券持有者之后

和普通股持有者之前；第三，优先股持有者不能参与企业的经营管理，且由于其股息是固定的，当企业经营景气时，不能像普通股那样获取高额盈利；第四，与普通股一样列入权益资本，股息用税后净值发放，得不到免税优惠；第五，优先股发行费率和资金成本一般比普通股票低。

②发行普通股筹资。普通股代表着一种剩余财产的所有权，即满足所有权后对企业收入和资产的所有权，普通股股东拥有并控制企业，具有选举董事会、获取股息和红利收入、出售和转让股份等权利。基本特征包括：第一，风险性。股票一经购买就不能退还本金，而且购买者能否获得预期利益，完全取决于企业的经营状况。第二，流动性。尽管股票持有者不能退股，但可以将股票转让或作为抵押品。正是股票的流动性，促使社会资金有效配置和高效利用。第三，决策性。普通股票的持有者有权参加股东大会，参与企业的经营管理决策。第四，股票交易价格和股票面值的不一致性。股票作为交易对象，也像商品一样，有自己的市场价格。这种不一致性，给企业带来强大压力，迫使其提高经济效益，同时，也产生了社会公众的资本选择行为。

③发行债券筹资。企业债券是指企业按照法定程序发行，约定在一定期限内还本付息的债券凭证。代表持有人与企业的一种债务关系。企业发行债券一般不涉及企业资产所有权、经营权，企业债权人对企业的资产和所有权没有控制权。

债券的种类有不同的划分方法。按照发行区域，可分为国内债券和国际债券；按照有无担保，可分为无担保债券和有担保债券；按照能否转换成公司股票，可分为可转换债券和不可转换债券；按公司是否拥有提前收回债券的权利，可分为可收回债券和不可收回债券。债券的基本特征：第一，期限性。各种公众债券在发行时都要明确规定归还期限和条件。第二，偿还性。企业债券到期必须偿还本息。不同的企业债券有不同的偿还级别，如果企业破产清算，则按优先级别先后偿还。第三，风险性。企业经营总有风险，如果企业经营不稳定，风险较大，其债券的可靠性就较低，受损失的可能性也比较大。第四，利息率，发行债券要事先规定好利息率，通常债券的利息率固定，与企业经营效果无关，无论经营效果如何，都要按时、按固定利息率向债权人支付利息。

3）银行贷款筹资。银行贷款是指银行按一定的利率，在一定的期限内，把货币资金提供给需要者的一种经营活动。银行贷款筹资，是指企业通过向银行借款以筹集所需资金。贷款利率的随贷款对象、用途、期限的不同而不同，并且随着金融市场借贷资本的供求关系的变动而变动。流动资金的贷款期限可按流动资金周转期限、物资耗用计划或销售收入来确定；固定资产投资贷款期限一般按投资回收期来确定。

企业向银行贷款，必须提出申请并提供详尽的可行性研究报告及财务报表，获准后在银行设立账户，用于贷款的取得、归还和结存核算。

4）租赁筹资。租赁是一种以一定费用借贷实物的经济行为，即企业依照契约规定，通过向资产所有者定期支付一定量的费用，从而长期获得某项资产使用权的行为。现代租赁按其形态主要分为两大类：融资性租赁和经营性租赁。融资性租赁是指承租方通过签订租赁合同获得资产的使用权，然后在资产的经济寿命期内按期支付租金。融资租赁是一个典型的企业资金来源，属于完全转让租赁。经营性租赁是不完全转让租赁。它的租赁期较短，出租方负责资产的保养与维修，费用按合同规定的支付方式由承租方负担。由于出租资产本身的经济寿命大于租赁合同的持续时间，因此，出租方在一次租赁期内获得的租金收入不能完全补偿购买该资产的投资。

5）商业信用。商业信用是指企业之间的赊销赊购行为。它是企业在资金紧张的情况下，为保证生产经营活动的连续进行，采取延期支付购货款和预收销货款而获得短期资金的一种方式。采用这种方式，企业必须具有较好的商业信誉，同时，国家也应该加强引导和管理，避免引发企业间的三角债务。

企业筹资过程中，究竟通过哪种渠道，采用哪种方式，都必须根据企业自身情况来确定。

7.2　汽车服务企业资产的管理

资产是企业所拥有或控制，能用货币计量，并能为企业提供经济效益的经济资源，包括各种财产权和其他权利。资产的计价以货币作为计量单位，反映企业在生产经营的某个时间点上所实际控制资产存量的真实状况。对企业来说，管好、用好资产是关系到企业兴衰的大事，必须予以高度的重视。

资产按其流动性通常可以分为流动资产、固定资产、长期投资、无形资产、递延资产和其他资产。这里只介绍流动资产和固定资产的管理。

7.2.1　流动资产管理

流动资产是指可以在 1 年内或者超过 1 年的一个营业周期内变现或者运用的资产。流动资产在企业再生产过程中是一个不断投入和回收的循环过程，很难评价其投资回报率。从这一点上看，对流动资产进行管理的基本任务是：努力以最低的成本满足生产经营周转的需要，提高流动资产的利用效率。

按资产的占用形态，流动资产可分为现金、短期投资、应收及预付款和存货。在汽车服务企业中，流动资产主要指现金及有价证券、应收账款、存货等。这里仅介绍现金、应收账款及存货的管理。

1. 现金管理

现金是企业占用在各种货币形态上的资产，是企业可以立即投入流通的交换媒介，它是企业流动性最强的资产。属于现金的项目，包括库存现金、银行存款、各种票据、有价证券，各种形式的银行存款和银行汇票、银行本票等。

作为变现能力最强的资产，现金是满足正常经营开支、清偿债务本息、履行纳税义务的重要保证，同时，现金又是一种非盈利性资产，持有量过多，企业承担较大的机会成本，降低资产的获利能力。因此，必须在现金流动性与收益性之间作出合理地选择。

现金管理的目的是在保证企业生产经营所需现金的同时，节约使用资金，并从暂时闲置的现金中获得最多的利息收入。

现金管理的内容主要包括：编制现金收支计划，以便合理地估算未来的现金需求；对日常现金收支进行控制，力求加速收款，延缓付款；用特定的方法确定理想的现金余额，即当企业实际的现金余额与最佳的现金余额不一致时，采用短期融资或归还借款和投资于有价证券等策略来达到比较理想的状况。

现金收支计划是预定企业现金的收支状况，并对现金进行平衡的一种打算，它是企业财务管理的一项重要内容。

2. 应收账款管理

应收及预付款是一个企业对其他单位或个人有关支付货币、销售产品或提供劳务而引起的索款权。它主要包括应收账款、应收票据、其他应收款、预付货款等。汽车服务企业所涉及有关应收及预付款的业务主要是：企业提供汽车维修的劳务性作业而发生的非商品交易的应收款项、企业在外地购买设备或材料配件等而发生的预付款项、其他业务往来及费用的发生涉及的其他应收款项。

应收账款是企业因销售产品、材料，提供劳务等业务，应向购货单位或接受劳务单位收取的款项。汽车服务企业因销售产品、提供汽车维修劳务等发生的收入，在款项尚未收到时属于应收账款。应收账款的功能在于增加销售、减少存货。同时，也要付出管理成本，甚至发生坏账，近年来，由于市场竞争的日益激烈，汽车服务企业应收账款数额明显增多，已成为流动资产管理中的一个日益重要的问题。为此，要加强对应收账款的日常控制，做好企业的信用调查和信用评价，以确定是否同意顾客赊账。当顾客违反信用条件时，还要做好账款催收工作，确定合理的收账程序和讨债方法，使应收账款政策在企业经营中发挥积极作用。

3. 存货管理

库存是指企业在生产经营过程中，为销售或耗用而储存的各种物资。对于汽车服务企业来说，库存主要是为耗用而储备的物资，一般是指汽车维修的材料、配件等。由于它们经常处于不断耗用与不断补充之中，具有鲜明的流动性，且通常是企业数额最大的流动资产项目。库存管理的主要目的是控制库存水平，在充分发挥库存功能的基础上，尽可能地减少存货，降低库存成本。常用存货控制的方法是分级归口控制，主要包括 3 项内容：

1）在厂长经理的领导下，财务部门对存货资金实行统一管理，包括制定资金管理的各项制度，编制存货资金计划，并将计划指标分解落实到基层单位和个人，对各单位的资金运用情况进行检查和分析，统一考核资金的使用情况。

2）实行资金的归口管理，按照资金的使用与管理相结合、物资管理与资金管理相结合的原则，每项资金由哪个部门使用，就由哪个部门管理。

3）实行资金的分级管理，即企业内部各管理部门要根据具体情况将资金计划指标进行分解，分配给所属单位或个人，层层落实，实行分级管理。

7.2.2 固定资产管理

固定资产是指使用期限较长、单位价值较高的主要劳动资料和服务资料，并且在使用过程中保持原有实物形态的资产，主要包括房屋及建筑物、机器设备、运输设备和其他与生产经营有关的设备、工具、器具等。固定资产是汽车服务企业中资产的主要种类，是资产管理的重点。

1. 固定资产的分类及计价

（1）固定资产的种类及特征

1）按经济用途。

将固定资产分为生产用固定资产、销售用固定资产、科研开发用固定资产和生活福利用固定资产 4 种。汽车服务企业的固定资产主要是生产性固定资产，且多为专用设备。

2）按使用情况不同，将固定资产分为使用中的固定资产、未使用的固定资产和不需用的固定资产。

3）按所属关系不同，将固定资产分为自有固定资产和融资租入的固定资产。

固定资产的特征：投资时间长，技术含量高；收益能力高，风险较大；价值的双重存在；投资的集中性和回收的分散性。

固定资产是企业资产中很重要的一部分，它的数额表示企业的生产能力和扩张情况。因此必须加强对固定资产的管理。固定资产管理的任务是：认真保管，加强维修，控制支出，提高利用率，合理计算折旧。

固定资产的计价。固定资产的价值按货币单位进行计算，称为固定资产的计价。正确对固定资产进行计价，严格按国际标准和惯例，如实反映固定资产的增减变化和占用情况，是加强固定资产管理的重要条件，也是正确计算折旧的重要依据。

为了全面反映固定资产价值的转移和补偿特点，固定资产通常采用以下 3 种计价形式。

①原值，即原始价值，是指企业在购置和建造某项固定资产时支出的货币总额。

②净值，即折余价值，是指固定资产原值减去累计折旧后的余额，反映了固定资产的现有价值。

③重置价值，即重置完全价值，是指在当前市场价格水平下，重新购建该项固定资产或与其具有相同生产能力的固定资产所需的全部支出。当企业因故取得无法确定原价的固定资产时，可按重置价值计价入账。

以上 3 种计价标准，对固定资产的管理有着不同的作用。采用原值和重置价值，可使固定资产在统一计价的基础上，如实地反映企业固定资产的原始投资，并用来计算折旧。采用折余价值，可以反映企业当前实际占用在固定资产上的资金，将折余价值与原始价值比较，可以了解固定资产的新旧程度。

2. 固定资产的日常管理

为了提高固定资产的使用效率，保护固定资产的安全完整，做好固定资产的日常管理工作至关重要。其主要包括以下几个方面。

（1）实行固定资产归口分级管理

企业的固定资产种类繁多，其使用单位和地点又很分散。为此，要建立各职能部门、各级单位在固定资产管理方面的责任制，实行固定资产的归口分级管理。

归口管理就是把固定资产按不同类别，交相应职能部门负责管理。各归口管理部门要对听分管的固定资产负责，保证固定资产的安全完整。分级管理就是按照固定资产的使用地点，由各级使用单位负责具体管理，并进一步落实到班组和个人，做到层层有人负责，物物有人管理，保证固定资产的安全管理和有效利用。

（2）编制固定资产目录

为了加强固定资产的管理，企业财务部门要会同固定资产的使用和管理部门，按照国家规定的固定资产划分标准，分类详细地编制"固定资产目录"。在编制"固定资产目录"时，要统一固定资产的分类编号。各管理部门和各使用部门的账、卡、物要统一用此编号。

（3）建立固定资产卡片或登记簿

固定资产卡片实际上是以每一独立的固定资产项目为对象，开设的明细账。企业在收入固定资产时设立卡片，登记固定资产的名称、类别、编号、预计使用年限、原始价值、建造单位等原始资料，还要登记有关验收、启用、大修、内部转移、调出及报废清理等内容。

实行这种办法有利于保护企业固定资产的完整无缺，促进使用单位关心对设备的保养和维护，提高设备的完好程度，有利于做到账账、账实相符，为提高固定资产的利用效果打下良好的基础。

（4）正确地核算和提取折旧

固定资产的价值是在再生产过程中逐渐地损耗并转移到产品中去的。为了保证固定资产在报废时能够得到更新，在其正常使用过程中，要正确计算固定资产的折旧，以便合理地计入产品成本，并以折旧的形式收回，以保证再生产活动的持续进行。

（5）合理安排固定资产的修理

为了保证固定资产经常处于良好的使用状态和充分发挥工作能力，必须经常对其进行维修和保养。固定资产修理费一般可直接计入有关费用，但若修理费支出不均衡且数额较大的，为了均衡企业的成本、费用负担，可采取待摊或预提的办法。采用预提办法的，实际发生的修理支出冲减预提费用，实际支出大于预提费用的差额，计入有关费用，小于预提费用的差额冲减有关费用。

（6）科学地进行固定资产更新

财务管理的一项重要内容是根据企业折旧基金积累的程度和企业发展的需要，建立起企业固定资产适时更新规划，满足企业周期性固定资产更新改造的要求。

3. 固定资产的折旧管理

（1）固定资产折旧与折旧费的概念

固定资产在使用过程中，由于机械磨损、自然腐蚀、技术进步及劳动生产率提高而引起的价值损耗，逐渐地、部分地转移到营运成本费用中。这种转移到营运成本费用中的固定资产价值损耗，称为固定资产折旧。

固定资产的损耗分为有形损耗和无形损耗两种。有形损耗是指由于机械磨损、自然力影响及腐蚀而引起使用价值和价值的绝对损失；无形损耗是指由于技术进步和生产率的提高而引起的固定资产价值的相对损失。

固定资产由于损耗而转移到成本费用中的那部分价值，应以折旧费的形式按期计入成本费用，不得冲减资本金。固定资产转移到成本费用中的那部分价值称为折旧费。

固定资产折旧的计算方法。固定资产的价值是随使用而逐渐减少的，以货币形式表示的固定资产自身消耗而减少的价值，就称为固定资金的折旧。

汽车服务企业的折旧计算方法，主要有以下几种：

1）使用年限法。使用年限法是根据固定资产的原值，减去预计残值和清理费用，按预计使用年限平均计算的一种方法，又称为直线法，计算公式如下：

$$\text{固定资产年折旧额} = \frac{\text{原始价值} - (\text{预计残值} - \text{预计清理费用})}{\text{预计使用年限}}$$

$$= \frac{\text{原始价值} - \text{预计净残值}}{\text{预计使用年限}}$$

$$= \frac{\text{原始价值} \times (1 - \text{预计残值率})}{\text{预计使用年限}}$$

预计净残值率是预计净残值与原值的比率，它一般应按固定资产原值的3%~5%确定，低与3%或者高于5%的，由企业自主确定，并由主管财政机关备案。

例 7 - 1　某维修企业 2004 年底购入一台设备，价值 15 万元，其净残值率为 3%，预计使用年限 6 年，求其年折旧额。

解：

$$年折旧额 = 150000 \times (1 - 3\%) \div 6 = 2425(元)$$

2）工作量法。对某些较大型的设备，经常不使用的，维修企业可以采用工作时间法计算折旧，其计算公式为：

$$每一工作量折旧额 = \frac{固定资产原值 \times (1 - 净残值率)}{预计的总工作量}$$

某项固定资产年（月）折旧额 = 该项固定资产当年（月）工作量 × 每一工作量折旧额

例 7 - 2　某维修企业是大型的维修企业，有一台经常不使用的机床，价值 5 万元，该机床总的工作时间为 5000 h，当年实际使用 200 h，求当年的折旧额（残值忽略不计）。

解：

$$年折旧额 = \frac{50000}{5000} \times 200 = 2000(元)$$

3）双倍余额递减法。双倍余额递减法是以平均使用年限折旧率的双倍为固定折旧率，并按每期期初固定资产折旧价值为基数，来计提固定资产折旧的一种方法。它是在先不考虑固定资产净残值的情况下来计算的，其计算公式为：

$$年折旧率 = \frac{2}{折旧年限} \times 100\%$$

$$年折旧额 = 年初固定资产账面净值 \times 年折旧率$$

4）年数总和法。年数总和法又称年数合计法或年数比例递减法。它同双倍余额递减法的特点相似，所不同的是：年数总和法计算折旧的基数不变，而年折旧率是随固定资产使用年限逐年变动的，所以又称为变率递减法，其计算公式为：

$$年折旧率 = \frac{折旧年限 - 已使用年数}{年数总和数} \times 100\%$$

$$年折旧率 = (固定资产原值 - 预计净残值) \times 年折旧率$$

$$年数总和数 = 折旧年限 \times (折旧年限 + 1) \div 2$$

4. 固定资产投资管理

（1）投资项目评价的一般方法

投资方案评价时使用的指标分为两类：一类是非贴现指标，即没有考虑货币时间价值因素的指标，主要有回收期法、会计收益率法等；另一类是贴现指标，即考虑货币时间价值因素的指标，主要包括净现值、现值指数、内含报酬率等。这里只介绍计算方法简单的，未考虑货币的时间价值的评价方法。

1）回收期法。回收期指投资引起的现金流入与投资额相等时所需的时间，它代表收回投资所需要的年限。回收期限越短，方案越优。

回收期的计算公式如下：

$$回收期 = \frac{原始投资额}{每年现金净流入量}$$

$$每年现金净流入量 = 每年净收益 + 年折旧额$$

例 7 - 3　某维修企业有两种投资方案，甲方案投资 200 万元，投资后每年可产生 40 万元净收益。乙方案投资 150 万元，投资后每年可产生净收益 35 万元。假设只能选择一个方案，试用回收期法比较两方案的优劣（投资有效期均为 5 年）。

解：

$$甲方案回收期 = \frac{2000000}{400000 + 2000000/5} = 2.5 \text{ 年}$$

$$乙方案回收期 = \frac{1500000}{350000 + 1500000/5} = 2.31 \text{ 年}$$

由于甲方案的回收期大于乙方案的回收期，故乙方案优于甲方案。

2）会计收益率法。这种方法计算简便，应用范围很广。它在计算时使用会计报表上的数据，以及普通会计的收益布成本概念。其计算公式如下：

$$会计收益率 = \frac{年平均收益率}{原始投资额} \times 100\%$$

在例 7 - 3 中：

$$甲方案的会计收益率 = \frac{400000}{2000000} \times 100\% = 20\%$$

$$乙方案的会计收益率 = \frac{350000}{1500000} \times 100\% = 23.33\%$$

用此种方法比较会计收益率的高低，收益率高的为优先考虑方案。此种方法的缺点也在于未考虑货币的时间价值。

（2）固定资产的投资决策

对于汽车服务企业，对投资项目进行评价的应用经常是固定资产的更新决策。

7.3　汽车服务企业财务分析与评价

汽车服务企业财务分析与评价是指以财务报表和其他资料为依据，采用专门的方法，系统地分析和评价企业过去和现在的财务状况、经营成果及其利润变动情况，从而为企业及各有关方面进行经济决策、提高资产管理水平提供重要依据。

7.3.1　企业财务分析与评价的基础

进行财务分析所依据的主要资料是企业的财务报告。企业财务报告是反映企业财务状况和经营成果的书面文献。它包括会计报表主表、附表、会计报表附注和财务情况说明书。会计报表主表有资产负债表、利润表、财务状况变动表（或现金流量表）。会计报表附表是为了帮助理解会计报表的内容而对报表项目等所作的解释，有利润分配表、主营业务收支明细表等，其中资产负债表、损益表、现金流量表应用比较广泛。

1. 资产负债表

资产负债表是以"资产 = 负债 + 所有者权益"为根据，按照一定的分类标准和一定的次序，反映企业在某一时间点上资产、负债及所有者权益的基本状况的会计报表。资产负债表可以提供企业的资产结构、资产流动性、资金来源状况、负债水平以及负债结构等信息，分析者可据此了解企业拥有的资产总额及其构成状况，考察企业资产结构优劣和负债经营的合理程度，评估企业的清偿债务的能力和筹资能力，预测企业未来的财务状况和财务安全度，从而为债权人、投资人及企业管理者提供决策依据。

2. 损益表

损益表是以"利润 = 收入 – 费用"为根据编制，反映企业在一定经营期间内生产经营成果的财务报表。通过损益表可以考核企业利润计划完成情况，分析企业实际的盈利水平及利润增减变化原因，预测利润的发展趋势，为投资者及企业管理者等各方面提供决策依据。损益表也是计算投资利润率和投资利税率的基础和依据。

3. 现金流量表

现金流量表是以"净现金流量 = 现金流入 – 现金流出"为根据编制的，通过现金和现金等价物的流入、流出情况，反映企业在一定期间内的经营活动、投资活动和筹资活动的动态情况的财务报表。它是计算现代企业内含报酬率、财务净现值和投资回收期等反映投资项目盈利能力指标的基础。

7.3.2　财务分析的基本方法

常用的财务分析方法有比较法、比率分析法、趋势分析法和因素分析法。

(1) 比较法

比较法是通过经济指标数量上的变化来揭示它的数量关系和数量差异的一种方法。其主要作用在于揭示财务活动中的数量关系和差距，从中发现问题，为进一步分析原因、挖掘潜力指明方向，它是财务分析最基本的方法。根据财务分析的目的和要求的不同，比较法有以下 3 种形式：实际指标同计划（定额）指标比较；本期指标同上期指标或历史最高水平比较；本单位指标同国内外先进单位指标比较。

应用比较法对同一性质指标进行数量比较时，要注意所利用指标的可比性，双方的指标应在内容、时间、计算方法、计价标准上口径一致。必要时，可以对所用的指标按同一口径进行调整换算。

(2) 比率分析法

比率分析法是通过计算经济指标的比率来确定经济活动变动程度的分析方法。应用时，把分析对比的数值变成相对数，计算出各种比率指标，然后进行比较，从确定的比率差异中发现问题。因此，能够把在某些条件下的不可比指标变为可比较的指标进行分析比较。常用方法有以下 3 种类型：构成比率、效率比率、相关比率。

(3) 趋势分析法

趋势分析法是将两期或连续数期财务报告中的相同指标或比率进行对比，求出它们增减变动的方向、数额和幅度的一种方法。采用这种方法可以揭示企业财务状况和生产经营情况的变化，分析引起变化的原因、变动的性质，并预测企业未来的发展前景。常用以下两种方法：定比趋势分析、环比趋势分析。

(4) 因素分析法

因素分析法是指从数量上确定一个综合经济指标所包含的各个因素的变化对该综合指标的影响程度的一种分析方法。比较常用的因素分析法有连环替代法和差额计算法。

因素分析法既可以全面分析各因素对某一经济指标的影响，也可以单独分析某个因素对某一经济指标的影响。后者可以用于计算由于流动资金周转天数缩减而对流动资金计划需要量减少的影响，如应收账款收款天数缩短，降低坏账损失率对企业坏账损失减少的影响等。它是财务分析的一种常用方法。

7.3.3 企业财务分析与评价的指标体系

汽车服务企业财务分析与评价按照分析的目的不同，可以分为偿债能力分析与评价、营运能力分析与评价、盈利能力分析与评价、发展趋势分析与评价和综合分析与评价等。

1. 偿债能力分析与评价

偿债能力是指企业偿还到期债务的能力。如果到期不能偿付债务，则表示企业偿债能力不足、财务状况不佳，情况严重时还将危及企业的生存。按照债务偿还期限的不同，企业的偿债能力可分为短期偿债能力和长期偿债能力。

（1）短期偿债能力分析

短期偿债能力是指企业流动资产偿还流动负债的能力。它反映企业偿还日常到期债务的实力。企业能否及时偿还到期的流动负债，是反映企业财务状况好坏的重要标志。

衡量短期偿债能力的指标主要有流动比率、速动比率和现金比率。

1）流动比率。

流动比率是流动资产除以流动负债的比值。这一指标主要用于揭示流动资产与流动负债的对应程度，考察短期债务偿还的安全性，其计算公式如下：

$$流动比率 = \frac{流动资产}{流动负债}$$

一般说来，流动比率越高，企业的短期偿债能力就越强，债权人权益越有保证。经验认为合理的最低流动比率是 2。它表明企业财务状况稳定可靠，除了满足日常生产经营的流动资金需要外，还有足够的财力偿付到期的短期债务。如果比例过低，则表示企业可能难以如期偿还债务。但是，流动比率也不能过高，过高表明企业流动资产占用较多，会影响资金的使用效率和企业的获利能力。

例 7 – 4 根据表 7 – 1 的资料，A 企业 201× 年年末的流动资产是 565 万元，流动负债是 287 万元，依上式计算流动比率为：

$$流动比率 = \frac{5650000}{2870000} = 1.97$$

表 7 – 1 资产负债表

201× 年 12 月 31 日 　　　　　　　　　　　　　　　编制单位：A 企业 　　　万元

资产	年初数	年末数	负债及所有者权益	年初数	年末数
流动资产			流动负债：		
货币资金	25	20	短期借款	45	60
短期投资	80	60	应付账款	158	180
应收账款	100	1150	预收账款	30	40
预付账款	4	14	其他应付款	12	7
存货	326	259	流动负债合计	245	287

资产	年初数	年末数	负债及所有着权益	年初数	年末数
待摊费用	7	32	长期负债	530	680
流动资产合计	542	565	所有者权益		
长期投资	45	30	实收资本	80	80
固定资产净值	1002	1256	盈余公积	42	60
无形资产	8	6	未分配利润	700	750
			所有者权益合计	822	890
资产总计	1597	1857	负债及所有者权益合计	1597	1857

　　计算出来的流动比率,只有和同行业平均流动比率、本企业历史的流动比率进行比较才能知道这个比率是高还是低。这种比较通常不能说明流动比率高或低的原因,要找出过高或过低的原因,还必须分析流动资产和流动负债所包括的内容以及经营上的因素。一般情况下,营业周期、流动资产中的应收账款数额和存货的周转速度是影响流动比率的主要因素。

　　2)速动比率。

　　速动比率是指企业的速动资产除以流动负债的比值。速动资产是指流动资产减去变现能力较差且不稳定的存货、预付账款、待摊费用、待处理流动资产损失后的余额,即包括现金、各种银行存款、可即时变现的短期投资和应收账款,其计算公式为:

$$速动比率 = \frac{速动资产}{流动负债}$$

$$速动资产 = 流动资产 - (存货 + 预付账款 + 待摊费用)$$

　　计算速动资产时,之所以要扣除存货,是因为存货是流动资产中变现较慢的部分,它通常要经过产品的售出和账款的收回两个过程才能变为现金。存货中还可能包括适销不对路而难以变现的产品。对于待摊费用和预付账款等,它们只能减少企业未来时期的现金付出,却不能转变为现金,因此,不应计入速动资产。

　　例 7 - 5　根据表 7 - 1 的资料,A 企业 201 × 年年末的数据,速动资产为 565 - (259 + 14 + 32) = 260(万元),依上式计算速动比率为:

$$速动比率 = \frac{2600000}{2870000} = 0.91$$

　　由于排除了存货等变现能力较弱且不稳定的资产,因此速动比率比流动比率能够更加准确、可靠地评价企业资产的流动性及其偿还短期债务的能力。通常认为正常的速动比率为 1,低于 1 的速动比率被认为是短期偿债能力偏低。但是速动比率指标与行业有密切的关系,因为行业不同,速动比率会有很大差别,没有统一标准。

　　3)现金比率。

　　现金比率是现金(各种货币资金)和短期有价证券之和除以流动负债的比值。

　　在企业的流动资产中,现金及短期有价证券的变现能力最强,它可以百分之百地保证相等数额的短期负债的偿还。以现金比率来衡量企业短期债务的偿还能力,较之流动比率或速动比率更为保险,最能反映企业直接偿付短期负债的能力,其计算公式为:

$$现金比率 = \frac{现金 + 短期有价证券}{流动负债}$$

现金比率虽然能反映企业的直接支付能力,但在一般情况下,企业不可能,也没必要保留过多的现金资产。若这一比率过高,就意味着企业所筹集的流动负债未能得到合理的运用,经常以获利能力较低的现金类资产保持着。

例 7-6 根据表 7-1 的资料,A 企业 201×年年末的数据,依上式计算现金比率为:

$$现金比率 = \frac{500000 + 600000}{2870000} = 0.38$$

(2)长期偿债能力分析

1)资产负债率。

资产负债率是负债总额除以资产总额的百分比,即资产总额中有多大比例是通过负债筹资形成的,同时也说明企业清算时债权人利益的保障程度,也称举债经营比率,或负债比率。其计算公式为:

$$资产负债率 = \frac{负债总额}{全部资产总额} \times 100\%$$

例 7-7 根据表 7-1 的资料,A 企业 201×年度负债总额为 967 万元,资产总额为 1857 万元,依上式计算资产负债率为:

$$资产负债率 = \frac{9670000}{18570000} \times 100\% = 52\%$$

这一指标主要反映资产与负债的依存关系,即负债偿还的物资保证。从债权人角度看,这一指标越低越好,该指标越低,说明全部资本中所有者权益比例越大,企业财力也越充足,债权人按期收回本金和利息也就越有保证;从所有权的角度看,该指标的评价,要视借入资本的代价而定。当全部资产利润率高于借贷利率时,希望资产负债率高些,反之则希望其低些;从经营管理者角度看,资产负债率高或低,反映其对企业前景的信心程度,资产负债率高,表明企业活力充沛,对其前景充满信心,但需承担的财务风险较大,同时过高的负债比率也会影响企业的筹资能力。因此,企业经营管理者运用负债经营策略时,应全面考虑,权衡利害得失,保持适度的负债比率。

2)产权比率。

产权比率是负债总额与股东权益总额的比率,是企业财务结构是否稳健的重要标志,也是衡量企业长期偿债能力的指标之一,其计算公式为:

$$产权比率 = \frac{负债总额}{股东权益总额} \times 100\%$$

上述公式中的"股东权益",也就是所有者权益。

例 7-8 根据表 7-1 的资料,A 企业 201×年度期末所有者权益合计为 890 万元,依上式计算产权比率为:

$$产权比率 = \frac{9670000}{8900000} \times 100\% = 109\%$$

产权比率指标体现企业负债与股东提供的资本的对应关系,即企业清算时债权人权益的保障程度。企业所拥有的经济资源,从自然属性上反映为各项资产的占用,而从社会属性上则体现为权益的归属,包括债权人的权益与所有者权益。产权比率反映企业的财务结构是否稳定。一般来说,所有者权益应大于借入资本,即产权比率越低,企业偿还债务的资本保证就越高,债权人遭受风险损失的可能性就越小。

3）已获利息倍数。

已获利息倍数是企业息税前利润与利息费用的比值，用以衡量偿付借款利息的能力，又称为利息保障倍数，其计算公式为：

$$已获利息倍数 = \frac{息税前利润}{利息费用}$$

该指标反映企业经营收益为所需支付的债务利息的倍数，即获利能力对债务偿付的保证程度。该指标越高，说明企业利润为支付债务利息提供的保障程度越高；反之，说明保障程度低，使企业失去对债权人的吸引力。

2. 企业营运能力分析与评价

营运能力是指通过企业生产经营资金周转速度的有关指标，所反映出来的企业资金利用效率。它表明企业管理人员经营管理、运用资金的能力。营运能力分析包括流动资产周转情况分析、固定资产周转情况分析和总资产周转情况分析。

（1）流动资产周转情况分析

对汽车服务企业，反映流动资产周转情况的指标主要有两个，即应收账款周转率和存货周转率。

1）应收账款周转率。

应收账款周转率是指企业在一定时期内赊销收入净额与应收账款平均余额的比率，是反应企业应收账款回收速度和管理效率的指标，通常用下列公式表示：

$$应收账款周转率 = \frac{赊销收入净额}{应收账款平均余额}$$

该指标是评价应收账款流动性大小的一个重要财务比率，它可以用来分析企业应收账款的变现速度和管理效率。企业应收账款周转率高，则表明企业应收账款的变现速度快，管理效率高，资金回收迅速，不易发生呆账或坏账损失，流动资产营运状况良好；反之，则相反。

2）存货周转率。

存货周转率是指企业一定时期的销售成本与平均存货的比率，它是反映企业销售能力和流动资产流动性的一个指标，也是衡量企业生产经营各个环节存货运营效率的一个综合性指标，其计算公式为：

$$存货周转率 = \frac{销售成本}{平均存货}$$

$$平均存货 = \frac{期初存货余额 + 期末存货余额}{2}$$

汽车服务企业的流动资产中，存货往往占有相当大的比例，而存货中汽车配件一般占有绝大比重，企业的存货应该保持在一个合理水平。存货数额过大，除了会增加存货投资之外，还会增加企业的储存费用，给企业带来一定的损失；如果存货数量过低，又会影响维修业务的正常开展。所以，既要维持一个恰当的库存水平，又应加速存货周转，提高存货的利用效果。另外，存货的质量和流动性对企业的流动比率具有举足轻重的影响，进而影响企业的短期偿债能力。

（2）固定资产周转情况分析

固定资产周转率是反映固定资产周转情况的指标。它是指企业年收入净额与固定资产平均余额的比率，其计算公式为：

$$固定资产周转 = \frac{年收入净额}{固定资产平均余额}$$

它是反映企业固定资产周转情况，衡量固定资产利用率的一项指标。若该指标越高，则表明企业固定资产利用越充分，同时也能表明企业固定资产投入得当，结构合理，能够充分发挥其效率；反之，若固定资产周转率不高，则表明固定资产使用效率不高，企业经营能力不强。

（3）总资产周转情况分析

总资产周转率是反映总资产周转情况的指标，亦称总资产利用率。它是企业销售收入净额与资产平均总额的比率。其计算公式为：

$$总资产周转率 = \frac{销售收入净额}{资产平均总额}$$

该指标可用来分析企业全部资产的使用效率。如果该比率较低，说明企业利用其资产进行经营的效率较差，会影响企业的获利能力，企业应采取措施提高销售收入或处置资产，以提高总资产利用率。

3. 企业盈利能力分析与评价

盈利能力就是企业赚取利润的能力，也称获利能力，是投资人、债权人以及企业经营者都重视和关心的中心问题。一般来说，企业盈利能力的大小是由其经常性的经营理财业绩决定的。那些非经常性的事项及其他特殊事项，虽然也会对企业的损益产生某些影响，但不能反映出企业真实的获利能力，如偶然性证券投机所得、重大事故或法律更改等特别事项的影响等。因此，在分析企业的盈利能力时，应尽可能剔除那些非正常性因素对企业获利能力的影响。

反映企业盈利能力的指标很多，通常使用的指标主要有销售利润率、成本费用利润率、总资产利润率、资本金利润率及股东权益利润率。

（1）销售利润率

销售利润率是指企业利润总额与企业销售收入净额的比率。其计算公式为：

$$销售利润率 = \frac{利润总额}{销售收入净额} \times 100\%$$

在销售收入中，销售利润率主要反映企业职工为社会劳动新创造价值所占的份额。该项指标越高，表明企业为社会所创造的价值越多，贡献就越大，也反映企业在增产的同时，为企业多创造了利润，实现了增产增收。

（2）成本费用利润率

成本费用利润率是指企业利润总额与成本费用总额的比率。它是反映企业生产经营过程中发生的耗费与获得的收益之间关系的指标，其计算公式为：

$$成本费用利润率 = \frac{利润总额}{成本费用总额} \times 100\%$$

该比率越高，表明企业所取得的收益越高。这是反映增收节支、增产节约的指标。

（3）总资产利润率

总资产利润率是企业利润总额与企业资产平均总额的比率，即过去所说的资金利润率。其计算公式为：

$$总资产利润率 = \frac{利润总额}{资产平均总额} \times 100\%$$

总资产利润率指标反映了企业资产综合利用效果，是衡量企业利用债权人的所有者权益总额取得盈利的重要指标。其值越高，表明资产利用的效益越好，整个企业获利能力越强，经营管理水平越高。

（4）资本金利润率

资本金利润率是企业的利润总额与资本金总额的比率，是反映投资者投入企业资本金的获利能力的指标，其计算公式为：

$$资本利润率 = \frac{利润总额}{资本金总额} \times 100\%$$

资本金利润率指标越高，说明企业资本金的利用效果越好，企业资本金是所有者投入的主权资金，资本金利润率的高低直接关系到投资者的权益，是投资者最关心的问题。

（5）股东权益利润率

股东权益利润率是企业利润总额与平均股东权益的比率。它是反映股东投资收益水平的指标，其计算公式为：

$$股东权益利润率 = \frac{利润总额}{平均股东权益} \times 100\%$$

股东权益是股东对企业净资产所拥有的权益，净资产是企业全部资产减去全部负债后的余额。平均股东权益为年初股东权益额与年末股东权益额的平均数。

股东权益利润率指标越大表明股东投资的收益水平越高，获利能力越强。

4. 财务状况的趋势分析

财务状况的趋势分析主要是通过比较企业连续几个会计期间的财务指标、财务比率和财务报告，来了解财务状况的变动趋势，并以此来预测企业未来财务状况，判断企业的发展前景。趋势分析主要从以下 3 个方面进行。

（1）比较财务指标和财务比率

这种方法是对企业主要的财务指标和财务比率，从前后数年的财务报告中选出指标后，对指标进行必要的加工计算，直接观察其金额或者比率的变动数额和变动幅度，分析其变动趋势是否合理，并据此预测未来。

（2）比较会计报表的金额

这种方法是将相同会计报表中的连续数期的金额并列起来，比较其中相同项目增减变动的金额及其幅度，由此分析企业财务状况和经营成果的变动趋势。

（3）比较会计报表的构成

这种方法是以会计报表中的某一总体指标作为 100%，计算其各组成部分指标占该总体指标的百分比，然后比较若干连续时期的该项构成指标的增减变动趋势。常用的形式是销售收入百分比法，就是以产品销售收入作为 100%，计算其他指标占销售收入的百分比，分析各指标所占百分比的增减变动和对企业利润总额的影响。

7.4　汽车服务企业成本费用管理

汽车服务企业的成本是指汽车服务企业为了经营和维修服务活动的开展所支出的各项费用。它包括 3 个部分：物化劳动的转移价值、生产中所消耗的材料及辅料的转移价值与员工的劳动报酬以及剩余劳动所创造的价值。

实现利润最大化是企业生产经营的目标,在产品或劳务销售价格既定、产销基本平衡的情况下,成本的高低是实现利润大小的决定因素。因而企业想方设法降低成本,加强成本管理。

7.4.1 成本费用管理概述

成本费用管理,就是对企业生产经营活动过程中发生的成本和费用,有组织、有计划、系统地进行预测、计划、控制、核算、考核和分析等一系列科学管理工作的总称。

1. 成本的概念和分类

(1)成本的概念

任何一个企业在生产经营过程中,必须要耗费一定量的物质资料(包括货币资金)。企业在一定时期内,以货币额表现的生产耗费就是成本费用。成本费用有多种形式,例如,生产中消耗的劳动资料,表现为固定资产折旧费、修理费等费用;生产中消耗的劳动对象,表现为原材料、燃料、动力等费用;生产经营中的劳动报酬,表现为工资、奖金等人工费;生产经营中的其他耗费,表现为制造费用、管理费用、财务费用等;企业为了销售产品或劳务,还要支付销售费用等。企业在生产经营中为制造产品或劳务所发生的直接材料、直接人工、制造费用等,构成了这些产品或劳务的生产成本;生产经营中所发生的管理费用、财务费用和销售费用等,构成企业的期间费用,由于这些费用容易确定发生期,难以确定归属的对象,应从当期损益中扣除。

(2)成本项目

按照成本费用的经济用途,可将成本分为直接材料、直接人工、制造费用和期间费用。

1)直接材料。

企业在生产经营过程中实际消耗的各种材料、备品配件以及轮胎、专用工具、动力照明、低值易耗品等支出。

2)直接人工。

企业直接从事生产经营活动人员的工资、福利费、奖金、津贴和补贴等。

3)制造费用。

是指在生产中发生的那些不能归入直接材料、直接人工的各种费用。

以上3类费用是计入企业产品成本的费用。

4)期间费用。

期间费用是企业行政管理部门为组织和管理生产经营活动而发生的管理费用和财务费用,为销售和提供劳务而发生的进货费用和销售费用。期间费用不计入产品成本,而是作为费用直接计入当期损益。

①销售费用是指企业在销售商品过程技术转让费、职工教育经费、研究开发费、提取的职工福利基金和坏账准备金等。

③财务费用是企业在筹资等财务活动中发生的费用。它包括企业经营期间发生的利息净支出、汇兑净损失、金融机构手续费以及筹集资金而发生的其他费用等。

2. 成本费用的确认原则

在成本核算时,确认某项资产耗费是否属于成本费用,其基本原则是配比原则和权责发生制原则。《企业会计准则》明确指出：会计核算应当以权责发生制为基础。收入与其相关的成本、费用应当相互配比。由于企业购置资产完全是为了取得收入，只有资产不断转换为成本或费用，并从收入中得到抵补，企业的生产经营活动才能持续下去。从计量经济的角度看，收入是对成果的计量，而成本费用是对耗费的计量，两者对比就可确定企业经营的收益。如果不对与收入相关的成本费用予以确认，而任意在收入中抵扣各项不应列支的费用支出，就会使企业收益流失，无法判断企业真实的经营绩效。因此，收入与成本费用对比的核心是相互配比。

具体说来，这种配比有以下 3 种方式。

（1）直接配比

如果某项资产的耗费与取得的收入之间具有直接的因果关系，就可直接将发生的资产耗费计入某一具体的成本计算对象之中，这种方式叫直接配比，如上述的直接材料、直接人工都是为完成企业生产经营活动而直接发生的，其耗费应全部直接计入成本的计算对象之中，构成生产成本。

（2）间接配比

如果无法满足直接配比，就需要采用合理而细致的方法，将多种收入共同耗用的费用按一定比例或标准再分配到各种劳务中去，构成企业劳务的成本，这种配比叫间接配比，如前述中的制造费用，因无法直接配比，而需按一定的方法进行间接配比，即计算企业成本时就需按定额和耗用量比例来分配。

（3）期间配比

当即不能采用直接配比，又不能采用间接配比，而这些费用确实对企业获取收入有很大帮助，就需要将其与企业一定期间收入相联系，这种方式叫期间配比，如制造成本法下的管理费用、财务费用等，就可直接从当期收入中扣除。

按权责发生制确认成本费用，就是对本期发生的成本费用按其是否应发生在本期为标准来确认的。凡是应在本期发生的成本费用，不论其是否在本期实际支付，均作为本期的成本费用；反之，凡是不应在本期发生的成本费用，即便在本期支付，也不作为本期的成本费用处理。

7.4.2　成本预测和成本计划

成本预测是企业为了更好地控制成本，做到心中有数，避免盲目性，减少不确定性，为更好地进行决策提供依据，而对企业发生的成本进行预测。成本计划是通过货币形式，以及其实际达到的水平为基础，参照计划期的业务量，对计划期内成本的耗费水平加以预先计划和规定。

汽车服务企业的成本预测和成本计划，一般参照上期的实际情况，分析本期影响成本的各种因素，考虑其影响的大小，制订出基本合理的方案。

1. 成本预测

预测，是人们根据事物已知信息，预计和推测事物未来发展趋势和可能结果的一种行为。成本预测，就是根据历史成本资料和有关经济信息，在认真分析当前各种技术经济条件、外界环境变化及可能采取的管理措施基础上，对未来成本水平及其发展趋势所做的定量描述和逻辑推断。

汽车服务企业成本预测，就是根据企业成本特性及有关数据资料，结合汽车服务企业发展的前景和趋势，采用科学的分析方法，对一定时期某些业务成本水平、成本目标进行预计和测算。其主要内容是进行目标成本预测。

（1）目标成本预测的工作内容

目标成本是实现目标利润、提高企业经济效益的基础，是在预先确定目标利润的前提下提出的，从而使目标成本带有很大的强制性，成为不得超过的硬指标。目标成本是在市场激烈竞争中的必然产物，必须具有市场竞争力，从而使得目标成本具有先进性和权威性。正常情况下，目标成本应比已经达到的实际成本要低，但应该是经过努力可以实现的。正确地预测和制定目标成本，对于挖掘企业降低成本潜力，编制先进可行的成本计划和保证实现企业经营目标具有重要的作用。

目标成本预测需要做好大量工作，主要有：全面进行市场调查，掌握市场需求情况，预测汽车市场的需求数量及其变化规律，掌握汽车及配件等价格变动情况；进行企业内部调查，预测企业生产技术、生产能力和经营管理可能发生的变化，掌握企业生产费用的增减和成本升降的有关资料及其影响因素和影响程度；根据企业内外部各种资料和市场发展趋势，预测目标收入，根据目标收入计算目标利润。

（2）目标成本预测的方法

1）目标利润法。

目标利润法又称"倒扣计算法"或"余额计算法"，其特点是"保利润、挤成本"。它是先制定目标利润，随后又考虑税金、期间费用等项目，推算出目标成本。可见，目标成本是以目标利润为前提，带有一定的强制性，其测算公式为：

$$目标成本 = 预测经营收入 - 应纳税金 - 目标利润 - 期间费用$$

例 7 - 9 邯郸钢铁公司第三轧钢厂生产的小 6.5 普通线材，市场售价 1 600 元/t，税金 217 元/t，管理费用 52 元/t，按此计算目标成本最高上限为：

$$1\ 600 - 217 - 52 = 1\ 331（元/t）$$

按照以市价为基础的内部价格预计，该线材的估计成本为 1 380 元/t，要亏 49 元/t。该厂面临两种选择：一是停止生产该产品，二是设法把成本降至 1 331 元/t 以下。

该钢铁公司根据该产品的历史先进水平、同行业先进水平及第三轧钢厂的实际情况，从提高成材率，降低油耗、电耗、水耗，提高产量，降低固定成本等方面挖潜，认为可将每吨成本降低 8 元，但这仍不能达到目标成本，离目标成本还差 41 元。为此，要求与线材有关的前工序各厂降低成本。经分析，供应第三轧钢厂生产线材所用毛坯的第二轧钢厂毛坯成本每吨可降低 5 元，但这还不能解决问题。再向前审查供应毛坯原料的炼钢厂的钢锭成本，经分析每吨可降低成本 28.83 元，仍不能解决全部问题。进一步向前审查采购部门外购生铁的成本，经分析每吨可降低 8 元。经过一环连一环的测算和落实，保证了线材成本降至 1 331 元/t 以下，终于实现了该产品不亏损的目标。

2）选择某一先进成本作为目标成本。

该成本既可以是企业历史上的最好水平，也可以是按先进定额制定的标准成本。这种方法较简单，但要注意可行性。如果条件发生变化，就不能生搬硬套，要作及时修正或调整。

3）根据企业上年实际平均单位成本，或企业按照市场需要与竞争条件规定的成本，降低任务测算出目标成本，其测算公式为：

单位目标成本 = 上年实际平均单位成本 × (1 - 计划期成本降低率)

确定目标成本还必须掌握充分的调查资料，主要有市场需求情况，所需材料、燃料、零配件价格变动情况，企业的生产技术、经营管理水平等对生产能力的影响，有关的统计资料，上期成本升降情况的分析等，在调查研究的基础上进行成本预测，使目标成本既先进又切实可行。这样的目标成本就可以作为计划成本，并据以编制成本计划。

2. 成本计划

(1) 成本计划的作用与要求

成本计划是汽车服务企业进行生产经营所需的费用支出和成本降低任务的计划。是企业生产经营计划的重要组成部分，是进行成本控制、成本分析以及财务计划编制的重要依据。

编制企业成本计划不是消极地反映企业生产、消耗等方面的情况，而是积极地促进生产、技术、原材料、劳动效率和服务质量的管理部门改善工作，提高企业各方面的管理水平。

(2) 成本计划的编制程序

1) 收集和整理基础资料。

在编制成本计划之前，要广泛收集和整理所必需的各项基础资料，并加以分析研究。所需资料主要包括：企业制定的成本降低任务、指标或承包经营的承包指标；企业计划采取的经营决策和经营计划等有关指标；各种技术经济定额；历史成本资料；同类企业的成本资料；企业内部各部门费用计划和劳务价格等其他有关资料等。

2) 分析报告期成本计划的预计执行情况。

正确的成本计划，应该是在总结过去经验的基础上制定出来的。因此，应对报告年度计划执行情况进行预计和分析，计算出上年实际单位成本，与报告年度计划成本相比，与同行业成本对比，找出差距，总结经验，为成本计划提供编制依据。

3) 成本降低计划任务测算。

正式编制成本计划之前，在对报告期成本计划执行情况分析的基础上，根据经营承包指标确定的目标利润、目标成本和成本预测的结果，计算计划成本可能降低的幅度，反复研究降低成本措施，寻求降低成本的途径。

4) 编制成本计划。

编制成本计划有两种方法：

① 企业统一编制。以企业财会部门为主，在其他部门配合，根据企业经营计划的要求，编制出企业的成本计划。

② 分级编制。把企业确定的目标成本、成本降低率以及各种关键性的物质消耗指标与费用开支标准下达到各生产部门。各生产部门根据下达的指标，结合本单位的具体情况，编制出各自的成本计划。企业财会部门根据各生产部门上报的成本计划，进行汇总平衡，编制整个企业的成本计划。经过批准，再把成本计划指标分解，层层下达到各生产部门，据此编制出各部门的经营成本计划。

7.4.3　成本控制

1. 成本控制定义

广义的成本控制是指管理者对任何必要作业所采取的手段，目的是以最低的成本达到预先规定的质量和数量。它是成本管理的同义词，包括了一切降低成本的努力。

狭义的成本控制是指运用以成本会计为主的各种方法，预定成本限额，按限额开支成本和费用，以实际成本与成本限额比较，衡量企业经营活动的成绩和效果，并以例外管理原则纠正不利差异，以提高工作效率，实现甚至超过预期成本限额的要求。

2. 成本控制与分析方法

成本控制要坚持经济性原则和因地制宜原则。推行成本控制而发生的成本不应超过因缺少控制而丧失的收益。对成本控制系统必须有针对性地设计，以适合特定企业、部门、岗位和成本项目的实际情况，不可照搬别人的做法。

成本控制主要包括标准成本控制、目标成本控制等内容。

(1) 标准成本控制

标准成本控制是通过标准成本系统实现的。标准成本系统是为克服实际成本计算系统的缺陷，提供有助于成本控制的确切信息而建立的一种成本计算和控制系统。标准成本系统并不是一种单纯的成本计算方法，它把成本的事前计划、日常控制和最终产品成本的确定有机地结合起来。

"标准成本"一词在实际工作中有两种含义：

一种是指单位产品的标准成本，它是根据单位产品标准消耗量和标准单价计算出来的，其计算公式为：

$$单位产品标准成本 = 单位产品标准消耗量 \times 标准单价$$

另一种是指实际产量的标准成本，它是根据实际产品产量和单位产品标准成本计算出来的，其计算公式为：

$$标准成本 = 实际产品产量 \times 单位产品标准成本$$

按制定标准成本所根据的生产技术和经营管理水平，标准成本可分为理想标准成本和正常标准成本。理想标准成本是指在最优的生产条件下，利用现有的规模和设备能够达到的最低成本；正常标准成本是指在效率良好的条件下，根据下期一般应该发生的生产要素消耗量、预计价格、预计生产经营能力利用程度制定出来的标准成本。在制定这种标准成本时，把生产经营活动中一般难以避免的损耗和低效率等情况也计算在内，使之符合下期的实际情况，成为切实可行的控制标准。

在标准成本系统中，广泛使用正常标准成本。实际运行中这种标准是要经过努力才能达到的。从具体数量上看，正常标准成本应大于理想标准成本，但又小于历史平均成本水平。

标准成本系统可以事先提供具体衡量成本水平的适当尺度，给有关部门提出努力的目标，能够发挥事先的控制作用。通过差异分析，可以评价和考核工作的质量和效果，为业绩评价提供依据。

(2) 目标成本控制

目标成本是指根据预计可实现的销售收入扣除目标利润计算出来的成本。"目标成本"是 20 世纪 50 年代出现的，是成本管理和目标管理相结合的产物，强调对成本实行目标管理。目标成本的制定，从企业的总目标开始，逐级分解成基层的具体目标。制定时强调执行人自己参与，专业人员协助，以发挥各级管理人员和全体员工的积极性和创造性。

目标成本是根据预计销售收入和目标利润计算出来的，即目标成本 = 预计销售收入 – 目标利润。通过预计目标利润就可以初步确定目标成本。目标成本可采用目标利润率法和上年利润基数法确定。

1）目标利润率法。

目标利润＝预计销售收入×同类企业平均销售利润率

或　　　　　目标利润＝本企业净资产×同类企业平均净资产利润率

或　　　　　目标利润＝本企业总资产×同类企业平均资产利润率

例 7 - 10　某炼钢厂钢坯的同业平均销售利润率为 4.441%，预计本年销售量为 102 万吨，钢坯市场价格为 1766 元/t，则：

$$目标利润 = 预计销售收入 \times 同类企业平均销售利润率$$

$$= 102 \times 1\,766 \times 4.441\%$$

$$= 8\,000（万元）$$

$$目标总成本 = 102 \times 1\,766 - 8\,000 = 172\,132（万元）$$

$$目标单位成本 = 172\,132 \div 102 = 1\,688（元/t）$$

采用目标利润率法的理由是：企业必须达到同类企业的平均报酬水平，才能在竞争中生存。有的企业使用同行业先进水平的利润率进行目标成本预计，其理由是：别人能办到的事情我们也应该能办到。

2）上年利润基数法。

$$目标利润 = 上年利润 \times 年利润增长率$$

采用上年利润基数法的理由是：未来是历史的继续，应考虑现有基础（上年利润）；未来不会重复历史，要预计未来的变化（利润增长率），包括环境的改变和自身的进步。

按上述方法计算出的目标成本只是初步设想，提供了分析问题合乎需要的起点，它不一定完全符合实际，还需要对其可行性进行分析。

思考与练习

1. 财务管理的目标和内容分别有哪些？
2. 资金筹集有哪些渠道和方式？
3. 汽车服务企业资产包括哪些内容？
4. 汽车服务企业财务分析与评价的指标有哪些？
5. 汽车服务企业目标成本管理的基本内容有哪些？

第 8 章　汽车服务企业质量管理

教学提示：汽车服务企业质量管理已经成为是汽企业核心竞争力之一，是企业塑造差异化的竞争优势和激励企业在市场中脱颖而出的关键环节。本章主要介绍汽车服务企业质量管理的基础知识，汽车服务企业全面质量管理的内涵、质量管理的方法和质量管理体系。

教学要求：本章主要讲述汽车服务企业质量管理的基础知识和全面质量管理、质量管理的方法以及质量管理体系等内容。要求学生了解质量管理的含义、掌握全面质量管理内容，熟悉汽车服务企业质量管理的方法，熟悉汽车服务企业质量管理体系的内容。

8.1　汽车服务企业服务质量管理概述

8.1.1　质量的概念

质量是指产品或服务满足规定或潜在需要的特征和特性的总和，既包括有形产品也包括无形产品，既包括产品的内在特性也包括产品外在的特性。

质量的概念应包含两个方面：即技术质量和功能质量。技术质量指产品或服务的技术性能，是顾客在服务过程结束后的"所得"。功能质量也称过程质量，指产品或服务的消费感受。对于产品，总体质量主要取决于技术质量；对于服务，功能质量的重要性远远高于技术质量。

明确需要：在合同的条件下，特定用户对实体提出的明确的需要，在合同、标准、规范、图样、技术要求和其他文件中做出规定。

隐含需要：顾客或社会对实体的期望，或指那些没有通过任何形式给予明确规定，但为人们所普遍认同的、无须事先申明的需要。

特性：实体所有的性质，反映了实体满足需要的能力。

8.1.2　汽车服务企业"产品"质量特征

结合汽车服务企业的特征，汽车服务企业"产品"质量包括以下特性。

1）可靠性。是指可靠、准确地履行服务承诺的能力。如：企业提供服务的及时性和其承诺的履行情况。

2）功能性。是指企业所提供的服务范畴、服务方式、服务方便性等能以人为本，最大限度地满足顾客的服务需求，方便顾客，实现服务的能力。

3）经济性。是指企业所提供服务的价格及为完成服务所需相关各种费用的总和。

4）时间性。是指为顾客迅速提供服务的可能性。

5）保证性。是指员工所具有的知识、礼节以及表达出自信与可信的能力。

6）移情性。是指设身处地地为顾客着想，并对顾客给予特别的关注。

7）有形性。是指有形的设施、设备、人员和沟通渠道等。如：设备完好率、工作人员的精神面貌、以及用以提供服务的其他工具和设备的完好情况。

8.1.3　现代质量管理的发展

美国认为质量管理是把一个组织内部各个部门在质量发展、质量保持、质量改进的努力结合起来的一个有效体系，以便使生产和服务达到最经济水平，并使用户满意。日本认为质量管理是用最经济的方法，生产适合买方需求质量的产品，是最经济最起作用的，并且为研制买方满意的产品进行设计、生产、销售和服务。所以我们可以定义质量管理为用最经济最有效的手段进行设计、生产和服务，以生产出用户满意的产品。

现代质量管理主要经历了三个阶段：质量检验阶段、统计质量控制阶段以及全面质量管理阶段。

（1）质量检验阶段

在一些工厂中开始设立专职的检验部门，对生产出来的产品进行质量检验，鉴别合格品或废次品，从而形成所谓的"检验员的质量管理"，现代意义上的质量管理从此诞生。工作中单纯依靠检验，剔出废品，保证产品质量，作用是事后把关，不让不合格品出厂或转到下道工序，是一种被动的质量管理，无法对产品设计生产等环节的质量进行管理。

（2）统计质量控制阶段

开始运用概率论与数理统计方法来控制生产过程，预防不合格品的产生。把以前质量管理中的"事后把关"变成事先控制，预防为主，防检结合。

（3）全面质量管理（TQM）阶段

统计质量管理单纯强调数理统计方法的应用，只关注生产过程及最终品的质量控制，对正在出现的新形势和新问题常显得难以应付。只有将影响质量的所有因素统统纳入质量管理的轨道，并保持系统、协调的运作，才能确保产品的质量。

（4）汽车服务企业"产品"质量的形成

任何产品都是为了满足用户特定的需要而产生的，产品质量体现了产品的使用价值。工业企业最终是以产品的适用性来满足用户的使用需求，而汽车服务企业最终以服务的可靠性、功能性、经济性、时间性、保证性、移情性、有形性等来满足用户需求的。

产品质量不是检验出来的，它有一个逐步实现的过程，这一过程可以用美国质量管理学家朱兰（J. M. Juran）提出的螺旋曲线来表示，见图 8 - 1。朱兰质量螺旋曲线用一条螺旋式上升的曲线来表达产品质量产生、形成和实现的过程，反映了产品质量形成的客观规律。

从朱兰质量螺旋曲线可以看到：

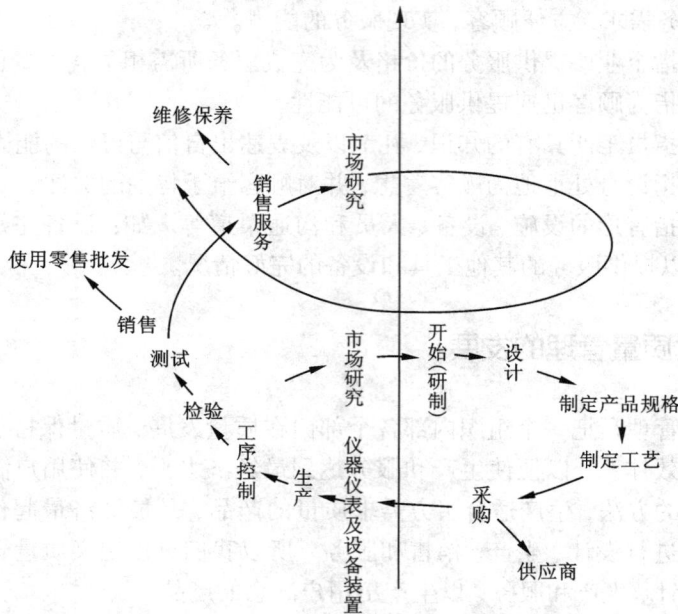

图 8 - 1 朱兰质量螺旋曲线

1)产品质量形成的全过程包括 13 个环节:市场研究、开发(研制)、设计、制定产品规格、制定工艺、采购、仪器仪表及设备装置、生产、工序控制、检验、测试、销售和服务。这 13 个环节构成了一个系统。

2)产品质量形成和发展是一个循序渐进的过程。13 个环节构成一轮循环,每经过一轮循环,产品质量就有所提高。产品质量的提高在一轮又一轮的循环中总是在原有基础上有所改进,有所突破,且连绵不断、永无止境。

3)作为一个质量系统,其目标的实现取决于每个环节质量职能的落实和各环节之间的协调。因此,必须对质量形成全过程进行计划、组织和控制。

4)质量系统是一个开放系统,和外部环境有密切的联系,这种联系既有直接的(质量螺旋中箭头所指处),也有间接的。如采购环节和物料供应商有联系,销售环节和用户有联系,市场研究环节和产品市场有联系等。

5)产品质量形成全过程的每个环节都要依靠人去完成,人的质量及对人的管理是过程质量及工作质量的基本保证。所以,人是产品质量形成过程中最重要、最具能动性的因素。全面质量管理十分重视人的因素,其理论根源正在于此。朱兰质量螺旋曲线深刻而形象地揭示了产品质量形成的客观规律性,和它有异曲同工之妙的常见表述还有质量循环图和质量环。

质量循环图是瑞典的质量管理专家桑德霍姆(L. Sandholm)提出的,见图 8 - 2。质量环(quality loop)有较广的应用。所谓质量环是指"从识别需要到评定这些需要是否得到满足的各阶段中,影响质量的相互作用活动的概念模式"(ISO 8402—1994)。

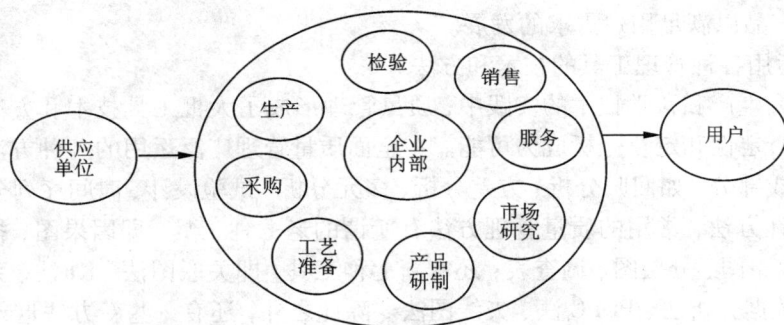

图 8 - 2　产品质量循环图

8.1.4　全面质量管理

1. 全面质量管理的含义

全面质量管理(total quality management，TQM)是指一个组织以质量为中心，以全员参与为基础，用全面的工作质量去保证生产全过程质量的管理活动，目标在于通过让顾客满意和本组织所有成员和社会受益而达到长期成功的管理途径。全面质量管理适用于组织的所有管理活动和所有的相关方。全面质量管理思想被认为是质量管理的最高境界，它强调了组织应以质量为中心，所有部门和所有层次的人员都要参与，并接受教育培训，谋求长期的经济效益和社会效益。其具有以下几个特点。

(1)全过程和全员参与

产品质量的好坏不仅取决于最后的检验把关，更重要的是产品形成的全过程。只有对需求设计、开发、采购、生产运作、测量监控、销售、服务等环节实行严格的质量管理，才能保证和提高产品质量。全过程的管理充分体现了质量管理工作必须贯彻"预防第一"的要求，把管理重点从事后检验转到事前控制上来，消除各种隐患，形成能稳定生产合格品的生产经营系统。现代化大生产联系密切复杂，必须调动人的积极性，发挥人的主观能动性，使全体人员都参与到质量管理工作中来，促使组织内部各职能部门和业务部门之间的横向合作，依靠有关质量的立法和必要的行政手段等激励和处罚措施，使所有部门全体员工都能有效发挥其质量职能，从而提高产品质量和服务质量。

(2)提高组织各方和全社会的效益

全面质量管理强调让顾客满意，为本单位成员和社会谋求长期的经济效益和社会效益，即以提高包括本组织效益在内以质量成效为核心的整个社会的综合效益为宗旨。全面质量管理中的用户对象都是广义的。用户不仅指产品最终出厂后的直接用户，还包括了组织内部该产品各道工序的用户，即后一工序是前一工序的用户。树立以用户为中心、服务用户的思想，使产品质量与服务质量尽可能地满足用户的要求。对象的意义同样广泛，用户评价产品质量通常以产品的适用程度、时间的持久性、使用的稳定性为依据。全面质量管理的对象是广义的质量。组织应以用户满意度为基准，不断对用户需要进行分析预测，注意掌握用户意见和需求，按用户要求规划质量目标、制定质量标准，不断提高产品的适用程度，同时不断开发、研制新产品以满足用户需求的发展。

（3）充分运用各种管理工具的技术和方法

在现代化大生产和科学技术的实践中，质量管理形成了大批工具技术和方法，使得对质量管理工作进行定性和定量分析成为可能。在全面质量管理广泛运用的各种方法中，统计方法是重要的组成部分，如回归分析、方差分析、多元分析、试验设计、时间序列分析等。另外还有很多非统计方法，常用的质量管理方法有所谓的老七种工具，即因果图、排列图、直方图、控制图、散布图、分层图、调查表；还有新七种工具，即关联图法、KJ法、系统图法、矩阵图法、矩阵数据分析法、PDPC法、矢线图法。除此之外，还有一些新方法近年来得到广泛的关注，如质量功能展开（QFD）、田口方法、故障模式和影响分析（FMEA）、头脑风暴法（brainstorming）、六西格玛法、水平对比法（benchmarking）、业务流程再造（BPR）等。

总之，影响质量的因素错综复杂，要把众多因素系统地综合控制起来。为了实现质量目标，必须综合应用各种先进的管理方法和技术手段，必须善于学习和引用国内外先进组织的经验，不断改进本组织的业务流程和工作方法，不断提高组织成员的质量意识和质量技能。

2. 全面质量管理的基本任务

全面质量管理的任务是确定企业的质量目标、质量方针和质量策划，建立和健全质量保证体系，组织协调企业各个部门和全体职工运用先进技术和科学方法，贯彻执行产品（服务）质量标准，实施质量控制，根据顾客需求不断改善产品（服务）质量标准，实施质量控制，根据顾客需求不断改善产品（服务）质量。

全面质量管理的基本任务可以概括为3个方面。

（1）确定企业的质量目标

在市场经济的条件下，企业要在竞争中求生存和发展，不仅要有企业近期的质量目标，而且要确定长远的质量战略目标。在确定长远的质量战略目标时，要充分考虑企业内外条件，如国家建设规划和要求，国际、国内市场的需求及发展趋势，企业的经营方向、技术基础和生产条件等。通过明确的目标，引导组织活动，激发全体员工的积极性和创造性，进而衡量和监控各方面质量活动的绩效，只有明确质量目标，才能有针对性地、综合地、系统地推进全面质量管理工作。当质量目标确定以后，还要制定质量方针和实现质量目标的具体措施。

（2）制定企业质量规划

在规划中，要围绕所要达到的质量目标，落实可靠的技术、组织措施，包括资金来源、设备的改造和更新、人员的培训、研究开发计划，以及先进的质量管理方法的推广和应用等。同时，还要把目标与任务通过指标分解的形式落实到各个部门、各个环节和各个工作岗位上，建立权责利统一的质量责任制度。

（3）建立和健全企业的质量保证体系

质量保证体系的根本任务就是通过对企业的质量控制，实现对用户的质量保证。全面质量管理要求由被动的"三包"，即包修、包退、包换，发展为主动的"三保"，即保证提供优质的产品、保证提供优质的配件、保证提供优质的服务。由此可见，一个企业建立一个有效的质量保证体系是实现质量目标和落实质量规划的关键。

3. 全面质量管理实施的工作程序

（1）分析决策

实施全面质量管理常见的动因有：组织有成为世界级组织的远景构想；组织希望能够保持领导地位和满足顾客需求；顾客不满意、丧失了市场份额、竞争或成本的压力等。全面质量管理的实施能够帮助组织摆脱困境，解决问题。为了作出正确的决策，组织的高层领导者必须全面评估组织的质量状况，了解所有可能的解决问题的方案，在此基础上进行决策是否实施全面质量管理。

（2）先期准备

1）高层管理者学习和研究全面质量管理，对质量和质量管理形成正确的认识。

2）建立组织，包括：成立质量委员会、任命质量主管和成员、组织培训。

3）确立远景构想和质量目标，并制订为实现质量目标所必需的长期和短期计划。

4）选择合适的项目并成立团队，作为试点开始实施全面质量管理。

（3）正式实施

这是具体的实施阶段，在选定项目试点中逐渐总结经验教训。根据试点经验，从顾客忠诚度、不良质量成本、质量管理体系以及质量文化等评估试点单位的质量状况，在此基础上发现问题，然后进行有针对性的改进。组织需要明确主要的成功因素，并确定关键业务流失。通常每个组织都有 4~5 个关键业务流程且往往会涉及多个部门，为了确保这些流程的顺畅运作和不断完善，应该建立团队负责每个关键业务流程，并且要指派负责人。除了要对团队和流程的运作情况进行评估外，组织还需要对整个组织的质量管理状况进行定期的审核，从而明确组织在市场竞争中的地位，及时发现问题，寻找改进机会。

（4）扩展综合

在试点取得成功的情况下，组织就可以向所有部门和团队扩展。各部门和领域都应设立质量委员会，确定改进项目并建立相应的过程团队，对团队运作的情况进行评估。管理层还需要对各团队的工作情况进行全面的测评，从而确认所取得的效果。扩展的顺利进行要求高层管理者强有力的领导和全员的参与。这时，组织已基本具备了实施全面质量管理的能力，需要对整个质量管理体系进行综合，这通常需要从目标、人员、关键业务流程、评价和审核 4 个方面进行整合和规划。

4. 全面质量管理的基本方法——PDCA 循环

PDCA 循环是全面质量管理的基本方法，最早是由美国质量管理专家——戴明提出，所以又称为"戴明环"。PDCA 四个字母及其在 TOCA 循环中所表示的含义如下：

1）P：计划（plan），在开始进行持续改善的时候，首先要进行的是计划，计划包括制定质量目标、活动计划、管理项目和措施方案。计划阶段需要检讨企业目前的工作效率、追踪流程目前的运行效果和收集流程过程中出现的问题点；根据搜集到的资料，进行分析并制定初步的解决方案，提交公司高层批准。

2）D：实施（do），在实施阶段，就是将制定的计划和措施，具体组织实施和执行。将初步解决方案提交给公司高层进行讨论，在得到公司高层的批准之后，由公司提供必要的资金和资源来支持计划的实施。

3）C：检查（check），第三阶段是检查，就是将执行的结果与预定目标进行对比，检查计划执行情况，看是否达到了预期的效果。按照检查的结果，来验证生产线的运作是否按照原来的标准进行；或者原来的标准规范是否合理等。

4）A：处理（action），第四阶段是处理，对总结的检查结果进行处理，成功的经验加以肯定，并予以标准化或制定作业指导书，便于以后工作时可遵循；对于失败的教训也要总结，以免重现。对于没有解决的问题，应提到下一个 PDCA 循环中去解决。

PDCA 循环的基本模型如图 8 - 3 所示。

PDCA 循环有如下特点：

1）如果把整个组织的工作作为大的 PDCA 循环，那么各个小部门、小组还有各自小的 PDCA 循环，上一级 PDCA 循环是下一级 PDCA 循环的根据，反过来下一级 PDCA 循环是上一级 PDCA 循环的贯彻落实和具体表现，通过循环把组织各项工作有机地联系起来，共同促进。

2）阶梯式上升。PDCA 循环不是在同一水

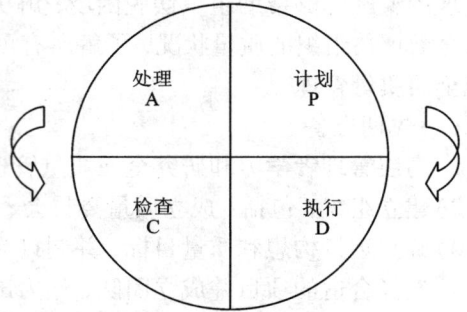

图 8 - 3　PDCA 循环的基本模型

平上循环，每循环一次，就解决一部分问题，取得一部分成果，质量水平就提高一步。到了下一次循环，又有了新的目标和内容，从面不断阶梯式上升。

3）科学管理方法的综合应用。PDCA 循环运用以 QC 七种工具为主的统计处理方法以及工程（IE）中工作研究的方法作为进行工作和发现、解决问题的工具。

全面质量管理按照计划、实施、检查、处理二个阶段开展工作，为保证每一阶段的工作方向和任务明确，应制定其基本步骤。

（1）计划阶段

1）找出质量问题。

2）找出存在问题的原因。

3）研究改进工作的措施。

（2）实施阶段

实施改进措施。

（3）检查阶段

检查实施的结果。

（4）处理阶段

1）把有效措施纳入各种标准中加以巩固，无效的措施不再实施。

2）将遗留问题转入下一个循环继续解决。

8.2　质量管理的分析方法

8.2.1　排列图法

1.排列图的概念

排列图（图 8 - 4）又叫帕累托图，它是将质量改进项目从最重要到最次要进行排列的原则制作。

排列图建立在帕累托原理的基础上。什么是帕累托原理？这是意大利经济学家帕累托在

分析意大利社会财富分布状况时得到的"少数关键，多数次要"的结论。在质量改进的项目中应用这一原理，意味着少数的项目往往起着主要的、决定性的影响。通过区分最重要和其他次要的项目，就可以用最少的努力获得最大的改进。

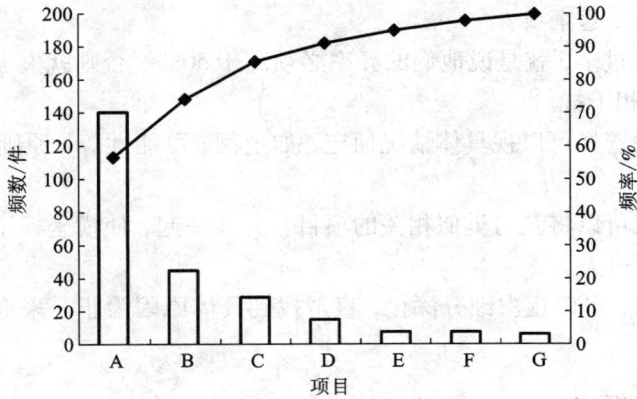

图 8 - 4　排列图

2. 排列图的含义

排列图由一个横坐标、两个纵坐标、几个按高低顺序排列的矩形和一条累计百分比折线组成。横坐标表示着影响质量的各个因素，按其因素的影响大小从左至右排列，左边纵坐标表示频数，右边纵坐标表示频率，直方图的高度表示某个因素的影响大小，图中曲线表示各个影响因素的累计百分数。通常百分数分为 3 类：0% ~ 80% 为 A 类区，A 类区的因素为主要因素；80% ~ 90% 为 B 类区，B 类区的因素为次要因素；90% ~ 100% 为 C 类区，C 类区的因素为更次要因素。

3. 排列图的运用

排列图可分析主要缺陷形式、产生不合格的关键工序、经济损失的主次因素，还可以按重要性顺序显示出每个质量改进项目对整个质量问题的作用和识别进行质量改进的机会。

通过排列图来找出需重点改进的项目，如果员工按个人的技术和经验决定所遇到的问题如何进行改进，即使改进后效果显著也只能说明判断基本正确，但这并不是建立在科学的统计方法基础上。而出现效果一般、效果不佳等情况，就会造成很大的浪费，包括人力、物力及时间的浪费。要使效果显著，就要选好解决问题的主次，利用排列图这种建立在统计基础上的科学方法就能达到这个目的。首先，在排列图上，对结果有较大影响的只是结果排序的因素的前两三项，而后面的项目对改善效果影响不大。因此，可以根据重要程度大小把项目分为 A、B、C 三类，解决 A 类项目，即解决主要因素的影响，容易控制；B 类或 C 类项目繁多，一般很难控制。其次，排列图还可对改进效果作出鉴定，采取措施后，这些措施是否有效仍可用排列图来进行检查，验证这个项目的影响大小，并且通过项目排列的改变找出进一步解决问题的因素。

4. 排列图的制作步骤

1) 收集有关资料的质量问题数据。

2) 将收集的资料分类，每一类为一个项目，统计出每个项目的频数并列出表格，作为制图依据。

3）计算数据表格中的频数占总频数的百分比和累计百分比，记录于表中。

4）作两个纵坐标、一个横坐标，左边纵坐标标上频数，右边纵坐标标上百分比，在横坐标上画出频数直方图，利用累计百分比描点连接，画出排列线。

5.排列图运用的注意事项

1）主要因素不能过多，就是说他们的频率必须高于50%，否则就失去了找主要因素的意义，使主次难分，互相干扰。

2）纵坐标频数的选择可以视具体情况而定，如金额、可能性等，原则上是以能找到主要因素为主。

3）不重要的因素可以将其与类似相关的项目合并在一起，使横坐标不至于太长，但是合并的项目其频数不应过大。

4）排列图的运用，可以逐次细分深化，直至找到具体原因为止。采取措施后，需重画排列图做效果比较。

8.2.2 鱼骨刺图法

1.鱼骨刺图的概念

鱼骨刺图（图8-5）又叫石川图、特性要因图、树枝图、因果图等，它是揭示质量特性波动与其潜在原因关系，即是表达和分析因果关系的一种图表，是将影响某一质量事项的各种原因，按类别、层次将主次因素形象地反映在图形上排列而成，由于使用起来简单有效，所以在质量管理活动中应用较为广泛。

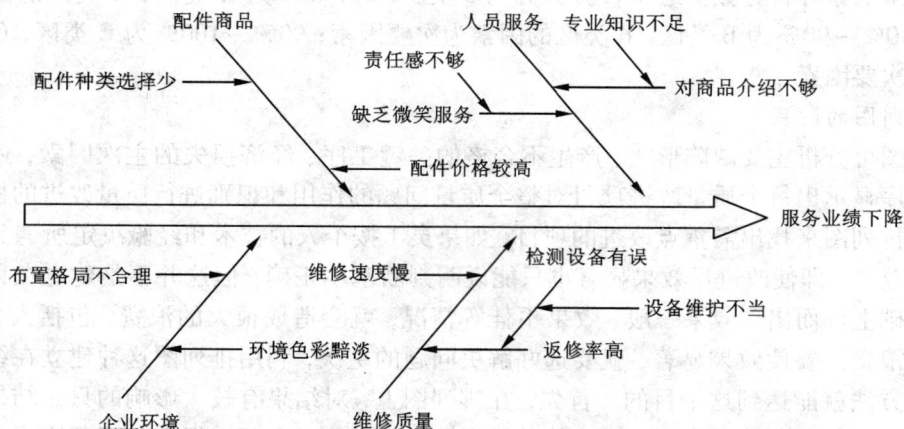

图8-5 鱼骨刺图

鱼骨刺图的作用在于：当有些质量问题的原因搞不清或比较复杂时，可借助它来分析原因。鱼骨刺图主要可用于：分析因果关系；表达因果关系，以积累经验；通过识别症状，分析原因，寻找措施以促进问题的解决。

2.鱼骨刺图的含义

鱼骨刺图可以分成以下几个部分：特性、原因和枝干。鱼骨刺图所提出的特性是指要通过管理工作或者技术手段来解决的问题；原因是对质量特性产生影响的主要因素，一般是导致质量特性发生分散的几个主要来源。原因又可分为第一层原因、第二层原因和第三层原因等；枝干是表示特性和原因之间关系的各种箭头，把全部原因联系到质量特性上的是主干，把个别原因和主干联系的是大枝干，逐层往下还有中枝干和小枝干等。

3. 鱼骨刺图的作图步骤

1）确定鱼骨刺图的特性，即要解决什么问题或排除什么质量故障。

2）确定可能发生的原因的主要类别。图 8-5 中，需要考虑的类别因素主要有：配件商品、人员服务、企业环境、维修质量等。

3）发动员工，集思广益，利用枚举法尽可能把所有影响质量特性的因素列举出来。

4）整理原因，先找出影响质量特性的第一层原因，并逐层开展下去，再进一步找出第二、三层原因，然后添加各类枝干。分析原因，注意逻辑关系，直到分析的原因有解决措施为止，分析过程中需对主要原因进行特别标注，进行进一步收集资料、论证。

4. 鱼骨刺图运用的注意事项

1）在鱼骨刺作图时，应充分发扬民主、畅所欲言、各抒己见、集思广益，把每个人的意见都一一记录在图上，尤其是基层员工的直接意见。

2）确定要分析的主要质量问题，要具体，不宜在一张因果图上分析若干个主要质量问题。换句话说，鱼骨刺图只能用于单一目的研究分析。

3）因果关系的层次要分明。最高层次的原因要具体，以便寻求到可直接采取的具体措施。

4）"要因"一定要确定在末端因素（最深层次因素）上，不能在中间过程上。

5）细小的因素未必不是构成质量问题的症结所在，细小因素也会导致大的质量问题，一定要正确对待每一个因素的分析。

6）找出主要原因需现场落实，并制定改进措施。

7）措施落后时，仍需绘制鱼骨刺并逐步完善，对比前后效果，以积累知识和经验。

8.2.3　直方图法

1. 直方图的概念

直方图（图 8-6）是频数直方图的简称，又称质量分布图。它是用一系列宽度相等、高度不等的矩形表示数据分布的图。矩形的宽度表示数据范围的间隔，矩形的高度表示在给定间隔内的数据频数。直方图是整理质量数据，找出数据分析中心后发现规律的一种十分有效的方法。

2. 直方图的用途

1）显示质量特性波动状态，便于掌握质量分布情况。

2）较直观地传递有关过程质量状况的信息，考察过程能力，估计生产不合格率。

3）分析质量数据波动状况之后，就能掌握过程的状况，从而确定在什么地方进行质量改进工作，且直方图可以较为直观地让人理解，便于提高员工的质量意识。

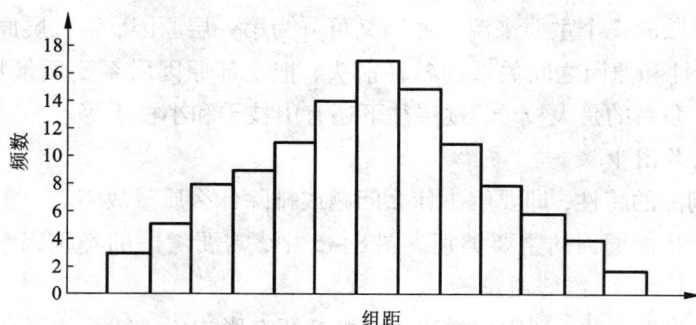

图 8-6 直方图

3. 直方图的制作步骤

1）首先要随机抽取样本 N（通常大于 50），检测后将数据填入数据表格，并找出最大值 X_{max} 和最小值 X_{min}，计算极差 $R = X_{max} - X_{min}$，R 也称为尺寸分布范围。

2）对样本进行分组，确定组数 K 和组距 h，组距 h 可由极差和组数确定：$h = R/K$。

3）确定各组组界，通常从最小值 X_{min} 开始，把 X_{min} 放在第一组中间位置上，则第一组的组界为（$X_{min} - h/2$，$X_{min} + h/2$），第二组下界为第一组上界，依此类推，确定全部组界。

4）将各数据分组，计算落入各组数据的频数。

5）将频数作为纵坐标，组距作为横坐标，依各组频数画出直方图。

4. 直方图的观察分析

观察分析直方图时，应该着眼于整个图形的形态，而对于局部的小变动不必斤斤计较。直方图的观察分析主要是观察图形的形状和公差与图形质量分布比较。

（1）直方图图形分析（图 8-7）

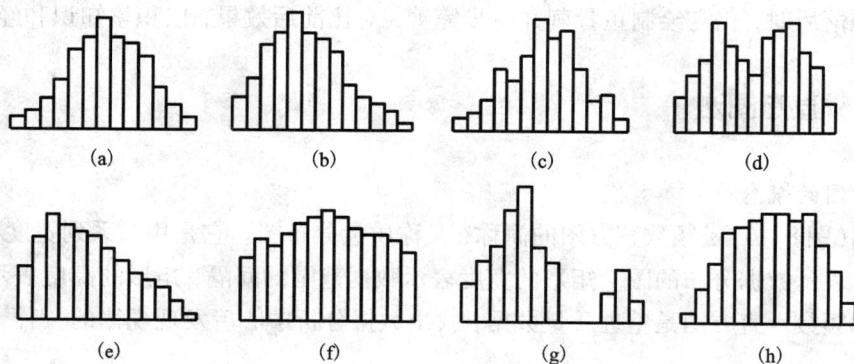

图 8-7 直方图的分析类型

（a）正常型；（b）偏态型；（c）锯齿型；（d）双峰型；

（e）倾斜型；（f）陡壁型；（g）孤岛型；（h）平顶型

1）正常型。正常型直方图为理想图形，中间为顶峰，两边低，左右对称，表明工序正常。

2）偏态型。图形偏向一边，说明存在部分技术问题。

3）锯齿型。图形如同锯齿形状，大多因为分组不当和测量出现误差所致。

4）双峰型。出现双峰，数据没有分层或均值相差较大的两种分布混合导致。

5）倾斜型。图形向一侧倾倒分布，由于单边剔除不合格品导致。

6）陡壁型。两边成陡壁，由于工序能力较差时，全数检查剔除合格品所致。

7）孤岛型。这种图形往往是加工时出现异动的状况引起的。

8）平顶型。中间成平顶状，可能由于多种分布混合而成或者由于工序过程中出现的缓慢倾向性所致。

（2）直方图的质量标准比较（图 8 - 8）

1）理想状态，见图 8 - 8（a），$T > B$，且实际中心与公差中心比较接近，两边还有适当的余量，生产过程良好，通常不会产生不合格品。

2）余量过剩状态，见图 8 - 8（b），$T > B$，且实际中心与公差中心比较接近，两边余量过大，生产过程能满足标准，可适当放宽设备、工艺等要求，降低成本。

3）单侧无余量状态，见图 8 - 8（c），$T > B$，且实际中心与公差中心有些偏离，导致单边余量太小，说明实际分布满足标准要求程度降低，生产如有恶化，就会产生不合格品。

4）单侧超差状态，见图 8 - 8（d），且实际中心与公差中心较大偏离，一边已有品质较差产品出现，说明生产过程已经恶化，应设法调整分布中心。

5）两侧无余量状态，见图 8 - 8（e），$T = B$，且实际中心与公差中心比较接近。两边余量很小，说明实际分布满足标准要求程度降低，生产如有恶化，就会产生不合格品。

6）两侧超差状态，见图 8 - 8（f），$T < B$，且实际中心与公差中心比较接近，但两边都出现品质较差产品，生产过程已恶化，产品质量难以保证，应采取措施减小实际分布范围。

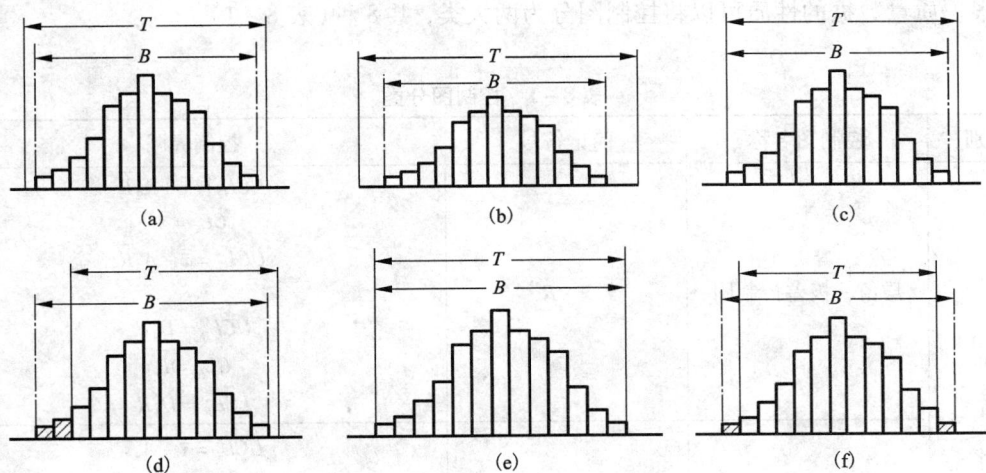

图 8 - 8 直方图的质量标准比较图

T—质量标准要求界限；B—实际质量特性分布范围

8.2.4 控制图法

1. 控制图的概念

控制图又称管理图法（图 8-9），它是控制生产过程状态，保证工序加工产品质量的重要工具。应用控制图可以对工序过程状态进行分析、预测、判断和改进。

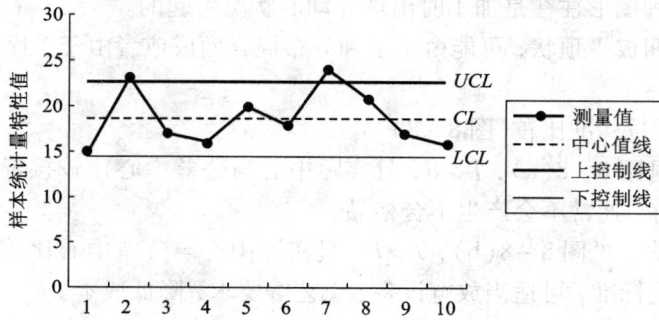

图 8-9 控制法

控制图的基本形式是：以按取样时间排列的抽样号为横坐标，以质量特性值为纵坐标，建立坐标系；在纵坐标上确定质量特性值的中心值和上下控制界限点；根据中心值和控制界限点，分别作出中心值线 CL、上控制线 UCL 和下控制线 LCL，要求上控制线在公差上线以下，下控制线在公差下线以上。在生产过程进行中，将定期测得的每一个样品的质量特性值在坐标系上描点标出，并按时间序列将各点连成线，以此反映质量波动的状况。

2. 控制图的类型

根据质量数据的性质可以将控制图分为两大类，共 8 种（表 8-1）。

表 8-1 控制图分类

类别	控制图名称	简记符号	控制界限
计量值控制图	均值-极差控制图	$\bar{x} - R$	$UCL_{\bar{x}} = \bar{\bar{x}} + A_2\bar{R}$ $CL_{\bar{x}} = \bar{\bar{x}}$ $UCL_{\bar{x}} = \bar{\bar{x}} - A_2\bar{R}$ $UCL_R = D_4\bar{R}$ $CL_R = \bar{R}$ $LCL_R = D_3\bar{R}$
	均值-标准差控制	$\bar{x} - s$	$UCL_{\bar{x}} = \bar{\bar{x}} + A_3\bar{s}$ $CL_{\bar{x}} = \bar{\bar{x}}$ $LCL_{\bar{x}} = \bar{\bar{x}} - A_3\bar{s}$ $UCL_s = B_4\bar{s}$ $CL_s = \bar{s}$ $LCL_s = B_3\bar{s}$

类别	控制图名称	简记符号	控制界限
计量值控制图	中位数 - 极差控制	$Me - R$	$UCL_{Me} = \overline{Me} + m_3 A_2 \overline{R}$ $CL_{Me} = \overline{Me}$ $LCL_{Me} = \overline{Me} - m_3 A_2 \overline{R}$ $UCL_R = D_4 \overline{R}$ $CL_R = \overline{R}$ $LCL_R = D_3 \overline{R}$
	单值 - 移动极差控	$x - Rs$	$UCL_x = \overline{x} + 2.66 \overline{Rs}$ $CL_x = \overline{x}$ $LCL_x = \overline{x} - 2.66 \overline{Rs}$ $UCL_{Rs} = 3.267 \overline{Rs}$ $CL_{Rs} = \overline{Rs}$ $LCL_{Rs} = 0$
计数值控制图	不合格品率控制图	p	$UCL_p = \overline{p} + 3\sqrt{\overline{p} - (1 - \overline{p})/n}$ $CL_p = \overline{p}$ $LCL_p = \overline{np} - 3\sqrt{\overline{p} - (1 - \overline{p})/n}$
	不合格品数控制图	np	$UCL_{np} = \overline{np} + 3\sqrt{\overline{np}(1 - \overline{p})}$ $CL_{np} = \overline{np}$ $LCL_{np} = \overline{np} - 3\sqrt{\overline{np}(1 - \overline{p})}$
	单位不合格数控制图	u	$UCL_u = \overline{u} + 3\sqrt{\overline{u}/n}$ $CL_u = \overline{u}$ $LCL_u = \overline{u} - 3\sqrt{\overline{u}/n}$
	不合格数控制图	c	$UCL_c = \overline{c} + 3\sqrt{\overline{c}}$ $CL_c = \overline{c}$ $LCL_c = \overline{c} - 3\sqrt{\overline{c}}$

1) $\overline{x} - R$ 控制图。该图是用于分析和控制具有计量特性的质量特性值的最典型的控制图。它是 $\overline{x}$ 控制图和 R 控制图的结合体。其中，$\overline{x}$ 控制图用于反映质量特性值的平均值的变化，R 控制图用于反映质量特性值的极差的变化。$\overline{x} - R$ 控制图常用于控制尺寸、质量、时间、阻值等计量值，是一种获得过程情报最多的一种控制图，是进行质量控制的重要方法。

2) $\overline{x} - s$ 控制图。该图是均值控制图和标准差控制图的结合体。它通过直接判断质量特性的平均值和标准差是否处于或保持在所要求的水平，进而判断生产过程是否处于较稳定状态，其优点是较 $\overline{x} - R$ 判断准确率高，但其不足是标准差的计算量较大。

3) $Me - R$ 控制图。该图是中位数控制图和极差控制图的结合体。所谓中位数，是指在一组按大小顺序排列的数中间的数。当这一组数是奇数时，中位数就是中间的那一个数；当这一组数是偶数时，中位数就是中间两个数的平均数。$Me - R$ 控制图是用中位值 Me 代替 $\overline{x} - R$ 控制图中的 $\overline{x}$ 而做成。因此，不必分组计算平均值，在现场使用较为方便。由于只利用了一个中值，因而其精度不如 $\bar{x} - R$ 控制图。

4)$x - Rs$ 控制图。该图是单值控制图和移动极差值控制图的结合体。其中，单值是指具体的质量特性值；移动极差值是指相连的两个数据之差，即第一个数据与第二个数据之差，第二个数据与第三个数据之差等。一般用于一定时间内只适合采取一个数据控制过程或者是少抽样试验场合。

5)p 控制图。p 控制图使用于对产品不合格品率控制的场合，是通过产品的不合格品率的变化来控制质量。p 控制图单独使用，不需组合，是计数值中计件值的控制图。该控制图常常用于极限规检查零件外形尺寸或用目测检查零件外观从而确定不合格品率的场合。除了不合格品率外，合格率、材料利用率、出勤率等也可应用控制图进行控制。

6)np 控制图。该图是不合格品数控制图，n 表示样本数，np 表示样本中的不合格品数，用于判断生产过程的不合格品数是否处于或保持在所要求的水平。

7)u 控制图。该图是单位不合格数控制图，即在不同大小的样本上计点统计不合格数时，为了进行比较，需要换算成单位长度、面积或体积中的不合格数。u 控制图用于样本大小不固定时，判断生产过程的单位不合格数是否处于或保持在所要求的水平。

8)c 控制图。该图是不合格数控制图，c 表示固定样本产品中计点统计的不合格数，指一台机器、一个部件中的不合格数，也可以将几个物件作为一个整体单位来看。例如，一篇作文的错别字数、一个齿轮上的点蚀数、三辆车身外表面的擦痕数等。c 控制图用于判断生产过程的固定样本大小的产品不合格数是否处于或保持在所要求的水平。

3. 控制图的原理

一般的产品品质特性都有其变动，不可能做到完全一样。产品质量波动可分为两大类，一类是随机波动；也称偶然波动，另一类是过程发生了实际改变而导致的异常波动。这两种质量波动产生的原因不同。产品质量随机波动的原因是那些随机出现的、对质量影响比较小且影响各不相同的因素，这些偶然因素对产品质量的影响在生产过程中始终存在，且不易识别，但它们对质量波动影响量很小，通过技术改进可以进一步减小波动影响，但不能完全避免。异常波动是对过程发生了实际改变而导致的产品质量波动，其影响因素是系统因素，即过程不经常发生的、对产品质量影响比较大的、可以识别的、理论上可以消除的因素，如操作失误、环境变化、机器老化的影响等。

控制图要求首先正确分析质量波动造成的原因，是偶然因素，还是系统因素。根据统计学的原理，如果造成质量波动的原因是一些偶然因素，那么质量特性值的分布就会表现为典型分布，例如计量值数据图以正态分布；如果质量特性值偏离典型分布很远，显然说明质量波动的主要原因是系统原因。

系统因素在生产过程中不是始终存在的，而是时有时无，一旦出现，就对产品质量造成重大影响，往往导致大量不合格品出现。过程控制图的目的和作用就在于：通过分析偶然因素的影响，建立一个可接受的过程处于稳定状态的水平；通过对质量过程的计算分析，及时发现由系统因素造成的产品质量波动，发现一个消除一个，这样就可以一个个地消除各种系统因素，使生产过程达到一种稳定状态，使不良品率降到最低，这样才能实现最佳的质量经济效益。

4. 控制图的制作步骤

1)对某类产品随机抽取一定数量的样本进行检验，选择控制图类型，根据检验结果的所得数据,计算统计量,如平均值、极差等。

2)以抽样号或时间顺序作为横坐标,对应的统计量作为纵坐标,分别在坐标系中作出统计的中心线、上控制线和下控制线。

3)按抽样号或时间顺序,将所检验结果测得的数据在控制图上描点,将点依次连接形成控制图。

5. 控制图的分析

对控制图进行分析,观察控制图样本点连接成的图形是处于受控状态还是失控状态,判断产品质量特性。

(1)受控状态

控制图上所有的点都在控制界限以内,而且排列正常,说明生产过程处于统计控制状态。这时生产过程只有偶然性因素影响,控制图排列正常表现为:

1)所有样本点都在控制界限之内。

2)样本点均匀分布,位于中心线两侧的样本点约各占1/2。

3)靠近中心线的样本点约占2/3。

4)靠近控制界限的样本点极少。

(2)失控状态

生产过程处于失控状态的明显特征是有一部分样本点超出控制界限。除此之外,如果没有样本点出界,但样本点排列和分布异常,也说明生产过程状态失控。

典型失控状态有以下几种情况。

1)有若干个样本点落在控制线之外。

2)有多个样本点连续出现在中心线一侧。

3)连续多个样本点上升或下降,连续几个点中有多数为较靠近边界的边界点。

4)样本点呈周期性分布状态。

5)连续两个样本点水平分布突变,说明生产过程中有周期性变化因素影响。

6)样本点分布的水平位置渐变。

7)样本点呈现较大的离散性。

8.2.5　相关图法

1. 相关图的概念

相关图(图8-10)是研究成对出现的两组相关数据之间关系的简单示图。相关图中,成对的数据形成点子云,研究点子云的分布状态,便可推断成对数据之间的相关程度。

2. 相关图的原理

制作相关图的最终目的是判断质量特性的数据是否存在内部联系。客观事物是互相联系并具有一定内部规律的,一切矛盾事物不但在一定条件下处于一个统一体,而

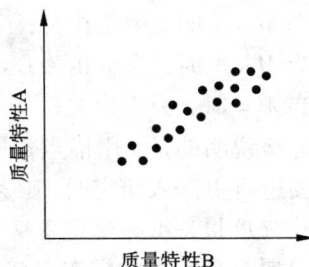

图8-10　相关图

且在特定情况下可以相互转换,在质量控制下亦是如此,它们之间的相互关系可以分3类:

1)互不相关。互不相关的质量特性是互相独立的变量，它们之间不能用数学表达式表达。例如零件的尺寸精度与材料往往是不相关的，因为一般来讲，尺寸精度往往取决于设计装配、机床精度操作水平等。

2)确定性关系。确定性关系的质量特性是可以用明确的数学表达式表达的。例如，在密度确定的情况下，物体的质量和物体的体积一定保持确定性关系。

3)相关关系。如果质量特性之间存在密切关系，但是又不能用一个或者几个变量的数值精确地求出另一个变量的关系，则这类关系叫做相关关系。例如钢铁的韧性和它添加的碳元素的比例之间的关系，碳元素的含量直接影响着钢材的柔韧度，但同时加工工艺以及燃烧温度都对钢材的韧性产生影响。

3.相关图的制作步骤

1)从将要进行相关分析的数据中，收集成对数据(x,y)（最好不少于30对）。

2)标明Z轴和F轴。

3)找出z和y的最大值和最小值，并用这两个值定横轴(X)和纵轴(F)，尽可能保证两轴等长，便于观察。

4)描点。对应数据在坐标轴上描点，当两点数据重合时，可围绕先前数据点画同心圆表示。

5)判断。分析研究网点的点子云的分布状况，确定相关关系的类型。

4.相关图的分析

相关图的分析有多种判断方法，这里简单介绍两种，分别是对照典型图例法和简单象限法。

(1)对照典型图例法

这是最简单的方法，把实际所作的相关图与典型图（图8-11）进行对照，即可得到两个变量属于哪一种相关的结论。

(2)简单象限分析法

1)在相关步图上画一根平行于y轴的竖直线P，使得在P线左右的点数大致相等。

2)在相关步图上再画一根平行于x轴的水平线Q，竖直线P，使得在线上下的点数大致相等。

3)P、Q两线把图形分成4个象限区域，分别计算各象限区域内的点数，左上和右下象限点数和为M，左下和右上象限点数和为N。

当$M>N$时，为正相关；

当$M<N$时，为负相关；

当$M=$时，为不相关。

应该说明的是，用描点作图的方法进行相关分析，是最简单的方法，但分析较为粗略，当需要进行更深入研究时，必须应用计算的方法，比较精确地计算出相关系数。

5.应用相关图的注意事项

1)要有足够大的样本。在相关图作图步骤中已经说明应取30对以上的数据。如取样太小，假设低于30对，实际过程中即使相关，作出的相关图也可能分布零散，形不成趋势。这样在图上看上去似乎没有相关关系，就不能从相关图上作出正确的判断，为此应取足够大的试样来作相关图。

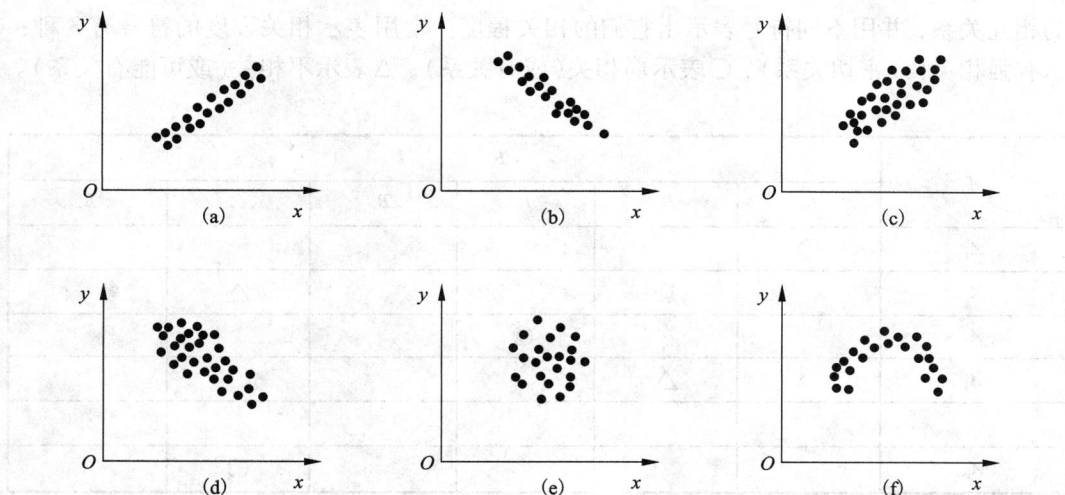

图 8 - 11 六种典型相关图

(a)强正相关;(b)强负相关;(c)弱正相关;

(d)弱负相关;(e)无相关;(f)曲线相关

2)明确在什么范围内相关。相关图相关性规律的运用范围一般局限于观测值数据的范围内,有时在试验条件下 x 和 y 相关,而在实际生产条件下 x 和 y 不相关,这样就不能把不相关的结论扩大到更广泛的范围内,即超过观测值数据一般不列入相关图;另一种情况,当 x 在很小范围内提取时,即使实际上与 y 之间存在相关关系,有时也常常呈现不相关的状态。因此,这时需要在足够大的范围内提取。总之,必须注意相关性的范围问题。

3)应将不同性质的数据分层作图,否则将会导致不真实的判断结论出现。当不同性质的数据一同列入时,虽然每种性质的数据的 x 和 y 相关,但从整体来看都呈现不相关的状态。这时,应将不同性质的数据进行分层并各自作出相关图,这样相互关系就会变得很清楚。反之,也有分层后看不出相关性,但从整体来看却呈现出相关状态的。当各种不同性质的数据作在一张张相关图上时,可以用不同颜色或符号区分不同性质的点,方便整体和局部的观察。

4)曲线相关图可以分区处理。可把该相关图分为左右两个区间,则可分别作为正相关和负相关处理。如图 8 - 11 所示曲线相关的相关图中,图左方范围的点是正相关,而右方为负相关。

5)相关图中出现的个别偏离分布趋势的异常点,应当辨别原因,采取措施加以剔除。

8.2.6 矩阵图法

1. 矩阵图的概念

矩阵图(图 8 - 12)是利用矩阵的形式分析因素之间相互关系的图形。它由 3 个部分组成:对应事项、事项中的具体元素和对应元素交点处表示相关程度的符号。这种用矩阵图并根据各因素之间的相关程度,寻找解决问题的方法,就是矩阵图法。

短阵图是从作为问题或原因的事项中找出对应的事项 A 与 B,分别将属于 A 的元素 A_1,

A_2，…，A_m 以及属于 B 的元素 B_1，B_2，…，B_n 排成行与列，然后分别分析它的交点处因素之间的相互关系，并用不同符号表示出它们的相关程度。常用表示相关程度的符号有 3 种：◎表示有强相关（或密切关系）；○表示弱相关（或有关系）；△表示不相关（或可能有关系）。

A	B					
	B_1	B_2	B_3	B_4	⋯	B_n
A_1	○					
A_2		◎			△	
A_3			◎			
A_4		△				
A_m					○	

图 8 – 12 矩阵图

2. 矩阵图的分类与途径

矩阵图有 L 型、T 型、Y 型、X 型和 Z 型，其实质原理基本相同，不同之处在于事项的个数和它们之间是否两两存在相关程度，它们的基本作用如下：

1）确定系列产品的研制或改进的着眼点，即构思的要点。

2）原材料的质量职能展开，分配落实质量职能。

3）分析制造过程中产品质量问题产生的原因。

4）市场和产品联系的分析，制定产品竞争的战略。

5）加强质量评价体制和提高其效率。

6）建立质量管理体系时，寻找解决问题的方法。

3. 矩阵图的制作步骤

现以最基本的 L 型矩阵图为例，应用程序如下：

1）制作图形。在图上画出纵横两栏，每栏设定一个事项。

2）分别整理各具体元素的内容，并将其输入各栏，填写时可按重要程度或发生频率大小等顺序填写。

3）分析各元素间的关联关系。分别确定两栏间对应两项内容的关联关系，并根据关联的强弱程度，用符号相应地标记在交叉点上。

4）确认关联关系。分别以每栏元素为基础，将其与其他项目的关联关系用符号加以确认。

5）评价重要程度。对各交叉点标记关联符号所表示的强弱程度分别评价。例如◎为3分，○为2分，△为1分。按行和列统计总分，以各栏每项内容的得分多少作为其重要程度的定量评价，进而给予各个项目以总评价。这种方法适用于根据积分来评价重要程度和优先程度。

4. 矩阵图的分析

如果将矩阵图中各因素间关系不用符号表示，而用数据表示，对这些数据进行解析运算，得出所需结果，则为矩阵数据分析法。它是一目了然地整理矩阵图中排列的大量数据的方法。这种方法的主要手法为"主成分分析法"，主要用于市场调查、新产品规划、新产品研制、工序分析等方面，应用这种方法过程比较烦琐，往往需借助电子计算机。

思考与练习

1. 质量的内涵是什么？
2. 简述汽车服务企业产品质量形成的过程。
3. 全面质量管理的定义和内容是什么？
4. 质量管理中 PDCA 的含义是什么？有哪几个阶段？每个阶段有什么内容？
5. 汽车服务企业质量分析的方法有哪些？

第9章　汽车服务企业客户管理

教学提示：汽车服务企业的客户是企业的重要资源，良好的管理可增加企业保有客户的数量，提高企业的经济效益。客户管理主要包括客户管理的意义、潜在客户开发、保有客户管理和客户投诉处理等工作。

教学要求：本章主要讲述客户管理的内容。要求学生了解客户关系管理的作用、各类客户跟进措施；掌握客户的分类分级管理、潜在客户的开发渠道；掌握保有客户的管理方法，客户投诉处理方法。

9.1　客户管理概述

9.1.1　客户管理的基本内涵

客户管理，即客户关系管理（CRM）是企业为提高核心竞争力，达到竞争制胜、快速成长的目的而制定的以客户为中心的发展战略，是在以客户为中心的基础上开展的判断、选择、争取、发展和保持客户所需要的全部商业过程；是企业通过开展系统化的客户研究，优化企业组织体系和业务流程而提高企业生产效率和利润水平的工作实践；是企业在不断改进与客户关系相关的全部业务流程。

一般来讲，客户关系管理的基本内容包括以下几个方面：

1）客户基础资料。这是客户关系管理的起点和基础。即企业所掌握的客户的最基本的原始资料，也即档案管理应最先获取的第一手资料。

客户基础资料主要包括客户的名称、电话、地址、所有者、经营管理者、法人；主要决策者个人性格、嗜好、家庭、学历、年龄、能力；创业时间、与本公司交易时间、企业组织形式、经营业种、资产等。

客户资料的获取，主要通过营销人员进行的客户访问搜集而来。在客户关系管理系统中，大多以建立客户管理卡或客户卡等方式进行管理。

2）客户特征。主要包括企业规模（销售额、职工人数等）、销售能力、服务区域、发展潜力、经营观念、经营方针与经营管理特点等。

3）业务状况。主要包括目前及以往的销售实绩、经营管理者和业务人员的素质、与其他竞争公司的关系、与本公司的业务联系及合作态度等。

4）交易活动现状。主要包括客户的销售活动状况、保持的优势、存在的问题、未来的对策；企业信誉与形象、交易条件、信用状况、以往出现的信用问题等。

客户关系管理基本是围绕着以上四方面展开的，这构成了客户关系管理的重点内容。

9.1.2　客户关系管理的原则

客户关系管理一般应需遵循下列原则进行：

1）客户关系管理应确立重点。客户关系管理的重点除了管理现有客户外，还需要更多地关注未来客户或潜在客户，为企业选择新客户、开拓新市场提供资料。

2）客户关系管理应保持动态性。客户关系管理应根据客户情况的变化，不断加以调整，及时地补充新资料，消除旧资料，不断地对客户的变化进行跟踪记录。

3）客户关系管理应"用重于管"。不能将客户关系资料束之高阁，应以灵活的方式及时全面地提供给推销人员和有关人员。同时，应利用客户资料进行更多的分析，使档案充分发挥作用。

4）确定客户关系管理的具体规定和方法。客户关系资料不能秘而不宣，但由于许多资料公开会直接影响与客户的合作关系，不宜外流出企业，只能供内部使用。所以，客户关系资料应由专人负责管理，并确定严格的查阅和利用的管理办法。

9.1.3　汽车服务企业客户的分类分级管理

1. 客户分类分级管理的含义

客户分类分级管理，就是根据客户对于企业的贡献率等各个指标进行多角度衡量与分级，最终按一定的比例进行加权。根据分类标准对企业客户信息进行分类处理后，在同类顾客中根据销售信息进行统计分析，发现共同特点，开展交叉销售，做到在顾客下订单前，就能了解顾客需要，有针对性地进行商品推荐，实现营销。

2. 客户分类分级的目的

客户分类分级的目的是便于对客户进行有效管理，从而实现客户由公司的资源转变为资产，最终成为公司的核心竞争力。

3. 汽车服务企业客户的分类

根据汽车服务企业与客户是否接触把客户分为三类：潜在客户、保有客户、战败客户。潜在客户就是有联系信息，且可能有购车意向的客户；保有客户就是通过经销店销售的客户，包括本品牌自销保有客户，本品牌他销保有客户，他厂品牌保有客户；战败客户就是留下购车信息后，没有购买该品牌的汽车，而购买了其他品牌汽车的客户。

通过汽车服务企业客户的分类可以了解到，企业要获得更多的效益，要将潜在客户转为企业的保有客户，同时必须要降低战败客户的数量。

4. 汽车服务企业客户的分级

汽车服务企业客户的分级，主要是依据客户的购买意愿、购买行为、购买周期进行分级的，表 9 - 1 为某汽车服务企业客户分级的具体内容。

表 9 - 1 汽车服务企业客户的分级标准

级别	确度判别基准	购买周期	客户跟踪频率
O 级 （订单）	购买合同已签 全款已交但未提车 已收订金	预收订金	至少每周一次维系访问
H 级	车型车色、型号已选定 已提供付款方式及交车日期 分期手续进行中 二手车置换进行处理中	7 日内成交	至少每两日一次维系访问
A 级	车型车色、型号已选定 商谈付款方式及交车日期 商谈分期付款手续 要求协助处理旧车	7 ~ 15 日成交	至少每四日一次维系访问
B 级	已谈判购车条件 购车时间已确定 选定下次商谈日期 再次来看展示车辆 要求协助处理旧车	15 ~ 30 日成交	至少每周一次维系访问
C 级	购车时间模糊 要求协助处理旧车	一个月以上时间成交	至少每半月一次维系访问

5. 各类客户跟进措施

各类客户跟进措施见表 9 - 2。

表 9 - 2 各类客户跟进措施

描述	目标对象	工作内容	
相关服务手续工作	已成交客户	车款作业 领牌作业 保险作业	配件工作 交车作业
销售促进措施	H，A，B 级潜在客户	强化商品信心 购买抗拒处理 疑问的答疑	促进成交 购车流程说明 购车需求分析
客户维护	VIP 保有客户 战败客户	提供相关产品 提供相关活动咨询 宣传售后服务	维护客户关系
客户开发	C 级潜在客户	帮助树立品牌信心 介绍产品及产品卖点 销售顾问自我介绍 搜集整理客户资料 对有望购车者，商定下次来访时间	

9.2　客户开发与管理

9.2.1　潜在客户的开发

潜在客户的开发是指与具有购车需求，并且具有购买力的客户建立接触和保持有效联系的过程。

1. 成为汽车潜在客户的条件

判断一个客户是否会成为汽车服务企业的潜在客户，一般来说应具备 3 个条件，即金钱、决定权、需求，概括起来说应该满足"MAN"三要素。

M——金钱，即选择的对象必须具有一定的购买力，买得起汽车，用得起汽车。

A——决定权，即所选择的对象对购买行为有决定、建议或反对的权力，他能独立做出购买决策。

N——需求，即所选择的对象对汽车服务企业所提供的汽车产品及服务的需求。

对于具备不同条件的客户的操作原则如表 9 - 3 所示。

表 9 - 3　对于具备不同条件的客户的操作原则

条件	有否		操作原则	
金钱	有		引导需求	
		无		鼓励贷款
决定权	有		鼓励决策	
		无		平衡关系
需求	有		促进购买欲望	
		无		引导需求
结果	潜在客户	客户流失	成交	成交或成为潜在客户

2. 潜在客户开发渠道

在我国汽车产能严重过剩的情况下，如何尽快地把汽车销售出去，尽快回笼资金、减少库存成本，是所有汽车制造企业最为关注的问题。而各级汽车销售企业无疑成了该艰巨任务的最终执行者，所以怎样有效地开发客户、保留客户、维系客户忠诚、挖掘客户的终生价值，成为了汽车销售企业取得佳绩的关键环节，而这些工作要想取得成效，当务之急就是寻找到大量的优质潜在汽车客户。我国目前潜在客户的开发渠道主要有：4S 店展厅渠道，汽车售后服务组织渠道，书面资料渠道，以及汽车展示会渠道（第 3 章有详细介绍）。

9.2.2　保有客户管理

1. 保有客户管理的意义

保有客户作为汽车服务企业的资产，企业对其进行有效的经营管理，可以赢得更多、更稳定和更忠诚的客户，从而保证企业获得长久而稳定的收益。保有客户管理的意义有以下几点：

1）建立客户信息，以便后续有效追踪；

2）有系统、有重点、有次序地追踪客户；

3）适时给客户提供帮助；

4）在合适的时机接触客户；

5）避免遗忘对重要客户的追踪；

6）提高工作效率和最终成交率。

2.保有客户的管理方法

（1）保有客户管理原则

1）保有客户是公司财产而非销售顾问的个人财产，因此要将销售顾问个人资源转换为经销商的资源。

2）保有客户的资料要经常更新、定期盘点，确保资料的正确性。

3）保有客户的维系是有周期性的，不同阶段要有不同的维系方式，主要是以客户关怀和客户提醒为目的。

（2）保有客户维系方法

1）贴心服。在顾客生日和重大节日的时候送去公司的祝福，也可以为当天生日客户进行价格优惠和赠送小礼物。

2）事件提醒。定期提醒客户进行车辆保养、车险续保、驾驶证年审、车辆年审、交通违章、恶劣天气等。

3）活动座谈会。4S店将各种服务或营销活动等信息通过客户服务中心电话、短信、直邮、E-mail等方式传送给客户，邀请客户参加活动、座谈会等。注意根据不同的客户群体，开展有针对性的活动座谈会，如针对新手客户，提供汽车驾驶、汽车保养、简单故障应急处理、驾驶技巧等知识讲座，针对女性客户开展驾车防盗防抢培训等。

4）主题沙龙。确定沙龙主题，邀请对主题感兴趣的客户一起参加。邀请的时候一定要注意细分客户群体，每次邀请年龄、职业、行业背景、收入相仿的客户，保证沙龙的质量。

5）汽车车主俱乐部。组织客户参加企业开办的车主俱乐部，为车主提供24 h呼叫服务、紧急救援、汽车维修、汽车养护、金融贷款、管家式汽车贴身服务等，增强企业与车主的沟通。

6）加强回访。回访是指汽车客服部门相关负责人，向本公司的客户回访有关本企业的产品及服务态度等问题，从而达到更好的服务，来提升企业的形象。因此，汽车服务企业的回访可以有效地了解客户对车辆的需求，提醒客户相关信息等。

9.2.3　客户投诉处理

1.客户投诉产生的主要原因

导致客户投诉的因素多种多样，因事而异，因人而异，一般来说主要涉及四个方面：客户的期望值、产品或服务的质量、服务态度和方式、客户自身的原因。

1）客户对于产品或服务的期望值过高。客户满意是建立在客户期望之上的。简单地用公式可表示为：

$$客户的满意度＝客户的感受值/客户的期望值$$

在这个公式中，当客户的期望值越大时，购买产品的欲望相对就越大。但是当客户的期望值过高时，就会使客户的满意度越小，客户的期望值越低时，客户的满意度相对就越大。因此，企业应该适度地管理客户的期望，当期望管理失误时，就容易导致客户产生投诉行为。

2）产品或服务的质量问题。这主要表现在产品本身存在质量问题，或产品的实际效用不符合客户的需求等。

3）企业员工的服务态度和方式问题。企业通过员工为客户提供产品或服务，员工缺乏正确的推销技巧和工作态度都将导致客户的不满，产生抱怨或投诉。如员工服务态度差，缺少专业知识、过度推销，公共卫生差等。

4）客户自身的原因。有些客户爱提意见，有些客户情绪不佳等，这些都有可能成为投诉的导火线。

2. 汽车服务企业常见的客户投诉

1）车辆质量投诉。车辆本身存在质量缺陷、客户使用不当。

案例：某驾校桑塔纳车辆购买日期为 2005 年 7 月，2006 年 10 月因电瓶损坏到维修站要求保修。维修站告知教练车为营运车辆享受 1 年或 10 万公里的质量担保，要求用户自费更换了零件。客户咨询后得知教练车应按非营运车辆享受质量担保期，故投诉维修站并要求退还费用。维修站接到上海大众投诉处理通知后，要求客户将旧电瓶带回给予退还费用，但因客户无电瓶而一直没有退还费用。直到 2007 年 1 月 17 日客户仍在投诉维修站没有解决问题。

案例分析：造成本次客户投诉的主要原因是：

①业务人员不熟悉索赔政策，以至没有及时履行上海大众质量担保承诺而误收费用；

②针对客户投诉的处理，维修站没有意识到是由于自身原因造成旧电瓶无法回收，仍以没有旧件为由不退还费用，导致客户继续投诉。

2）服务投诉。销售人员未及时正确提供优质服务，服务不到位、回访不及时。

案例：2006 年 9 月 5 日，某客户到维修站进行车辆常规保养及检修空调异响，当晚发现空调仍有异响，于 7 日再次到维修站进行检查。维修站检查后告知鼓风机损坏，维修费用约 200 元，但在更换前发现服务顾问报错了零件，实际价格应是 1000 多元。由于两者差额较大，致使客户产生抱怨，认为由于维修站第一次检修不彻底导致，应由维修站承担责任。

案例分析：客户在维修站保养、检修完成后认为仍有问题时，尚处于抱怨萌发期，而对应服务核心过程，由于以下原因导致客户投诉：

①维修人员对报修项目检查分析判断不彻底，导致故障隐患没有排除；

②车辆交车前的质量检验工作不到位；

③报错零件价格导致报价反复，使客户抱怨升级并投诉。

3. 客户投诉处理方法

1）客户投诉处理流程。在出现客户投诉案件后，不同的企业为有效处理客户投诉，根据公司的特点制定了不同的投诉处理流程，图 9-1 所示为典型汽车 4S 店客户投诉处理流程。

2）客户投诉处理的基本方法。

①用心聆听。聆听是一门艺术，从中可以发现客户的真正需求，从而获得处理投诉的重要信息。倾听客户心声，做客户在特约店的代言人。

②表示道歉。接到客户意见后，第一时间向客户道歉安抚客户。找借口或拒绝，只会使

对方火上加油,适时地表示歉意会起到意想不到的效果。

③仔细询问。引导用户说出问题重点,有的放矢,并找出双方一致的观点,表明你是理解他的。

④记录问题。把客户反映的重要问题记录下来。

⑤解决问题。探询客户希望解决的办法,一旦你找出方法,征求客户的同意。如果你无法解决,可推荐其他合适的人,但要主动地代为联络。

⑥礼貌地结束。当你将这件不愉快的事情解决了之后,必须问:请问您觉得这样处理可以了吗? 您还有别的问题吗? 如果没有,就多谢对方提出的问题。

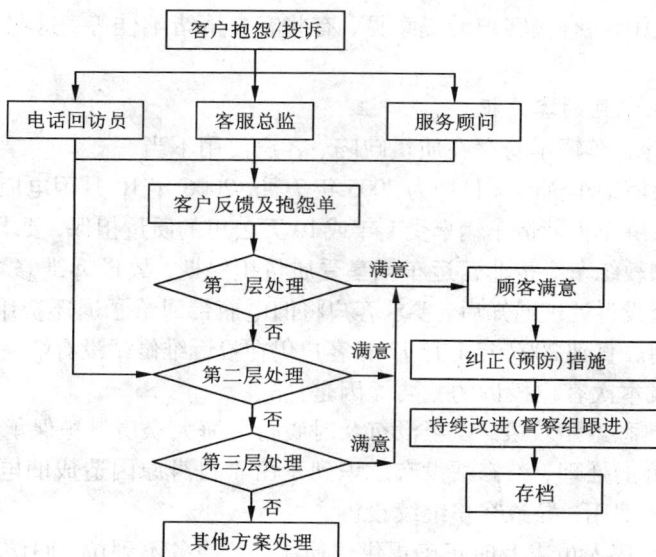

图 9-1 典型汽车 4S 店客户投诉处理流程

3)客户投诉预防措施与管理重点。

客户投诉的重要意义不在于具体投诉案例的处理,而在于通过一个案例解决一类问题或隐患,用主动的预防投诉代替被动的解决投诉,客户投诉处理的预防与管理重点主要表现在以下几个方面。

①整理投诉案例,制作与投诉处理相关的培训内容,借鉴其中的成功经验,吸取失败的教训。

②对于投诉案例进行归类分析,对于不同类的投诉处理指定相应的预防纠正措施,并在相关部门会议中进行沟通、宣达。

③对制定的预防纠正措施,在实际的执行过程中进行监控,以验证预防纠正措施的效果,从而进行不断地改进。

9.3　汽车服务企业顾客满意管理

9.3.1　汽车服务企业进行顾客满意管理的意义

顾客满意是一种心理活动，是顾客的需求被满足后的愉悦感；是顾客对商品或服务的事前期待与实际使用商品后所得到的实感的相对关系。顾客满意是企业经营的根本，未来企业欲保持可持续发展，将依赖于提升顾客满意度。

1.顾客满意度决定企业市场份额和竞争优势

在汽车服务市场中，企业为顾客提供的服务质量和服务水平很大程度上决定了顾客的满意度。而顾客的满意程度将直接影响他们重复购买服务时的选择，顾客的满意程度可以影响企业的口碑，从而间接地影响着企业的市场份额，影响企业的收入。

一般情况下，顾客更倾向于同那些能让自己更满意的企业打交道，同时，顾客也愿意为他们获得的利益付出较高的价格，而且，对价格上涨的容忍度也会增加。这样企业将会获得较高的营业收入和投资回报，使得企业又会有更多的资源用于对顾客满意度的提高上，形成良性循环。由此可见，顾客满意度已成为决定企业市场份额、赢得持续竞争优势的重要因素。

2.顾客满意能够降低企业的成本支出

在顾客对企业产品进行重复购买时，企业可以减少与顾客就交易条件进行费时费力的沟通所花费的时间，从而降低管理成本。同时，较高的顾客满意度将能为企业带来较高的顾客保持率和较低的顾客流失率。企业应该妥善利用顾客满意的惯性，通过加强与顾客的联系，不断激活对企业良好评价的信息，减低企业的宣传成本。

3.满意的顾客会产生良好的口碑效应和学习效应

市场营销的基本任务是吸引和维持顾客并促成交易。由于汽车销售服务市场日趋成熟、竞争日益激烈，用传统的广告和促销手段来吸引顾客难度越来越大。相反，顾客之间的口碑效应和相互的学习效应对消费者的选择的影响力越来越大。

4.顾客满意能提升企业的认知价值和总体声誉

顾客对汽车销售服务企业的认知是指顾客对企业的经营方针、经营作风、经营战略和产品服务水准等的认识、了解和认同，顾客满意程度高，顾客忠诚度高，会帮助企业树立良好的形象，引导公众对该企业的正面的认知，从而提高企业的认知价值和总体声誉。一方面能降低顾客的尝试风险而使顾客协助新产品的导入；另一方面有助于建立和保持与核心供应商、分销商、战略联盟的关系。

9.3.2　顾客满意的结构维度和形成机制

要进行有效的顾客满意管理，了解顾客满意影响因素的分类结构（结构维度）和形成机制是十分必要的。它是设计一切顾客满意管理模式和管理方法的出发点，营销和管理理论发展至今，不同的学者从不同的视角对顾客满意的结构维度和形成机制进行了阐述。

1. 顾客满意的结构维度

顾客满意的结构维度是指顾客满意决定因素的结构层次。关于顾客满意和不满意是具有相同的结构、相反的结构还是部分独立的结构，目前对这一问题的解释主要有三种观点。

1）单维结构。传统的观点认为顾客满意与不满意是一个一维变量的两极，它们不能同时出现，出现其中的一个必然没有另外一个，即所谓的单维结构理论。单维结构理论假设顾客满意是一个两极结构，认为满意和不满意处于坐标轴上的两个极端位置，而在这两极之间，还存在着各种类似的强度不同的满意或不满意。顾客满意的单维结构理论假设，满意和不满意的影响因素是相同的，当满意因素未被满足时就导致不满意。

2）二维结构。顾客满意的双因素结构，任何影响顾客满意的因素，都可以归结为两大类：保健因素——避免产生不满意；激励因素——产生满意。满意与不满意是两个完全不同范畴的概念，导致满意感的因素与导致不满意感的因素是彼此独立而不同的。由于满意和不满意不存在任何内在的关系，满意的程度与不满意的程度也无任何对应关系。一个顾客可能对同一产品同时存在着满意和不满意的两种感觉状态。

3）三维结构。双因素理论进一步的发展，是根据人需求的三个层次，将影响顾客满意和不满意的因素分成 3 类：基本属性、绩效属性和激励属性。

基本属性——顾客的一些需求，这些需求如果没有给予满足，将会导致高度的不满意，而如果得到满足，也几乎不会产生满意。

绩效属性——顾客需要的第二种类型是顾客满意程度正比于产品或服务的属性绩效水平。一般来说，绩效属性能够产生线性的反应。如顾客来到汽车销售服务企业维修车辆时一般都希望车辆能够尽快地得到修复，服务人员越是能够迅速而准确地排除故障，那么顾客就会越满意。

激励属性——指顾客得到的一些他们没有期望、没有要求、甚至认为不可能的产品或服务属性，这些属性的获得使顾客感到兴奋、愉悦。激励属性在任何执行水平上，都可以提高顾客满意度。

2. 顾客满意的形成机制

影响顾客满意的形成机制有许多理论模型，比较有代表性和操作性较强的主要有以下几种。

1）传统顾客满意模型。传统顾客满意模型是一个将感知价值与顾客满意相联系起来的模型。在这个模型里，感知价值是顾客根据服务的感知绩效与服务的属性或整体绩效标准相比较后而形成的，感知价值对满意有三种影响效果：积极的影响（一般产生令人满意的结果）、消极的影响（一般产生令人不满意的结果）、零影响。从效果上看，顾客的满意程度会影响到顾客的购买决策。

其中的感知绩效通常不同于服务本身的客观实绩或技术实绩，特别是当服务非常复杂，且顾客不熟悉时，尤为如此。比较标准可以有不同的来源，这些来源因个人、服务类型的不同而变化。

这个模型认为满意感是一种心理状态，是一种态度，并且用"复杂感情"来描述，顾客对消费服务的不同部分可能有不同的满意层次。满意感的结果包括重购意向、口碑和抱怨。这些结果是否发生也要受到其他变量的调节，比如，非常地不满未必产生抱怨行为，尤其是当顾客相信抱怨将没有任何作用时，他们几乎会放弃这种行为。

2）期望一致/不一致模型。这个模型是目前顾客满意模型研究中占主流地位的一种观点。该模型认为，顾客在购买之前先根据过去经历、广告宣传等途径，形成对产品或服务绩效特征的期望，然后在购买和使用中感受到产品或服务的绩效水平，最后将感受到的绩效与顾客期望进行比较。比较的结果有三种可能情况：如果感受到的绩效低于期望，此时产生负的不一致，顾客就会产生不满；如果感受到的绩效超过期望，此时产生正的不一致，顾客就会满意；如果感受到的绩效与期望相同，此时这二者达到了协调一致，不一致为零，称此为简单一致。

3）绩效模型。一些研究者指出，达到或超过期望值一定导致满意的观点在逻辑上是存在问题的。于是人们发现，顾客实际感受到的产品绩效也是影响其满意与否的一个重要决定因素，由此产生了绩效模型。在绩效模型里，顾客对服务绩效的感知是顾客满意的主要预测变量，他们的期望对顾客满意度也有积极的影响。这里的绩效是相对于他们支付的货币而言，顾客所感知的服务的质量水平。

在绩效模型中，期望对顾客满意度有直接的积极的影响。绩效和期望对满意度的作用大小取决于它们在该结构中的相对强弱。相对于期望而言，绩效信息越强越突出，那么所感受到的服务绩效对顾客满意度的积极影响就越大；绩效的信息越弱越含糊，那么期望对满意度的效应就越大。

9.3.3　汽车服务企业的顾客满意管理战略

顾客满意战略的核心思想是企业的全部经营活动都要从满足顾客的需求出发，以提供满足顾客需求的服务作为企业的责任和义务，以满足顾客的需要、使顾客满意作为企业的经营目的。因此，汽车服务企业推行顾客满意战略的关键是提高服务过程中顾客感知利得与感知利失之差。为此，从管理的角度推行顾客满意战略导入的基本程序一般包含如下几个步骤。

1. 汽车服务企业顾客满意现状调查与诊断

汽车服务企业顾客满意现状调查与诊断的基本方法主要是企业各层级深度访谈、企业部门小组访谈以及有关企业内外针对性专题问卷调查及有关客户资料的分析。调查与诊断从组织架构、服务观念与意识、服务行为与服务心态、服务培训、服务传播与沟通等多个方面进行。

2. 基于顾客满意战略的企业组织架构优化

创造顾客满意，需要一个以顾客满意为目标、协调高效、应变能力强的服务组织体系架构优化。通过扁平化、网络化和适当的组织弹性，实现组织架构优化。

3. 企业顾客满意度动态测评模型及其运用

企业顾客满意度测评为企业提供了对顾客满意服务状况迅速、有益和客观的反馈。通过测评，企业决策人员可以清楚地了解目前工作做得如何，如何改善和提高。因此，汽车服务企业根据自己所开展业务的具体特点和竞争的实际状况，建立一套适合本企业的测评模型，这将大大有助于建立健全满意服务标准，并指导企业的满意服务工作。

4. 企业顾客满意动态监控体系的建立与维护

汽车服务企业建立顾客满意动态监控体系，主要目的是通过专业的动态调查、监控手段，收集、监控企业自身顾客服务满意状况及竞争对手满意服务状况，提供企业顾客满意服务与竞争对手满意服务的动态分析报告，以供企业进行顾客满意度管理的依据。

5. 企业顾客满意服务标准的确立与执行

高品质顾客服务包括服务程序和服务提供者两个方面。其中服务程序涵盖了满意服务工作如何进行的所有程序，提供了满足顾客需求、令顾客满意的各种机制和途径；服务提供者则是指服务过程中的人性的一面，涵盖提供满意服务的过程中与顾客接触所表现的态度、行为和语言技巧。为了保证服务的可靠性、相应性等影响服务质量的因素，对服务岗位执行满意服务的规范是十分必要的，特别要注意的是，满意服务标准并非恒定不变的，而是动态的，随着客户对服务要求的提高，必须对满意服务标准做出阶段性更新和提升。

9.3.4 提高顾客满意度的途径

1. 进行顾客满意度调查、明确顾客的需求和愿望

汽车服务企业实施顾客满意经营，必须把握顾客的期望、顾客服务感知模式、顾客的满意度以及竞争者的有关情况。了解顾客的期望和要求可进行顾客满意度调查。顾客满意度调查和衡量的方法有投诉和建议制度、顾客满意度调查、佯装顾客、流失顾客分析等。企业在进行顾客满意度调查时，应尽量做到公正、客观、科学。

"顾客满意度调查"研究特别要强调"连续性"，因为顾客的期望不是一成不变的，它会随着外变量及自变量的变化而变化。外变量指竞争对手、行业及经济的变化等；自变量指收入、社会地位、价值观、环境的变化等，其中任何一项因素的变化都会导致顾客的期望和需求发生变化。因此，对顾客的研究分析要持续进行，把握顾客的变化趋势并及时跟踪，才能使企业更好地掌握市场主动权。

2. 为顾客提供个性化的产品或服务

不同顾客有不同的消费心理，顾客的个性需求是提高顾客感知价值进而提高让渡价值的重要手段。企业可在顾客调查的基础上，建立顾客信息数据库，开展客户关系管理。利用顾客数据库探索满足顾客需求的途径，并按顾客满意的要求选择适当的方式改造企业的经营理念、产品、服务等。同时汽车服务企业可运用顾客数据，分析顾客的消费心理和个性需求，创造能满足顾客个性需求的产品或服务及接近顾客的渠道，利用明显的区别优势吸引未来的新顾客，而且要尽可能地阻止老顾客的转向。

3. 提供优质产品和服务

汽车服务企业应从服务系统设计开始，系统地进行服务质量规划与控制，不断改善服务质量，向顾客提供优质产品和服务。

4. 利用新技术进行流程再造，快速实现顾客满意

企业要使顾客满意，必须善于利用新的技术，针对顾客需求，对企业的传统的服务项目、服务流程不断创新。

5. 建立以顾客满意为核心的企业文化

构建以顾客为中心的企业文化，并通过"内部营销"的手段，将企业管理层的经营理念、经营思想和各种制度措施传播至每一个员工。让企业文化和管理制度相辅相成，规范和引导全体成员的行为，使顾客在享受企业服务的每一个环节都能切实感到汽车服务企业的真诚关怀，从而实现顾客满意。

思考与练习

1. 客户管理的含义和作用是什么？
2. 客户怎样进行分类分级管理的？有什么含义？
3. 简述汽车服务企业的分类。
4. 简述潜在客户开发的渠道。
5. 简述保有客户管理原则和维系方法。
6. 简述客户投诉处理的流程。
7. 提高客户满意度的途径有哪些？

第 10 章 汽车服务企业信息化管理

教学提示：企业经营管理需要处理的信息纷繁复杂，任何决策都需要综合企业的生产、销售、人事及服务等多方面的信息，利用现代信息化管理，可以有效提高企业管理的效率。汽车服务企业的信息化管理包括信息管理系统、互联网、电子商务及企业资源计划等内容。

教学要求：本章主要讲述汽车服务企业信息化管理的内容。要求学生了解信息系统管理的基本概念、构成和类型；掌握电子商务的分类及构成；具备使用电子商务软件及 ERP 系统进行企业信息管理的初步能力。

10.1 汽车服务企业信息化管理概述

汽车服务企业信息化，就是将互联网技术和信息技术应用于汽车服务业生产、技术、服务及经营管理等领域，不断提高信息资源开发效率，获取信息经济效益的过程。汽车服务企业信息化的主要内容有：对汽车消费者服务的信息化、汽车购买的电子化、与整车制造商的信息传递与共享、汽车服务企业内部管理的信息化以及汽车物流控制的信息化等。它涉及消费者、整车制造、零部件供应、汽车销售、汽车保险金融、汽车技术服务、汽车回收、汽车美容养护、汽车物流和第三方服务机构等。

10.1.1 汽车服务企业管理信息系统的基本内涵

(1)汽车服务企业管理信息系统的定义

汽车服务企业管理信息系统是一个以人为主导，利用计算机硬件、软件、网络通信设备以及其他办公设备，进行汽车服务企业管理、业务信息的搜集、传输、加工、储存、更新和维护，以企业战略竞优，提高效益和效率为目的，支持汽车服务企业高层决策、中层控制、基层运作的集成化人机系统。汽车服务企业管理信息系统强调从系统的角度来处理企业经营活动中的问题，把局部问题置于整体之中，求整体最优化。它能使信息及时、准确、迅速送到管理者手中，提高管理水平。汽车服务企业管理信息系统在解决复杂的管理问题时，可广泛应用现代数学成果，建立多种数学模型，对管理问题进行定量分析。汽车服务企业管理信息系统把大量的事务性工作交由计算机来完成，使人们从繁琐的事务中解放出来，有利于管理效率的提高。

(2)汽车服务企业管理信息系统的特征

1)为管理服务。汽车服务企业管理信息系统的目的是辅助汽车服务企业进行事务处理，为管理决策提供信息支持，或者是宣传企业，扩大影响，因此必须同汽车服务企业的管理体制、管理方法、管理风格相结合，遵循管理与决策行为理论的一般规律。为了满足管理方面提出的各种要求，汽车服务企业管理信息系统必须准备大量的数据（包括当前的和历史的、内部的和外部的、计划的和实际的）、各种分析方法、大量数学模型和管理功能模型（如预测、计划、决策、控制模型等）。

2)适应性和易用性。根据一般系统理论，一个系统必须适应环境的变化，尽可能做到当环境发生变化时，系统不需要经过大的变动就能适应新的环境，这就要求系统便于修改。一般认为，最容易修改的系统是积木式模块结构的系统，由于每个模块相对独立，其中一个模块的变动不会或很少影响其他模块。建立在数据库基础上的汽车服务企业管理信息系统，还应具有良好的适应性。与适应性一致的特征就是方便用户使用。适应性强，系统的变化就小，用户使用当然就熟能生巧，方便容易了。易用性是汽车服务企业管理信息系统便于推广的一个重要因素，要实现这一点，友好的用户界面是一个基本条件。

3)信息与管理互为依存。汽车服务企业的决策和管理必须依赖于及时正确的信息。信息是一种重要的资源，在汽车服务企业管理控制和战略计划中，必须重视对信息的管理。

10.1.2　汽车服务企业管理信息系统的类型

目前，在实践应用中的管理信息系统有四种：业务信息系统、管理信息系统、决策支持系统以及办公信息系统。它们的设计原理、方法和技术基本上是一样的，只是随着应用目的与要求的不同而有所区别。

（1）业务信息系统

业务信息系统（operating information system，OIS）主要为日常业务处理提供信息，就制造型企业而言，其日常业务有生产、销售、采购、库存、运输、财务、人事等方面的业务工作。每一类业务工作都形成信息子系统，如销售信息子系统、采购信息子系统、库存信息子系统、运输信息子系统、财务信息子系统等。业务信息系统应具有数据处理功能、数据管理功能、信息检索功能和监控功能。

（2）管理信息系统

管理信息系统（management information system，MIS），是以系统思想为指导，以计算机为基础建立起来的为管理决策服务的信息系统。MIS 输入的是一些与管理有关的数据，经计算机加工处理后输出供各级管理人员使用的信息。MIS 不仅能进行一般的事务处理，代替管理人员的繁杂劳动，而且能为管理人员提供辅助决策方案，为决策科学化提供应用技术和基本工具。MIS 是信息化社会发展的必然产物，也是企业管理现代化的重要进程。对一个企业来说，建立 MIS 以处理日益增多的信息，目的是为了提高企业的管理效率、管理水平和经济效益。管理信息系统一般应具有以下主要功能：数据处理功能、预测功能、计划功能、优化功能和控制功能。

（3）决策支持系统

决策支持系统（decision support system，DSS），是以电子计算机为基础的知识信息系统。DSS 可以提供信息，协助解决多样化和不确定性问题，对决策进行支持。

目前在 DSS 中广泛应用数量化方法，即用数学模型和方法，对提供选择的各种方案进行定量的描述和分析，从而提供数量依据，供决策者权衡选择，从中获取最佳或满意的方案。常用的方法有：数学分析中的优化方法，概率统计中的统计预测、回归分析、相关分析，运筹学中的排队论以及模糊数学中的一系列理论和方法等。

决策支持系统由 3 个主要部分组成：

1）语言系统。语言系统的主要功能是表示问题，即描述所要解决的问题。一个语言系统可以使用通用的计算机程序设计语言，也可以使用专用的查询语言。

2）知识系统。知识系统是有关问题领域的知识库系统。知识系统由数据库、方法库和模型库 3 个子系统组成。方法库和模型库子系统起支持作用，在多用户环境下，能够使一个临时用户用最少的程序工作得到最多的系统支持，从而能简便、迅速地解决用户问题。

3）问题处理系统。问题处理系统是决策支持系统的核心。任何一个问题处理系统都必须具备从用户和知识系统搜集信息的能力，也必须具备将问题变换为合适的可执行的行动计划的能力。问题处理系统另一个必不可少的功能是分析能力。当问题处理系统完成模型和数据的确认后，分析机构就开始工作，并控制它们的执行。

（4）办公信息系统

办公信息系统是用计算机来处理企业或行政机关办公工作中的大量公文管理工作，办公信息系统也称办公自动化系统。

10.1.3　我国汽车服务企业信息化管理现状

我国汽车服务行业经过十几年的发展，已进入一个飞速发展和变化的阶段，这个阶段与 20 世纪 90 年代前相比已经产生了巨大的变化，这种变化一方面说明我国汽车服务产业的前景非常广阔，另一方面日益激烈的市场竞争要求服务企业对市场做出更快的反应，提供更优质的服务，这就要求对企业生产、财务、销售、物流、人力资源等管理要素进行科学管理，提高企业内外部运行效率的信息技术的应用，也表明我国汽车服务企业进入了依靠信息求生存、求发展的时代。

我国汽车行业的信息化管理起步于 20 世纪 90 年代，但是由于受管理体制、传统观念等影响，企业的信息化往往流于形式，往往只能在部分领域实现信息系统的部分职能，甚至成为形象工程，耗财耗力，得不偿失，成功的企业信息化案例少之又少。近几年来，汽车行业的信息化日程提升到长远规划、战略发展的层次上来。我国汽车服务产业信息化是伴随着我国汽车行业信息化的发展而发展起来的，其现状可概括为"21 世纪的网络，20 世纪 90 年代的软件，但是只有 80 年代的应用，70 年代的管理"，其信息化水平参差不齐。除一些"4S"店在汽车制造商的要求下，其信息化管理和应用达到一定层次，其他企业长期以来基本沿用以人工为主的报表方式对企业信息进行管理，其结果是信息量少，管理水平和效率低，致使决策者只能凭主观进行决策，造成很大的损失和浪费。当中虽然也有少数公司在管理中应用了计算机，但主要是利用其进行统计报表、工资发放和文字处理等，给决策者提供的信息较少，无法清晰准确地控制业务过程，对于科学决策意义不大。总的来说，我国汽车服务企业信息管理水平主要存在以下一些问题。

（1）基础薄弱

相对于国外同行来说，我国汽车服务企业信息管理总体应用水平还相当低，尤其是企业间的数据交换，企业集团内部位于不同地理位置上的分公司之间的信息交流，企业之间的数据确认等方面。除了极少数企业应用了 EDI 系统，更多的则还是以传真加电话的方式进行联系和沟通。数据交换、商业合同等多以书面或其他介质为主，同时辅以 E - mail 进行。企业之间设计信息的传送更多地仍以最原始的图纸传送方式为主，配备 CAD 系统的企业则以数据磁带的方式进行传递，只有少量的信息借助互联网进行传送。大部分汽车服务企业未从企业的高度对企业的管理信息系统进行全面规划和在项目实施过程中严格把关。领导和管理人员对企业信息化的参与力度不强，没有将信息建设与提升管理水平紧密结合起来。

(2)信息资源缺乏规范化、标准化的管理

我国汽车制造起源于大而全的方式，直到 20 世纪 90 年代，从零部件到整车的生产基本上是在一个企业(集团)的内部来完成，这导致了产品及零部件标准的封闭性。同时，由于长期手工管理形成的习惯，企业内部的信息编码体系并没有实际得到应用，这又形成了在一个企业内的不同部门之间不能用同一套识别系统对管理实体进行识别的现象。汽车服务企业作为整车制造企业的下游企业，其编码一般依据的是整车企业的编码，因此，缺乏规范化和标准化。

另外，许多企业在管理信息系统的开发建设过程中，对信息资源的标准化认识不足，往往只重视系统硬件的配置和软件的开发，而对信息表示方法没有重视。造成信息分类编码混乱，互不兼容，很难满足现代信息管理的要求。而国外发达国家，在信息系统建立时，非常重视信息资源标准化、系统分析和整体规划。

(3)信息资源共享问题

由于信息标准的不统一，信息资源的共享性差就成为一个突出的问题。汽车信息资源共享，是指通过计算机、网络、通信等技术将可公开的有关汽车技术、销售、市场、维修、检测及教育培训等方面的信息资料公布，使不同地域的汽车用户可以随时使用。同时整车生产商与零部件供应商之间能够共享相同的信息标准进行信息交换。目前国家正在建立这样的一套标准，但在这套标准出台之前，企业各自的标准还要继续使用。即使国家推出了一套信息标准，汽车服务企业掌握这套标准，完成用新标准对原有信息系统的改造还需要投入大量的资金和时间。汽车行业的信息资源难以共享的问题还将困扰较长时间。

另外，目前国内汽车网站多以企业自建为主，其特点是缺乏系统性，信息资源重复建设，缺少权威性、规范性、全面性。

(4)缺乏公共电子商务平台

电子商务正剧烈改变着西方传统的汽车生产与销售，世界各大汽车厂商都想抓住电子商务的良好机遇发展自己。1999 年 8 月，通用汽车公司宣布成立一个名为 e - GM 的业务中心，其职能是充分利用飞速发展的互联网技术，使公司在全球的产品和服务更加贴近其各自的目标顾客，真正实现企业与顾客之间的实时交流与互动。福特汽车公司认为，企业建立网站只是从物理世界向真实世界转变的第一阶段；第二阶段是在企业的网站上设立对话功能，顾客可以在网上比较价格和产品，并在线提出问题，由企业的专家及时给予回应；福特汽车公司目前正在实施第三阶段，即开始为订货而生产的过程，与微软公司的联盟就是为此目的而进行的，即顾客可以在福特的网站上根据自己实际需求订货；第四阶段，实现真正的依据订货生产的供应链，届时福特汽车公司的零部件供应商和各整车生产商都可以在网上及时收到用户的特殊订货，并使绝大部分汽车在收到订货后的 10 天以内完成制造并发货。除此之外，以北美的三大汽车厂家为主的汽车生产厂家，以及零部件供应公司共 1300 家公司组成的汽车工业组织建立了覆盖北美的汽车信息交换网络,已于 1998 年开始运转。日本汽车工业协会也在计划建立一个这种模式的组织,并于 1999 年 10 月开始试行。这就意味着必须通过这些网络,才能与这些公司进行业务往来。

在我国,几大汽车集团之间仅存在着竞争关系,并无合作的打算。一个国家级的汽车电子商务平台的建设不可能由某一个大型汽车集团独立完成,而汽车产业的全球化采购和全球化合作又是 21 世纪国际汽车产业发展的趋势,在这样的形势下,尽快推动我国大型汽车集团间的合作,建设以国内主要汽车集团为主要应用对象的汽车电子商务平台迫在眉睫。

(5)客户信息管理严重缺乏

客户满意度贯穿了汽车服务企业服务管理的全过程,由于手段的制约,影响客户满意度的事件时有发生,如客户到服务站维修,客户报上姓名,服务人员不知道该客户是不是企业的销售客户;车辆维修时,业务接待不能及时掌握维修进度,不知道能否按时交车;客户回访时,销售人员回访和服务人员回访口径不统一,回访信息不能共享,彼此不知道客户的回访情况等。这些都说明我国汽车服务业对客户信息还没有进行系统化管理。

10.2　电子商务

近年来电子商务正在以极快的速度发展,并逐渐进入人们的日常生活。电子商务是世界性的经济活动,就其实质来说是信息系统在商务方面的应用。电子商务是使用电子计算机及网络技术等现代科学手段进行的商务活动,它离不开对信息资源的利用和管理,运用了信息技术和系统思想。电子商务能高效利用有限的资源,加快商业周期循环、节省时间、降低成本、提高利润和增强企业的竞争力。从业务流程的角度看,电子商务是指信息技术的商业事务和工作流程的自动化应用。如今电子商务已发展成为一个独立的学科,企业的信息化是它发展的基础。电子商务正在改变工业化时代企业客户管理、计划、采购、定价及衡量内部运作的模式。消费者开始要求能在任何时候、任何地点,以最低的价格及最快的速度获得产品。企业不得不为满足这样的需求而调整客户服务驱动的物流运作流程和实施与业务合作伙伴(供应商、客户等)协同商务的供应链管理。ERP 为企业实现现代供应链管理提供了坚实的信息平台,是企业进行电子商务的基础。

10.2.1　电子商务的分类

按照不同的方式可对电子商务进行不同的分类,现在主要的分类方式是按交易对象对电子商务分类,主要有以下几种。

(1)企业对企业(Business to Business,B to B,又可简化为 B2B)

即企业与企业之间,通过 Internet 或专用网方式进行电子商务活动。推动这种模式发展的主要力量是传统产业大规模进入电子商务领域,通过电子商务改善市场营销和企业内部管理方式,从而创造出全新的企业经营模式。企业间电子商务可分为两种类型,即非特定企业间的电子商务和特定企业间的电子商务,前者是指在开放的网络当中对每笔交易寻找最佳伙伴,并与伙伴进行全部交易行为。特定企业间的电子商务是指在过去一直有交易关系或者在进行一定交易后要继续进行交易的企业间,为了相同的经济利益,而利用信息网络来进行设计开发市场及库存管理。企业间可以使用网络向供应商订货、接收发票和付款。

（2）企业对消费者（Business to Customer，B2C）

即企业通过 Internet 为消费者提供一个新型的购物环境——网上商店，实现网上购物，网上支付。这种模式着重于以网上直销取代传统零售业的中间环节，创造商品零售新的经营模式。

（3）企业对政府（Business to Government，B2G）

这种商务活动覆盖企业与政府间的各项事务。例如，政府采购清单可以通过 Internet 发布，通过网上竞价方式进行招标，公司可以以电子数据交换方式来完成。除此之外，政府还可以通过这类电子商务实施对企业的行政事务管理，如政府用电子商务方式发放进出口许可证、开展统计工作，企业可以通过网上办理交税和退税等。

（4）个人与政府间电子商务（Government to Customer，G2C）

即政府通过网络实现对个人相关方面的事务性处理，如通过网络实现个人身份的核实、报税、收税等政府对个人的事务性处理。

（5）消费者对消费者（Customer to Customer，C2C）

消费者对消费者方式是大家比较熟悉的方式，如网上拍卖等。

在这些交易类型中，B2B 是主要形式，占总交易额的 70% ~80%。这是由于企业组织的信息化程度和技术水平比个体消费者明显要高。

企业级电子商务是电子商务体系的基础。在科技高速发展、经济形势快速变化的今天，人们不再是先生产而后去寻找市场，而是先获取市场信息再组织生产。随着知识经济时代的来临，信息已成为主导全球经济的基础。企业内部信息网络（Intranet）是一种新的企业内部信息管理和交换的基础设施，在网络、事务处理以及数据库上继承了以往的 MIS 成果，而在软件上则引入因特网的通信标准和 WWW（World Wide Web）内容的标准。Intranet 的兴起，将封闭的、单项系统的 MIS 改造为一个开放、易用、高效及内容和形式丰富多彩的企业信息网络，实现企业的全面信息化。企业信息网络应包含生产、产品开发、销售和市场、决策支持、客户服务和支持及办公事务管理等方面。对于大型企业，同时要注意建设企业内部科技信息数据库，如对技术革新、新产品开发、科技档案、能源消耗、原辅材料等各种数据库的建设。

10.2.2　电子商务系统构成

电子商务是商业的新模式，各行业的企业都将通过网络链接在一起，使得各种现实与虚拟的合作都成为可能。电子商务是一种以信息为基础的商业构想的实现，用来提高贸易过程中的效率，其主要内容有：信息管理、电子数据交换、电子资金转账。

（1）电子商务处理方式与范围

电子商务的处理方式和范围主要包括以下 3 方面。

1）企业内部之间的信息共享和交换。通过企业内部的虚拟网络，分布各地的各分支结构以及企业内部的各级人员可以获取所需的企业信息，避免了纸张贸易和内部流通的形式，从而提高了效率，降低了经营成本。

2）企业与企业之间的信息共享和交流（EDI）。EDI 是企业之间进行电子贸易的重要方式，避免了人为的错误和低效率。EDI 主要应用在企业与企业之间、企业与批发商之间、批发商与零售商之间。

3）企业与消费者之间的信息沟通。企业在因特网上设立网上商店，消费者通过网络在网上购物，在网上支付，为消费者提供了一种新型的购物环境。

在传统实物市场进行商务活动是依赖于商务环境的（如银行提供支付服务、媒体提供宣传服务等），电子商务在电子虚拟市场进行商务活动同样离不开这些商务环境，并且提出了新的要求。电子商务系统就是指在电子虚拟市场进行商务活动的物质基础和商务环境的总称。最基本的电子商务交易系统包括企业的电子商务站点、电子支付系统、实物配送系统三部分，以实现交易中的信息流、货币流和物流的畅通。电子商务站点为顾客提供网上信息交换服务，电子支付系统实现网上交易的支付功能，而实物配送系统是在信息系统的支撑下为完成网上交易的关键环节，但对某些数字化产品则无须进行实物配送而依赖网上配送即可，如计算机软件产品的网上销售。

（2）电子商务子系统的构成

1）客户关系管理系统。客户关系管理系统使企业能够对与客户（现有的或潜在的）有关的各种要素（客户需求、市场背景、市场机会、交易成本及风险）作出分析与评估，从而最大限度使企业能够获得客户，进而扩大市场。无论企业的客户通过何种方式与企业取得联系，都可以通过 CRM 来实现企业与客户的交流与互动。

2）在线订购系统。在线订购系统适用于中小贸易公司或生产性企业，系统通过互联网，将所有业务关系的单位联系在一起，使企业的客户或企业的分销商、分公司、代理等市场渠道可以通过该系统实现随时随地在网上交易，从而降低了传统的采购或订货的成本和时间，从而可以更有效地利用资源，提高工作效率。公司通过在线订购系统可以加强对商品的管理，可以在网上全方位展示商品并配以文字说明，可以随时调整商品价格；对市场销售渠道的订货业务进行管理，可随时查询订单的执行情况，对客户资料进行统计分析，评估市场销售渠道的稳定性；对订单进行汇总处理，建立统一的订单数据库，对订单信息进行自动化处理并打印报表，自动转交后台相关业务部门处理。

3）网上购物系统。网上购物系统即网上商城，可在网上挑选并购买商品，付款可用邮寄方式也可网上支付。支付方式可选用招商银行一卡通等多种形式，安全方面有美国 RSA 公司的 SSL 加密技术作保障。

4）DRP 资源分销管理系统。为解决企业用户利用互联网管理企业信息流，特别研发的应用服务系统，可以依据企业的业态管理需求，量身定制属于企业特有的管理软件，极大地提高企业的业务处理效率，降低运行成本。

5）B2B 电子商务。商品信息交换网站，这种类型的网站主要是提供了一个网上的交易平台，类似于一个自由市场，网站的经营者类似于自由市场的管理者，一般并不直接介入到具体的交易中，而主要由买方和卖方自由进行交易，网站的经营者收取相应的会员费等，这样的网站包括常见的商品信息网、招聘网站等。

10.3 汽车服务企业资源计划

20 世纪 90 年代初，世界经济格局发生了重大变化，市场变为顾客驱动，企业的竞争变为 TQCS（时间、质量、成本、服务）等全方位的竞争。随着全球市场的形成，一些实施制造资源计划(MRPII)的企业感到,仅面向企业内部集成信息已经不能满足实时了解信息、响应全球市场需求的要求。MRPII 的局限性主要表现在:经济全球化使得企业竞争范围扩大了,这就要求企业在各个方面加强管理,并要求企业有更高的信息化集成,要求对企业的整体资源进行集成管理,而不仅对制造资源进行集成管理;信息全球化趋势的发展,要求企业之间加强信息交流和信息共享,信息管理要求扩大到整个供应链的管理;MRPII 系统已无法满足企业对资源全面管理的要求。

10.3.1　ERP 的产生与发展

美国加特纳咨询公司(Gartner Group Inc.)根据市场的新要求在 1993 年首先提出了企业资源计划(enterprise resource planning,ERP)概念。ERP 是建立在信息技术基础上,利用现代企业的先进管理思想,全面地集成了企业所有资源信息,为企业提供决策、计划、控制与经营业绩评估的全方位和系统化的管理平台。随着人们认识的不断深入,ERP 覆盖了整个供需链的信息集成,并且不断被赋予了更多的内涵,已经能够体现精益生产、敏捷制造、同步工程、全面质量管理、准时生产、约束理论等诸多内容。近年来,ERP 研究和应用发展更为迅猛,各大媒体广泛报道,各种研讨会大量召开,出现了各具特色的应用软件产品,ERP 的概念和应用也以企业信息化领域为核心,逐渐深入到了政府、商贸等其他相关行业。

从最初的定义来讲,ERP 只是一个为企业服务的管理软件,在这之后,全球最大的企业管理软件公司 SAP 在 20 多年为企业服务的基础上,对 ERP 的定义提出了革命性的"管理 + IT"概念,那就是:

1)ERP 不只是一个软件系统,而是一个集组织模型、企业规范、信息技术和实施方法为一体的综合管理应用体系。

2)ERP 使得企业的管理核心从"在正确的时间制造和销售正确的产品",转移到了"在最佳的时间和地点,获得企业的最大利润",这种管理方法和手段的应用范围也从制造企业扩展到了其他不同的行业。

3)ERP 从满足动态监控,发展到了商务智能的引入,使得以往简单的事物处理系统,变成了真正具有智能化的管理控制系统。

4)从软件结构而言,现在的 ERP 必须能够适应互联网,可以支持跨平台、多组织的应用,并和电子商务的应用具有广泛的数据、业务逻辑接口。因此,今天说的 ERP,通常是基于 SAP 公司定义来说的。ERP 是整合了现代企业管理理念、业务流程、信息与数据、人力物力、计算机硬件和软件等一体的企业资源管理系统。

ERP 为企业提供全面解决方案,除了制造资源计划(MRPII)原来包含的物料管理、生产管理、财务管理以外,还提供如质量、供应链、运输、分销、客户关系、售后服务、人力资源、项目管理、实验室管理、配方管理等管理功能。ERP 涉及企业的人、财、物、产、供、销等方面,实现了企业内外部的物流、信息流、价值流的集成。

10.3.2　ERP 的管理思想

ERP 的管理思想的核心是实现对整个供应链和企业内部业务流程的有效管理,主要体现在以下 3 个方面。

(1)体现在对整个供应链进行管理的思想

在知识经济时代，市场竞争加剧，传统的企业组织和生产模式已不能适应发展的需要，与传统的竞争模式不同的是，企业不能单独依靠自身的力量来参与市场竞争。企业的整个经营过程与整个供应链中的各个参与者都有紧密的联系。企业要在竞争中处于优势，必须将供应商、制造厂商、分销商、客户等纳入一个衔接紧密的供应链中，这样才能合理有效地安排企业的产供销活动，才能满足企业利用全社会一切市场资源进行高效的生产经营的需求，以期进一步提高效率，并在市场上赢得竞争优势。简而言之，现代企业的竞争不是单个企业间的竞争，而是一个企业供应链与另一个企业供应链的竞争。ERP 实现了企业对整个供应链的管理，这正符合了企业竞争的要求。

（2）体现精益生产、同步工程和敏捷制造的思想

与 MRPII 相比，ERP 支持混合型生产系统，在 ERP 中体现了先进的现代管理思想和方法。其管理思想主要体现在两方面：一方面表现在"精益生产（lean producoon，LP）"，即企业按大批量生产方式组织生产时，纳入生产体系的客户、销售代理商、供应商以及协作单位与企业的关系已不是简单的业务往来，而是一种利益共享的合作关系。基于这种合作关系，组成了企业的供应链。这就是精益生产的核心。另一个方面，表现在"敏捷制造（agile manufacturing，AM）"，即企业面临特定的市场和产品需求，在原有的合作伙伴不一定能够满足新产品开发生产的情况下，企业通过组织一个由特定供应商和销售渠道组成的短期或一次性的供应链，形成"虚拟工厂"，把供应和协作单位看成企业组织的一部分，运用"同步工程（simultaneous engineering，SE）"组织生产，用最短的时间将产品打入市场，同时保持产品的高质量、多样化和灵活性。这就是"敏捷制造"的核心，计算机网络的迅速发展为"敏捷制造"的实现提供了条件。

（3）体现事先计划和事中控制的思想

在企业的管理过程中，控制往往是企业的薄弱环节，很多企业在控制方面由于信息的滞后，使得信息流、资金流、物流不同步，企业控制更多的是事后控制。ERP 的应用改变了这种状况，ERP 系统中体现了事前控制和事中控制的思想。ERP 的计划体系主要包括主生产计划、物料需求计划、能力计划、采购计划、销售执行计划、利润计划、财务预算和人力资源计划等，并且这些计划功能和价值控制功能已经完全集成到了整个供应链中。ERP 事先定义了事务处理的相关会计核算科目与核算方式，以便在事务处理发生的同时自动生成会计核算分录，保证了资金流与物流的同步记录和数据的一致性。从而可以根据财务资金的状况追溯资金的流向，也可追溯相关的业务活动，这样改变了以往资金流信息滞后于物料流信息的状况，便于实施事务处理进程中的控制与决策。此外，计划、事务处理、控制与决策功能，都要在整个供应链中实现。ERP 要求每个流程业务过程最大限度地发挥人的工作积极性和责任心。因为流程与流程之间的衔接要求人与人之间的合作，这样才能使组织管理机构从金字塔式结构转向扁平化结构，这种组织机构提高了企业对外部环境变化的响应速度。

10.3.3　ERP 的作用

ERP 之所以得到许多企业的认可，是因为 ERP 的使用给企业带来了切实的效益。它的作用主要表现在定量和定性两个方面。

（1）定量方面

1）降低库存。这是人们说得最多的效益。因为它可使一般用户的库存下降 30% ~ 50%，

库存投资减少40%～50%，库存周转率提高50%。

2）按期交货，提高服务质量。当库存减少并稳定的时候，用户服务的水平提高了，使用ERP企业的准时交货率平均提高55%，误期率平均降低35%，按期交货率可达90%，使销售部门的信誉大大提高。

3）缩短采购提前期。采购人员有了及时准确的生产计划信息，就能集中精力进行价值分析，货源选择，研究谈判策略，了解生产问题，缩短了采购时间和节省了采购费用，可使采购提前期缩短50%。

4）提高劳动生产率。由于零件需求的透明度提高，计划也做了改进，能够做到及时与准确，零件也能以更合理的速度准时到达。因此，生产线上的停工待料现象将会大大减少。停工待料减少60%，提高劳动生产率5%～15%。

5）降低成本。由于库存费用下降，劳力的节约，采购费用节省等一系列人、财、物的效应，必然会引起生产成本的降低。可使制造成本降低12%。

6）管理水平提高。管理人员减少10%，生产能力提高10%～15%。

（2）定性方面

1）ERP的应用简化了工作程序，加快了反应速度。以前业务部接到客户订单，必须通过电话、传真或电子邮件与相关机构联系，才能决定是否接受订单，这种询问环节数量多、周期长，经常贻误商机。而采用ERP之后，业务人员只要查询一下企业的生产状况、库存情况，就可以做出是否接受订单的决策，从而掌握了最佳的时效，并及时对企业生产计划作出调整。

2）ERP的应用保证了数据的正确性、及时性。有很多企业对自身情况了解得不很清楚。如当前的库存到底为多少、预算的执行情况如何、销售计划的完成情况等。如果应用ERP，就可以解决这些问题。以往有许多资料是企业几个部门所共有的，但是共享数据由于种种原因而存在误差，产生了不一致性。到底是哪个环节出现问题，要发现它是很困难的，在ERP环境下，数据信息的键入只需一次，各个需要数据的部门通过公共的数据库就可实现数据信息的共享。这使得数据的管理和维护大为方便，而且数据的一致性也得到保证。

3）ERP的应用，降低了企业的成本，增加了收益。企业各环节的沟通都在网上进行，许多事务性的工作流程被消除，从而减少了管理费用，降低了经营成本。由于对信息掌握能力的加强和对市场需求变化迅速的反应，公司可以增进与供应商、经销商、客户的联系，从而提高了客户的满意度。另外，生产成本的降低，以及生产能力的提高，使得公司可以及时给顾客提供高品质的产品或服务，企业形象和竞争力得到巩固和加强。

4）提高了适应市场变化的应变能力。企业内部各部门、各车间的信息，能互相交换、资料共享，打破了部门之间、车间之间信息分割、资料多元、相互封锁的局面，形成了统一的信息流。由于信息统一，从市场到产品、从产品到计划、从计划到执行、最后将信息反馈到企业高层决策，大大提高了决策的可靠性，提高了适应市场变化的应变能力。

5）实现了规范化和科学管理。由于实行了统一的计划、统一的信息管理，部门之间、车间之间相互矛盾减少，相互理解增多，开会、讨论也减少。管理人员从日常事务中得到解放，可专心致力于本部门业务的研究，实现规范化和科学管理。

6）生产环境出现变化，手工操作、手工传递信息逐步减少，代之以信息自动输出和计算机报表显示。

10.3.4 ERP 系统的结构

ERP 是将企业所有资源进行整合集成管理,简单说是将企业的三大流(物流、资金流、信息流)进行全面一体化管理的管理信息系统。以商业 ERP 系统应用结构图为例,见图 10－2。

企业 ERP 系统可以整合主要的企业流程成为一个单一的软件系统,允许信息在组织内平顺流动。这些系统主要是针对企业内的流程,但也可能包含与客户和供应商的交易。

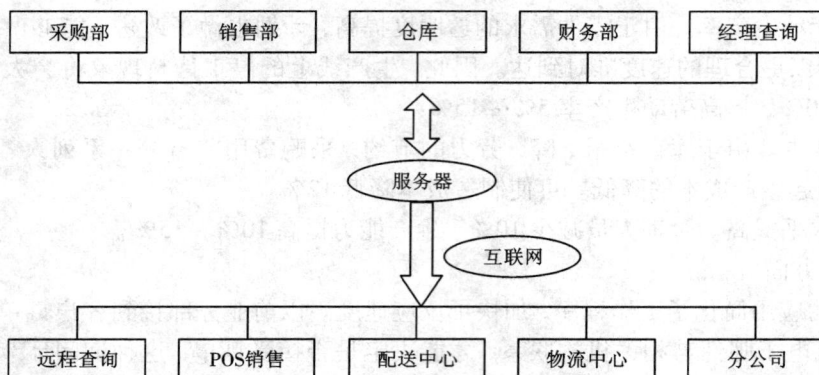

图 10－2　商业 ERP 系统应用结构图

ERP 系统从各个不同的主要企业流程间搜集数据,并将数据储存于单一广泛的数据库中,让公司各部门均可使用。管理者可获得更正确、更及时的信息来协调企业每天的运作,并且有整体观地考察企业流程及信息流。

利用 ERP 系统帮助管理其内部制造、财务与人力资源流程已成为主流。在其设计之初并不支持和主要流程有关的企业外部实体,然而企业软件供应商已经开始加强他们的产品,让企业可以将其企业系统与经销商、供货商、制造商、批发商及零售商的系统连接,或是将企业系统与供应链系统及客户关系管理系统连接。

思考与练习

1. 信息系统是如何构成的?
2. 互联网有哪些类型? 由什么组成?
3. 电子商务的基本模式有哪些?
4. 电子商务的功能主要有哪些?
5. 电子商务系统的基本构成是怎样的?
6. 电子商务支付系统具有什么特点?

第 11 章　汽车服务企业文化与形象

教学提示：企业文化是企业的核心竞争力之一，是企业持续发展的重要力量源泉。企业文化与企业形象是两个相互包含的概念和范畴，二者共同构成企业的精神资源。本章节主要讲述汽车服务企业文化的内容与作用以及企业建设，还有企业形象的建立。

教学要求：本章介绍汽车服务企业文化及企业形象相关内容。要求学生理解企业文化的内容及作用，明确企业文化建设的目标及内容，了解企业形象的含义及构成，以及企业形象的建设。

11.1　企业文化的内容与作用

企业文化是企业的核心竞争力之一，是企业持续发展的重要力量源泉。核心竞争力的基本特征在于它是竞争对手难于模仿的、异质性的和有价值的能力，企业文化恰恰可以满足企业核心竞争力的这些基本特征。中国的一些学者从广义和狭义两个方面来理解企业文化。广义的企业文化是指企业所创造的具有自身特点的物质文化和精神文化；狭义的企业文化是企业所形成的具有自身个性的经营宗旨、价值观和道德行为准则的综合。

企业文化是处于一定经济社会文化背景下的企业，在长期生产经营过程中逐步生成和发育起来的日趋稳定的、独特的企业价值观、企业精神以及以此为核心而生成的行为规范、道德准则、生活信念、企业风俗、习惯、传统等；另一方面还应包括在此基础上生成的企业经营理念、经营指导思想、经营战略、科技战略和科技管理方法、政策以及企业自身的科学技术知识。综上所述，我们将企业文化定义为：企业文化是指一个企业在运行过程中形成的，并为全体成员普遍接受和共同奉行的理想、价值观念和行为规范的总和。

11.1.1　企业文化的内容

企业文化的主要内容包括企业哲学、企业精神、企业价值观、企业伦理、企业风尚、企业目标、企业制度、企业民主、企业礼仪以及企业形象。

1. 企业哲学

企业哲学即企业经营成功之道。它是指企业在生产经营过程中形成的世界观和方法论。它是企业人格化的基础，企业形成独特风格的源泉，是企业文化遗传的"基因"，是企业进行总体信息选择的综合方法。企业哲学一般都具有系统观念、物质观念、效益观念、市场观念、竞争观念、信息观念、人才观念等。实践证明，企业只有自觉地运用辩证唯物主义哲学方法作指导，经过艰苦的努力，才能创造出具有本企业特色的企业哲学。企业经营哲学是指企业经营管理过程中提升的世界观和方法论，是企业处理人与人、人与物关系上形成的意识形态和文化现象。

2. 企业精神

企业精神是代表或反映企业的追求、志向和决心的总体倾向，是在企业内部把全体员工的力量统一于共同目标之下的一种价值观和行为规范，是增强企业全体成员的内聚力、向心力和持久力的意识形态的总和。它是通过企业内全体成员普遍接受的一种价值体系，是以含义确切、词义清晰、语言具体的表达方式，强化员工意识，以追求企业最佳的整体精神优势，形成一致的目标感、责任感、使命感，对员工和企业行为进行柔性控制和约束。

企业精神在一定层次上讲，是企业文化各方面内容的概括和抽象。企业精神是实现企业价值的中介和桥梁，是全面建设企业文化的关键一环。企业精神是企业经营活动中逐步形成的，与顺利实现组织目标相联系的，对生产经营和其他工作起积极作用的，为企业全体成员所认同拥有和坚持的整体化、意志化、个性化的企业群体意识。公司精神是将组织团结和凝聚在使命和远景周围的一套价值观，它是公司的精神之所在是组织赖以存在的一系列价值观和态度、观念，这是公司内每一个成员共同分享的，因此它是真正具有激励作用的要素。

3. 企业价值观

企业价值观，是指企业在追求经营成功过程中所推崇的基本信念和奉行的目标、宗旨，是企业经营管理者和企业员工共享的群体价值观念，它决定和影响着企业存在的意义和目的，是企业各项规章制度的价值和作用的评判标准，为企业的生存和发展提供基本的方向和行动指南，决定了企业全体员工的行为取向。

从哲学上说，价值观是关于对象对主体有用性的一种观念，企业价值观是企业全体或大多数员工一致赞同的关于企业意义的终极判断。企业价值观是企业文化的核心。企业价值观是一个组织的基本观念和信念，因而成为企业文化的核心。价值观是任何一种企业文化的基石。价值观作为一家公司成功哲学的精髓，为所有的职工提供了一种走向共同方向的意识，也给他们的日常行为提供了指导方针。

4. 企业伦理

企业伦理也有人称之为企业道德，是一种特殊的行为规范，它是企业法规的必要补充，是协调企业与国家、企业与企业、企业与员工之间经济利益关系的准则。它以善良与邪恶、正义与非正义、公正与偏私、诚实与虚伪、勤奋与懒散等相互对立的道德范畴为标准来评价企业与员工的各种行为。

企业伦理的养成，一方面通过舆论和教育方式，影响员工的心理和意识；另一方面又通过舆论、习惯、规章、制度等形式约束企业的员工的行为。企业伦理是指导企业员工行为的道德规则、标准、规范。其内容主要涉及企业目标、企业的社会责任、企业内部利益集团之间的利益关系等方面。贯穿于企业伦理的原则是公平、公正。

5. 企业风尚

企业风尚是指企业、企业员工所表现出来的行为特点。它是一个企业职工的愿望、趣味、情感、传统、习惯等心理和道德观念的表现，是受企业精神和企业道德制约影响而形成的，是构成企业形象的主要要素。企业风尚又分为传统风尚与习惯风尚。企业的传统风尚形成时间比较长,往往成为职工的行为支柱,具有权威性;而企业习惯风尚一般指企业的一些惯例和行为方式等,也有一定的约束性。

6. 企业目标

企业目标代表一个企业的发展方向和未来。它代表着企业的强烈追求,是激励职工奋斗、进取的精神力量。企业目标包括物质目标和精神文化目标。正是由于这样,所以人们才把企业目标作为企业文化的一个要素。

企业目标是一个多元体系,从决策角度上看可以分为战略目标和战术目标;从性质上看,可以分为定性目标和定量目标;按时间可以分为远期、中期、近期目标;从范围上又可分为整体目标、部门目标和岗位目标。有了明确的符合本企业发展状况的企业目标,就能使员工的思想和行动集中到完成企业目标的轨道上来,在竞争中为本企业的生存和发展而努力奋斗。从理论上说,这是一种目标激励。

企业目标、企业发展战略和企业宗旨,三者表达的都是一个基本意思,即目标。但企业发展战略强调的是目标的高度性、整体性和长远性,宗旨强调的是目标的根本性和终极性。企业宗旨是企业目标中最抽象的一种。由企业所在的社会环境所决定的企业生产经营的最基本目标。虽然各种企业的宗旨会有所不同,但它们的最基本宗旨必然会体现"创造用户,满足用户",这是企业生存的需要,也是企业存在的原因。

7. 企业制度

企业制度是企业颁布的办事规程和行为准则。它是企业在生产经营管理活动中形成的带有强制性的义务,并能保障一定的权力的规定,是实现企业目标的有力措施和手段。企业制度的内容包括厂规、厂法等一切规章制度和技术操作规范、工作标准等。企业制度通常具有三个主要特征:一是适应员工满足欲求而形成的定型化的规范;二是有其存在的明确性并有一定的持续性;三是要求员工尽一定的责任、义务,并享有相应的权力。

8. 企业民主

企业民主是指职工对企业决策、生产经营等各项工作有发表建议的权利。它包括职工的民主意识、民主权利、民主义务等,还包括一些作为生产中人的人格尊严、参与意识等非社会性、非政治性的因素,是企业的政治文化问题。企业民主的作用主要有:一是有利于确立企业职工的主人翁地位;二是有利于改善干群关系;三是有利于提高企业在市场竞争中的应变能力;四是有利于企业精神的培育。

9. 企业礼仪

企业礼仪是企业有系统有计划的日常例行事务所构成的动态文化。一个企业的传统习惯,主要通过企业仪式、典礼等活动方式表现出来。国内外许多企业都注重企业仪式及典礼,力求在这方面形成自己的特色。仪式及典礼反映着一个企业的文化及作风。一个企业要想建立良好的作风,贯彻自己的文化,就必须注重仪式及典礼的科学性、多样性和象征性,寓本企业的作风、文化于各种仪式、典礼中。

10. 企业形象

企业形象是指社会大众和企业员工对本企业的整体评价。良好的企业形象是一种无形的宝贵财富,它包括两方面:一是外部形象,即企业的标志(如厂徽)、注册商标、产品设计、装潢和广告,以及各种附属印刷品的设计等,所有这些构成人们对企业产生一种可以信赖的印象;二是内部形象,即产品质量的优劣和管理作风的好坏,尤其是企业使全体职工在工作中产生与企业同命运的观念。当企业的良好形象建立起来，名牌产品和优质服务的牌子创出去以后，社会就对企业给予加倍的报偿，这对企业的开拓和发展至关重要。

11.1.2　企业文化的作用

企业文化是企业的灵魂，是推动企业发展的不竭动力。企业文化的功能就是其在企业生产过程中，与企业内部、外部相互联系和作用的能力。完善的企业文化建设可以使企业适应自身和市场的需求，从而得到健康有序的发展。企业文化的作用主要包括导向作用、凝聚作用、激励作用、规范作用、辐射作用。

1. 导向作用

导向作用是指企业文化对企业和职工的价值和行为取向的引导作用。企业文化反映的是企业整体的共同价值观、共同追求和共同的利益，作为企业导向的有力工具，能够把企业员工引导到企业所确定的特定目标的方向上来，能够使员工个体的思想、观念、追求和目标，与企业所要求的特定目标一致，使人们百折不挠地去为实现企业特定目标努力奋斗。企业文化的这种导向功能，正是企业发展的力量所在。

2. 凝聚作用

凝聚作用是指企业在生产经营实践中，企业文化有一种能把全体员工聚合在一起，形成强大的整体力量的能力。社会心理学家认为，在社会系统中，将个体凝聚的主要是一种心理的力量，而非生物的力量。企业文化正是通过企业成员的习惯、知觉、信念、动机、期望等文化心理来沟通人们的思想，将个人的思想、意识、情感、动机、信念、追求统一到企业的共同价值取向和整体观念上来，对企业目标、价值观念、行为准则产生认同感、使命感、归宿感、自豪感，潜意识地产生一种强烈的向心力和凝聚力，使企业发挥出巨大的整体效应的力量。

3. 激励作用

激励作用是指企业文化能够起到使职工振奋精神，增强信心，奋发向上，为实现企业目标保持高昂斗志的作用。在良好的企业文化氛围中，职工受到尊重和信任，每个成员做出的贡献，都会得到人们的肯定、领导的赞赏和集体的褒奖，使人感到满意，受到鼓舞，才能产生奉献的热情，进而选准下一个奋斗目标。企业文化的这种启发、诱导，刺激人们潜在的热情、干劲、能力和智慧的能力，是企业活力的源泉。

4. 规范作用

规范作用是指企业文化能够起到控制、约束、规范企业和职工行为的作用。企业文化通过一系列有形的、正式的、成文的、强制性的规章制度和无形的、非正式的、不成文的、非强制性的行为准则，不断强化职工的道德观念、整体观念、纪律观念，潜意识地遵守，自觉地规范和约束组织和个人的行为。企业文化要求组织成员自觉采取工作、行事和沟通的共同行为方式，知道此时此地为人做事的方法，从而产生企业的整体效应。

5. 辐射作用

辐射作用是指企业文化向外扩散和传播的作用。企业文化的开放性特征决定它的全方位辐射能力，对内在企业内部部门与部门、单位与单位之间有感染辐射作用，对外也可以向其他企业或其他社会群体辐射。企业文化的辐射作用，促进了信息交流，能起到互相影响，互相学习和借鉴作用，推动自身企业文化建设和发展，对社会文化的发展也有积极影响，促进企业、社区的精神文明建设。

11.2　企业文化的建设

企业文化建设是一项系统工程，是现代企业发展必不可少的竞争法宝。企业文化建设既是企业在市场经济条件下生存发展的内在需要，又是实现管理现代化的重要方面。为此，应从建立现代企业发展的实际出发，树立科学发展观，讲究经营之道，培养企业精神，塑造企业形象，优化企业内外环境，全力打造具有自身特色的企业文化，为企业快速发展提供动力和保证。

11.2.1　企业文化建设的目标

1. 确定理念识别

1）确定全体员工的价值观。企业价值观是企业文化的核心，决定企业的命脉，关系企业的兴衰。要充分认识企业竞争不仅是经济竞争，更是人的竞争、文化的竞争、伦理智慧的竞争。

2）确立企业精神。企业精神是企业员工在长期的生产经营活动中逐步形成的，由企业的传统、经历、文化和企业领导人的管理哲学共同孕育的，并经过有意识地概括、总结、提炼而得到确立的思想成果和精神力量，是集中体现了一个企业独特的、具有鲜明的经营思想和个性风格，反映企业的信念和追求，并由企业倡导的一种精神。

3）企业宗旨以企业发展的目标、目的和方向来反映企业价值观，企业道德是在企业生产经营实践基础上，基于对社会和对人生的理解作出的评判事物的伦理准则。企业作风是企业全体员工在思想、工作和生活上表现出来的态度、行为，体现企业整体素质和对外形象。

2. 确立 VI（视觉识别）

即统一标识、服装、产品品牌、包装等，实施配套管理。在企业发展中还要以务实的态度不断完善企业视觉识别各要素，做到改进—否定—再改进—再确定，包含企业标识、旗帜、广告语、服装、信笺、徽章、印刷品统一模式等。以此规范员工行为礼仪和精神风貌，在社会上建立起企业的高度信任感和良好信誉。

3. 确立 BI（行为识别）

主要体现在企业内部对职工的宣传、教育、培训和对外经营、社会责任等方面。要通过组织开展一系列活动，将企业确立的经营理念融入到企业的实践中，指导企业和职工行为。

4. 以人为本，打造精神文化

企业文化实质是"人的文化"，建设企业文化应以提高人的素质为根本，做到凝聚人心树立共同理想，规范行动形成良好行为习惯，塑造形象扩大社会知名度的目的。

5. 塑造品质超群的产品形象，打造物质文化

企业文化建设应与塑造企业形象相统一，员工要像爱护自己的眼睛一样爱护企业的品牌声誉，使企业的产品、质量在社会上叫得响、打得硬、占先机，展企业精华。

6. 塑造严明和谐的管理形象，打造制度文化

企业战略、结构、制度是硬性管理；技能、人员、作风、目标是软性管理。

7.塑造优美整洁的环境形象，打造行为文化

人改造环境，环境也改造人，因此，要认真分析企业文化发育的环境因素，使有形的和无形的各种有利因素成为企业文化建设。

11.2.2　企业文化建设的内容

抓紧企业文化的核心内容，拥有自己独立的核心价值观，然后将这个核心内容贯彻建设的始终。企业文化有三个要素：物质层，制度层和精神层。企业文化建设的核心是培育有鲜明个性和丰富内涵的企业精神，最大限度地激发职工内在潜力。

1.物质文化建设

即表层文化，包括生产资料文化、产品文化、环境文化，如：品牌、包装、厂容厂貌等。可以是企业内部建设和外部建设，内部建设到工作环境的建设，硬件设施的建设，员工薪金福利等，外部建设可以有企业形象的建设，品牌建设。

2.制度文化建设

即中层文化，主要是对企业的人、财、物、事的各种动的和静的状态都有明确的标准和规定，如：行为、公关、服务等。他是企业文化建设的根本保障，就是要把抽象的企业文化制度化。这部分强调一个企业的管理，可以从人力资源管理部分建设，比如招聘制度、人才培养文化、薪金制度等。

3.企业核心价值观的建设

即深层文化，包括变革观念、竞争观念、效益观念、市场观念、服务观念、价值观念、道德观念、战略观念，还有民主意识、思维方式、经营管理思想，具体表现在劳动态度、行为取向和生活方式方面，比如主人翁精神，忠诚一心，诚信互助等。且强调精神文化建设能加强员工对公司的认同感，归属感。

11.3　企业形象

11.3.1　企业形象的含义及构成

企业形象是企业的所作所为在社会公众和消费者心目中的一种客观性反映，是企业展示给社会公众和消费者的形态、相貌和美誉程度，是展现企业精神风貌和经济实力的一面镜子。

企业形象，是企业素质的综合体现，是企业的特质与实力的最充分的表现形态，主要由产品形象、员工形象、领导形象、实物形象和环境形象构成。

产品形象是指社会公众对组织所生产的产品或所提供的劳务的认可和评价。

员工形象是指职工的技术水平，服务态度、职业道德、精神风貌和装束仪表等给外界公众的整体印象。

领导形象是公众对领导者的决策水平、文化水平、管理创新能力、道德修养、民主作风等所作的评价。

实物形象即指社会公众对组织的外在设施、硬件设备的先进性和完备率的基本评价。

环境形象是内外公众对组织环境美化和净化程度的印象。

11.3.2　企业形象的分类

企业形象的分类方法很多，根据不同的分类标准，企业形象可以划分为以下几类：

1. 企业内在形象和外在形象

这是以企业的内外在表现来划分的。内在形象主要指企业目标、企业哲学、企业精神、企业风气等看不见、摸不着的部分，是企业形象的核心部分。外在形象则是指企业的名称、商标、广告、厂房、厂歌、产品的外观和包装、典礼仪式、公开活动等看得见、听得到的部分，是内在形象的外在表现。

2. 企业实态形象和虚态形象

这是按照主客观属性来划分的。实态形象又可以叫做客观形象，指企业实际的观念、行为和物质形态，它是不以人的意志为转移的客观存在。诸如企业生产经营规模、产品和服务质量、市场占有情况、产值和利润等，都属于企业的实态形象。虚态形象则是用户、供应商、合作伙伴、内部员工等企业关系者对企业整体的主观印象，是实态形象通过传播媒体等渠道产生的映象。

3. 企业内部形象和外部形象

这是根据接受者的范围划分的。外部形象是员工以外的社会公众形成的对企业的认知，我们一般所说的企业形象主要就是指这种外部形象。内部形象则指该企业的全体员工对企业的整体感觉和认识。由于员工置身企业之中，他们不但能感受到企业外在属性，而且能够充分感受到企业精神、风气等内在属性，有利于形成更丰满深入的企业形象；但是如果缺乏内部沟通，员工往往只重局部面看不到企业的全部形象。内部形象的接受者范围更小，但作用却很大，与外部形象有着同等重要的地位，决不可忽视。

4. 企业正面形象与负面形象

这是按照社会公众的评价态度不同来划分的。社会公众对企业形象的认同或肯定的部分就是正面形象，抵触或否定的部分就是负面形象。任何企业的企业形象都是由正反两方面构成的，企业形象应是一分为二的，公众中任何一个理智的个体都会既看到企业的正面形象、又看到企业的负面形象。对于企业来说，一方面要努力扩大正面形象，另一方面又要努力避免或消除负面形象，两方面同等重要，因为往往不是正面形象决定用户一定购买某企业产品或接受某项服务，而是负面形象一定使得他们拒绝购买该企业产品和接受其服务。

5. 企业直接形象和间接形象

这是根据公众获取企业信息的媒介渠道来划分的。公众通过直接接触某企业的产品和服务，由亲身体验形成的企业形象是直接形象，而通过大众传播媒介或借助他人的亲身体验得到的企业形象是间接形象。直接形象比间接形象更能够决定整个企业形象。有些企业以为树立企业形象只能靠广告宣传，而不注重提高产品质量和服务水平，就是只看到间接形象而忽视了直接形象。

6. 企业主导形象和辅助形象

这是根据公众对企业形象因素的关注程度来划分的。公众最关注的企业形象因素构成主导形象，而其他一般因素构成辅助形象。企业形象由主导形象和辅助形象共同组成，决定企业形象性质的是主导形象；辅助形象对主导形象有影响作用，而且在一定条件下能够与主导形象实现相互转化。

11.3.3 企业形象的功能

1. 规范与导向功能

企业形象是把企业的价值观念和行为规范加以确立，为企业自身的生存和发展树立了一面旗帜，向全体员工发出了一种号召。这种号召一经广大员工的认可、接受和拥护，就会产生巨大的规范与导向作用。

2. 资产增值功能

企业形象是企业的无形资产，它具有实实在在的资产增值功能，使企业在无限开拓市场的过程中，获得丰厚的利益回报。

有形资产和无形资产共同构成了现代企业的资产。有形资产就是企业所具有的实体形态和资产，包括固定资产（如机器设备、房屋、建筑物等）、对外投资和自然资源等。无形资产是指企业经过多年经营取得的没有物质实体而以某种特殊权利、技术知识、公众评价等信息形态存在，如专利权、商誉形象等。

良好的企业形象有助于扩大企业的销售量，使企业在与竞争者相同的条件下，获得超额利润，从而形成了直接的实益性价值，企业形象自身因此也就具有了价值。企业形象的良好与否可以从商标中看出，它具体体现为商标的价值。

3. 关系构建功能

从企业内部来说，企业因不同的人从事不同的工作，人的性格、爱好、追求又不一样，如果没有一种精神力量把他们"黏合"起来，企业就会成为一盘散沙。企业形象确立的共同价值观和信念，就像一种高强度的理性黏合剂，将企业全体员工紧紧地凝聚在一起，形成"命运共同体"，产生"集体安全感"，使企业内部上下左右各方面"心往一处想，劲往一处使"，成为一个协调和谐、配合默契的高效率集体。

从企业外部来说，只有塑造好企业的形象，才能为企业构建良好的公众关系打下基础，才可以从根本上留住顾客，构建起自己的公众关系网。企业形象塑造是一个持续不断的过程，一次短期的行为可能会为企业的长期利益带来难以补救的损失。为了避免此类事件发生，企业应将优质产品和优质服务作为企业未来发展的关键，这一方面能稳住老客户，另一方面又能开发新客户。

4. 激励功能

在企业内部，企业形象可以有效地强化员工的归属意识，充分调动员工的积极性与创造性，从而增强企业的向心力和凝聚力。一般而言，企业具有良好的形象，会使企业员工产生荣誉感、成功感和前途感，觉得能够在企业里工作，是一件值得骄傲的事情，由此就会形成强烈的归宿意识和奉献意识。在这个意义上，好的企业形象可以作为一个激励员工的重要因素。

5. 辐射功能

企业形象的建立，不仅对内有着极大的凝聚、规范、号召、激励作用，而且能对外辐射、扩散，在一定范围内对其他企业乃至整个社会产生重大影响。像我国 20 世纪 60 年代的"铁人精神"以及在日本企业界经常听到的"松下人"、"丰田人"等说法，都是企业形象对外辐射的典型范例。

6. 促销功能

企业形象的最终确立是以达到公众信赖为目的。只有在公众信赖的基础上，公众才有可能进一步购买企业的商品或服务。这一机制是企业形象能够产生市场促销的根源。企业形象具有特殊的促销功能。在相同的质量水平下，好的企业形象，可以使企业的产品成为公众购买的首选商品。企业形象的促销功能，是通过商标得以实现的。形象是公众对于某种商品的一种心理印象，看不见，摸不着。公众对于商标的认同，就是对企业形象的认同。

7. 扩张功能

良好的企业形象可以为企业赢得良好的市场信誉，使企业能够在短时间内实现扩张，赢得大批经营资金，吸引更多的合作者，从而扩大自己的市场影响力。企业形象具有特殊效用，所以现代企业都十分重视形象战略。对于企业来说，塑造企业形象的过程，其实就是名牌成长曲线的修正与调控过程。

11.3.4　企业形象的建设

考察一个公司的企业形象，可以洞察文化的系统概貌和整体水平，也可以评估它在市场竞争中的真正实力。一个企业良好的形象主要表现在：企业环境形象、产品形象、领导和员工的形象。

1. 科学的企业理念，是塑造良好企业形象的灵魂

当前，企业理念已成为知名企业最深入人心的概念，已在悄悄地引起一场企业经营管理观念的革命。在这种情况下，许多企业都制定了本企业的口号，反映企业的理念，显示企业的目标、使命、经营观念和行动准则，并通过口号鼓励全体员工树立企业良好形象。实践证明，培育和弘扬企业精神，是塑造企业良好形象的一种很有效的形式，对企业的发展能起到不可低估的作用。当然，培育企业精神不能单一化，要与现代企业制度建设、企业的经营管理目标，过细的思想政治工作结合起来，使其成为企业发展的精神动力。

2. 优美的环境形象，是塑造良好企业形象的外在表现

企业环境代表着企业领导和企业职工的文化素质，标志着现代企业经营管理水平，影响着企业的社会形象。

第一，企业环境是企业文化最基本的反映。如果说企业是职工赖以劳动和生活的地方，那么，就要有一个适合职工劳动和生活的保障设施，使职工能够合理地、安全地、文明地进行劳动和生活。

第二，建设优美的企业环境，营造富有情意的工作氛围是塑造企业形象的重要组成部分。企业的厂区、生活区、办公设施、生产车间、产品、现场管理、生产服务等都是企业形象的窗口。因此，每个企业要精心设计厂区的布局，严格管理厂区的环境和秩序，不断提高企业的净化、绿化、美化水平，努力创造优美高雅的企业文化环境，寓管理于企业文化建设之中，陶冶职工情操，提高企业的社会知名度，为企业增光添彩。

3. 优质的产品形象，是塑造良好企业形象的首要任务

产品形象是企业形象的综合体现和缩影。在现代企业制度中，企业自己掌握自己的命运，自谋生存，自求发展。而生存发展的出路，往往取决于企业的产品所带来的社会效益。首先，企业要提供优质产品形象，就要把质量视为企业的生命。产品质量不仅是经济问题，而且是关系到企业声誉、社会发展进步的政治问题，是企业文化最直接的反映。抓好产品形

象这个重点，就能带动其他形象的同步提高。要把抓产品形象渗透到质量管理体系当中去，在干部职工中形成人人重视质量，个个严把质量关的良好风气。其次，要在竞争中求生存、创名牌、增强企业的知名度及创造出企业最佳效益。在市场经济中，随着统一、开放、竞争、有序的全国大市场的逐步形成，企业必须自觉地扩大自己的知名度，强化市场竞争。多出精品，使产品在市场中形成自身的文化优势。同时，要加强产品的对外宣传，富于个性的宣传是塑造企业形象的重要手段。

4.清正的领导形象，是塑造良好企业形象的关键

企业领导在企业中的主导作用和自身示范能力是领导形象的具体体现，也是塑造良好企业形象的关键。首先，企业领导的作风，是企业形象的重要标志。有什么样的领导者，就有什么样的企业文化和企业形象。因此，企业领导干部要不断提高自身素质，既要成为真抓实干，精通业务与技术、善于经营、勇于创新的管理者，也要成为廉洁奉公、严于律己，具有献身精神的带头人。其次，要提高企业领导对企业文化的认识程度，成为企业文化建设的明白人。一是企业领导要将自己塑造成具有高品位的文化素养和现代管理观念的企业家，适应市场经济的需求，使企业在竞争中立于不败之地。二是要把握好企业文化的方向和基本原则，在学习、借鉴优秀企业经验的基础上，拓宽视野、不断创新。

5.敬业的职工形象，是塑造良好企业形象的重要基础

职工的整体形象是企业内在素质的具体表现，把培养有理想、有道德、有文化、有纪律的"四有"新人作为企业文化建设的重要内容；培养职工干一行、爱一行、钻一行、精一行的爱岗敬业精神；树立尊重知识、尊重人才的观念；创造一种有利于各类人才脱颖而出的环境和平等、团结、和谐、互助的人际关系，从而增强企业的凝聚力、向心力，以职工良好的精神风貌，赢得企业良好的社会形象和声誉。

坚持"以人为本"的原则，使企业文化建设为提高全员素质，调动全员积极性服务。豪华的装修，雄厚的财力，并不能解决企业发展问题，其关键还是人。发动职工全员参与企业文化的实践，应做到"三个满足"，即满足员工参与民主管理的需要，满足员工渴望成才的需求，满足员工物质文化生活的需求，以此适应职工实现个人价值和物质、精神需要的意向，创造一种适应企业发展的良好文化氛围。企业要不失时机地采用岗位练兵、技术竞赛、脱产轮训和党校、政校学习等形式，从政治、技术、业务上培训职工，进一步健全以基础教育、技术等级教育、学历教育为主要内容的全员培训网络和考核管理办法。同时，要开展各种有益于职工身心健康的娱乐活动，达到寓教于乐的目的，努力造就一支适应市场经济需要的思想好、纪律严、业务强、作风硬的职工队伍。

思考与练习

1.企业文化的内容有哪些？
2.企业文化的作用有哪些？
3.如何建设企业文化？
4.如何树立良好的企业形象？

参考文献

［1］杨善林.企业管理学［M］.北京：高等教育出版社，2004.

［2］杨建良.汽车维修企业管理［M］.北京：人民交通出版社，2005.

［3］鲍贤俊.汽车维修业务管理［M］.北京：人民交通出版社，2005.

［4］杨建良.现代汽车维修企业管理实务［M］.北京：人民交通出版社，2005.

［5］朱杰.汽车服务企业管理［M］.北京：电子工业出版社，2005.

［6］胡建军.汽车维修企业创新管理［M］.北京：机械工业出版社，2004.

［7］鲍贤俊.汽车维修业务管理［M］.北京：人民交通出版社，2005.

［8］郑晓明.现代企业人力资源管理导论［M］.北京：机械工业出版社，2002.

［9］卢燕，阎岩.汽车服务企业管理［M］.北京：机械工业出版社，2005.

［10］刘树伟，郑利民.汽车服务企业管理［M］.北京：清华大学出版社，2012.

［11］王生昌.汽车服务企业管理［M］.北京：人民交通出版社，2007.

［12］王丹.现代企业管理教程［M］.北京：清华大学出版社，2011.

［13］谢和书，陈君，徐雅娟.现代企业管理［M］.北京：北京理工大学出版社，2009.

［14］吴卫，苏科.汽车售后服务管理［M］.北京：中国财富出版社，2013.

［15］徐东.汽车售后服务管理［M］.北京：国防工业出版社，2015.

［16］晋东海.汽车服务企业管理实务［M］.北京：机械工业出版社，2009.

［17］朱刚，王海林.汽车服务企业管理［M］.北京：北京理工大学出版社，2008.

［18］赵晓宛.汽车售后服务管理［M］.北京：北京理工大学出版社，2010.

［19］刘志忠.汽车营销［M］.北京：清华大学出版社，2013.

［20］孟欣.汽车营销学［M］.北京：化学工业出版社，2014.

［21］戚叔林.汽车市场营销［M］.北京：机械工业出版社，2007.

图书在版编目(CIP)数据

汽车服务企业管理/宋丹妮主编. —长沙:中南大学出版社,2016.6
ISBN 978 − 7 − 5487 − 2305 − 9

Ⅰ.汽... Ⅱ.宋... Ⅲ.汽车企业 − 工业企业管理
Ⅳ. F407.471.6

中国版本图书馆 CIP 数据核字(2016)第 129526 号

汽车服务企业管理
QICHE FUWU QIYE GUANLI

主编　宋丹妮

□**责任编辑**	韩　雪	
□**责任印制**	易红卫	
□**出版发行**	中南大学出版社	
	社址:长沙市麓山南路	邮编:410083
	发行科电话:0731-88876770	传真:0731-88710482
□**印　　装**	长沙印通印刷有限公司	

□**开　　本**	787×1092　1/16	□**印张** 15.75	□**字数** 400 千字		
□**版　　次**	2016 年 8 月第 1 版	□**印次**	2016 年 8 月第 1 次印刷		
□**书　　号**	ISBN 978 − 7 − 5487 − 2305 − 9				
□**定　　价**	37.00 元				

图书出现印装问题,请与经销商调换